高职高专教育“十二五”规划建设教材

消费心理学

（电子商务、连锁经营、市场营销专业用）

礼国华　马中宝　主编

中国农业大学出版社
· 北京 ·

内容简介

根据应用心理学教学大纲的要求编写，以消费者在市场营销活动中各种相关因素对其心理的影响、消费者自身的心理表现及其行为过程为主要脉络，系统地介绍了消费心理学的基本理论及社会实践。

本教材属于高职高专类教材，适用于连锁经营、电子商务、市场营销等专业。按照48学时设置教学内容，分成理论与实训两部分。内容包括消费心理学概述，消费者的心理活动过程，消费者的个性心理特征，消费者的购买决策行为，消费文化与消费心理，商品因素与消费心理，商品价格与消费心理，店面店貌与消费心理，商品广告与消费心理，营销沟通服务与消费心理，电子商务与消费心理等。为培养学生的实践能力、密切课堂与社会的关系，教材中精心编写了中外大量的情景案例，并注重其典型性、示范性和实用性；每章后还配有小结、思考题，以便进一步对所学知识进行消化、巩固和拓展。

本教材注重高职特色，以培养职业能力为中心，理论与实践并重的方向，立足于高职高专大学生零距离就业的培养目标，改革教材。因此，实训部分为每章一次，注重培养学生的操作能力和综合素质的提高。

新课程标准明确提出了教学的三维目标：知识与能力；过程与方法；情感态度与价值观。要实现这些目标，情感目标的有效实现首当其冲，因为不调动学生的学习情感，实现任何目标都是空谈。本教材把实训内容与培养情感结合起来，在提高职业素质和职业能力的同时，培养学生对消费者的关爱、提高学生的自信心、理智感、美感，激发学生学习的兴趣、动机，运用心理学理论与实践指导教材改革和教学实践，这是本教材的特色所在。

图书在版编目(CIP)数据

消费心理学/礼国华，马中宝主编. 一北京：中国农业大学出版社，2014.10

ISBN 978-7-5655-1078-6

Ⅰ.①消… Ⅱ.①礼… ②马… Ⅲ.①消费心理学-高等职业教育-教材 Ⅳ.①F713.55

中国版本图书馆CIP数据核字(2014)第218739号

书　名 消费心理学

作　者 礼国华　马中宝　主编

策划编辑	姚慧敏　伍　斌	**责任编辑**	张　玉
封面设计	郑　川	**责任校对**	姚慧敏
出版发行	中国农业大学出版社		
社　　址	北京市海淀区圆明园西路2号	**邮政编码**	100193
电　　话	发行部 010-62818525,8625	**读者服务部**	010-62732336
	编辑部 010-62732617,2618	**出　版　部**	010-62733440
网　　址	http://www.cau.edu.cn/caup	**e-mail**	cbsszs@cau.edu.cn
经　　销	新华书店		
印　　刷	涿州市星河印刷有限公司		
版　　次	2014年10月第1版　　2014年10月第1次印刷		
规　　格	787×1092　16开本　14印张　340千字		
定　　价	30.00元		

图书如有质量问题本社发行部负责调换

编写人员

主　编　礼国华(辽宁农业职业技术学院)

马中宝(黑龙江农业经济职业学院)

副主编　鲍英善(大连理工大学)

何夏玲(百色职业学院)

相成久(辽宁农业职业技术学院)

参　编　武桂梅(辽宁职业学院)

陈晓军(辽宁农业职业技术学院)

李　薇(黑龙江农业经济职业学院)

前　言

本教材本着高职高专人才培养目标的要求：以就业为导向、以素质为本位、能力为核心的高等职业教育的根本取向，着重突出理论精、实训多的特点，在培养学生综合素质的基础上，从提高实践能力为目的，确定课程内容。利用案例、同步思考增强教材的可阅读性。

本书将普通心理学和社会心理学应用于市场营销活动领域，详尽阐述了消费者购买行为的心理过程和心理状态、消费者个人心理特征对购买行为的影响和制约作用、影响消费者心理活动的外界因素、市场营销策略和消费者心理的关系，以及广告、沟通、商品品牌、包装与消费者心理的关系等。

本书对大专院校市场营销及经贸专业学生则是一本实用的专业教材，并可供从事市场营销工作的各界人士和经济理论工作者参考阅读。

本教材由辽宁农业职业技术学院礼国华（第八章、第九章、第十章、实训）教授主编，大连理工大学鲍英善（第三章、第四章）、黑龙江农业经济职业学院马中宝（第一章、第十一章）、百色职业学院何夏玲（第二章、第五章、第六章）、辽宁农业职业技术学院相成久（第七章）、辽宁农业职业技术学院陈晓军辽宁职业学院武桂梅（收集资料）、黑龙江农业经济职业学院李薇（收集资料）参与编写。本教材得到各方面领导、专家、老师的大力支持，在此表示感谢！

本教材参考有关著作、论文及网络资源，吸收国内外有关方面的研究成果，在此表示衷心的感谢！

由于我们的学识、水平有限，难免有疏漏之处，望广大读者海涵、赐教！

编　者

2014 年 6 月

◆◆◆◆◆目　录

第一章

消费心理学概述

知识目标

掌握现代消费心理学的基本问题，研究原则与方法；

明确现代消费心理学的研究对象及主要内容。

能力目标

能初步形成运用消费心理学的观点分析营销策略的理念。

情感目标

初步建立对消费心理学的兴趣。

【案例导入】

诺基亚（Nokia Corporation）是芬兰手机品牌，总部位于芬兰埃斯波，是主要从事生产移动通信产品的跨国公司。诺基亚成立于1865年，当时以造纸为主，后来逐步向胶鞋、轮胎、电缆等领域，最后逐步发展成为一家手机制造商。自1996年以来，诺基亚连续14年占据市场份额第一。面对新操作系统的智能手机的崛起，诺基亚全球手机销量第一的地位在2011年第二季被苹果及三星双双超越。2011年2月11日，诺基亚与微软达成全球战略同盟并深度合作共同研发 Windows Phone 操作系统。2013年7月11日23时，拥有4 100万像素的诺基亚 Lumia 1020 正式在纽约发布亮相。2013年9月3日，微软宣布以约71.7亿美元收购诺基亚设备与服务部门（诺基亚手机业务），并获得相关专利和品牌的授权。

这位手机领域昔日全球老大、市值曾位居全球上市公司之首的诺基亚以区区72亿美元出售了旗下最核心的手机业务，这一售价还不足当年辉煌时期公司上千亿市值的零头。

【同步思考】

辉煌了整整十几年的企业仅仅两三年就走向破落，诺基亚的沉沦说明了什么？消费者的核心消费特点是什么呢？

第一节　消费心理学的研究对象

一、消费心理学基本概念

（一）消费

消费是一种行为，是消费主体出于延续和发展自身的目的，有意识地消耗物质资料和非物质资料的能动行为。人们为了生存和发展，都要从外界获得产品和服务，这要求以货币为代价换取某种消费利益，这种交易行为就是一种消费行为。随着社会生产的发展与人类心理活动的日益复杂，其行为活动的总体水平也在不断提高和发展。

人类的消费行为与人类的产生相伴而来，是人类赖以生存和发展的最古老的社会活动和社会行为，是社会进步与发展的基本前提。用现代经济学的观点，可以把人类的消费行为划分为生产消费和生活消费两大范畴。

在生产过程中，劳动者与其他生产要素结合创造出新的使用价值的活动，是生产行为的反映，而生产行为本身，就其生产要素来说，也是消费行为。因此，在生产过程中，对劳动力及其他生产要素的使用、消耗及磨损，称为生产过程中的消费，即生产消费。

在生活过程中，人们为满足某种需要，在消耗物质产品与非物质产品的过程中所表现出来的行为活动，称为生活过程中的消费，即生活消费。它指社会再生产过程中“生产、分配、交换、消费”四个环节中的消费环节。生产消费和生活消费共同构成广义的消费内涵，而狭义的消费则专指生活消费。消费心理学所要研究的正是消费者生活消费中的行为表现和心理活动。

（二）消费者

消费者所谓“消费者”，狭义上指购买、使用各种消费用品的个人、居民户，也包括企业、学校、政府机关和其他社会组织。广义上是指在不同时空范围内参与消费活动的个人或集团，泛指现实生活中的人们。它具体包括以下几个方面的含义：

1. 从消费过程角度看消费者

一般说来，消费者指购买与使用各种消费品的人。更具体地讲，消费者是对各种消费品的需求者、购买者和使用者。作为一个动态运行中的消费过程，购买者本身不一定是需求者或使用者，如为他人代买商品者；而使用者也不一定是购买者，如失去生活自理能力的父母，由其子女或他人代为购买商品，需求者也不一定必须亲自去购买。如果把消费过程看作是需求、购买和使用三个过程的统一体，那么，处于这三个过程中某一或全过程中的人都可称为消费者。换言之，消费者是指实际参与消费活动某一或全部过程的人。

2. 从消费品角度看消费者

对于某一消费品，在同一时空范围内，消费者可以做出不同的反应，即即时消费、未来消费和永不消费。按照这三种不同反应，可以把消费者分为现实消费者，即通过现实的市场交换行为，获得某种消费品并从中受益的人；潜在消费者，即在目前对某种消费品尚无需要或购买动机，但在将来某一时刻有可能转变为现实消费者；永不消费者，指当时或未来都不会对某种消费品产生消费需要和购买愿望的消费者。作为消费者，在同一时点上面对不同消费品，可以同时以不同的身份出现。如某消费者面对 A 商品是现实消费者，面对 B 商品是潜在消费者，面对 C 商品是永不消费者。因此，从消费品角度考察消费者，消费者是一个动态行为的执行者。

3. 从消费单位角度看消费者

从消费单位角度看消费者，可以把消费者划分为个体消费者、家庭消费者和集团消费者。个体或家庭消费者指为满足个体或家庭对某种消费品的需要而进行购买或使用的消费者。集团消费者指为满足社会团体对某种消费品的需要而进行购买或使用的消费者。前者与消费者个人的需求、愿望和货币支付能力密切相关；后者作为团体行为，不一定反映消费者个人即团体某成员的愿望或需要，也与个人货币支付能力没有直接关系。作为消费者个人，可以同时成为家庭消费者或集团消费者中的成员。因此，从消费单位的角度考察消费者，消费者是一个广义的参与消费活动的个人或团体。

4. 从法律意义上看消费者

消费者是指为生活消费需要而购买、使用商品或者接受服务的个人和单位。消费者是区别于商品经营者的商品交换关系中的主体，他必须是产品和服务的最终使用者而不是生产者、经营者。也就是说，他购买商品的目的主要是用于个人或家庭需要而不是经营或销售，这是消费者最本质的一个特点。作为消费者，其消费活动的内容不仅包括为个人和家庭生活需要而购买和使用产品，而且包括为个人和家庭生活需要而接受他人提供的服务。但无论是购买和使用商品还是接受服务，其目的只是满足个人和家庭需要，而不是生产和经营的需要。

5. 从生物学意义上看消费者

消费者也是自然界中的一个生物群落，异养型生物，包括草食动物和食肉动物，称为消费者。顾名思义，这些消费者不能直接利用太阳能来生产食物，只能通过直接或间接地以绿色植物为食获得能量。根据不同的取食地位，又可以分为直接依赖植物的枝、叶、果实、种子和凋落物为生的一级消费者，如蝗虫、野兔、鹿、牛、马、羊等食草动物；以草食动物为食的肉食动物为二级消费者，如黄鼠狼、狐狸、青蛙等；肉食动物之间存在着弱肉强食的关系，其中的强者成为三级和四级消费者。这些高级的消费者是生物群落中最凶猛的肉食动物，如狮、虎、鹰和水域中的鲨鱼等。有些动物既食植物又食动物，称为杂食动物，如某些鸟类和鱼类等。消费者在生态系统的物质和能量转化过程中处于中间环节。

（三）消费心理

1. 心理的实质

现代心理学认为，心理学是研究人的心理现象的产生、本质、作用以及变化发展规律的科学，是一门自然科学与社会科学交叉的边缘学科，它从人的心理过程和个性心理两个方面来研究人的心理现象，如图 1-1 所示。

- 心理现象
  - 心理过程
    - 认识过程：感觉、知觉、记忆、思维 、想象、注意等
    - 情感过程：快乐、惊奇、愤怒、恐惧、悲伤等
    - 意志过程：决策、克服困难、意志努力等
  - 个性心理
    - 个性心理特征：气质、性格、能力等
    - 个性倾向性：需要、动机、兴趣、理想、价值观等

图 1-1　心理学的研究对象

2. 心理学研究的主要内容

人在生活实践中与周围事物相互作用，必然有这样或那样的主观活动和行为表现，这就是人的心理活动，简称心理。具体地说，外界事物或体内的变化作用于人的机体或感官，经过神经系统和大脑的信息加工，就产生了对事物的感觉和知觉、记忆和表象，进而进行分析和思考，得出对客观事物认识的结论。另外，人们在与客观事物打交道时，总会对它们产生某种态度，形成各种情绪。人们还要通过行动去处理和变革周围的事物，从而表现为意志活动。

以上所说的感觉、知觉、思维、情绪、意志等都是人的心理活动。心理活动是人们在生活实践中由客观事物引起、在头脑中产生的主观活动，任何心理活动都是一种不断变化的动态心理过程。

人在认识和改造客观世界的过程中，各自都具有不同于他人的特点，个人的心理过程都表现出或大或小的差异。这种差异与个人的先天素质、生活经验、后天学习和知识积累有关，这就是所谓的人的个性，也称为人格。

心理过程和人格都是心理学研究的重要对象。心理学还研究人的个体的和社会的、正常的和异常的行为表现。

在高度发展的人类社会中，人的心理获得了充分的发展，攀登上了动物进化阶梯的顶峰。心理学是人类为了认识自己而研究自己的一门基础科学。

心理的实质：①心理是脑的机能；②脑是心理活动的器官；③心理是客观现实的反映。

3. 消费心理

消费心理是指消费者在购买、使用及消耗商品过程中的一系列心理活动。消费者的心理活动是消费者在购买、使用及消耗商品或劳务过程中反映出的心理态势，而在社会范围内消费者千万次的购买、使用和消耗行为的总和，就构成消费者心理活动的社会总体消费行为。在一定时期内，社会总体消费行为又影响并制约着消费者个体的心理变化趋向及发展趋势。消费者的消费行为不仅表现在购买、使用及消耗各种物质产品方面，同时也表现为对精神文化等非物质产品的需要与追求。随着生活水平的不断提高、消费内容的日趋多样化，物质产品与非物质产品的消费在总消费中所占的比重将出现较大幅度的变化，这种变化的趋向与社会总体消费环境的变化趋向一致。因此，消费心理是指消费者在社会总体消费环境影响下，调节、控制自身消费行为的心理现象。这里所指的消费者行为，主要是指消费者在购买、使用及消耗各种消费品过程中的活动表现。消费品主要是指物质资料商品和精神文化商品、各种劳务及其他无形产品等非物质资料商品。

消费心理分为本能性消费心理与社会性消费心理两大类。

4. 本能性消费心理

本能性消费心理是指由人的生理因素决定的、自然状态下的心理需要的反映。它是以消费者的生理因素作为基础和载体进行的一般心理活动，也是人类全部消费活动的基础。例如，饥饿的人在他人的食品面前，可表现出抢夺、乞讨或忍耐等截然不同的反应。

5. 社会性消费心理

社会性消费心理是指由人所处的社会环境因素决定的，以某种生理因素为条件，在社会状态下的心理需要反应。它是人类特有的、高级的、以社会因素为基础和载体进行的具有某种社会意义的心理活动。它使人类的消费活动由简单的满足生活需要，变为具有特定含义的社会行为。例如，人类由穿衣蔽体开始，发展为衣着服饰成为人对美的追求。人的社会性消费心理，主要受社会、政治、经济、文化环境的影响，受其自身经济水平的制约，同时，以自身的本能性消费心理为基础。

6. 两者的关系

本能性消费心理作为人类生存与发展的基础，是人类心理活动的自然流露与反映。社会性消费心理则是由人类特有的社会性功能反映出的源于本能又高于本能的心理活动，是以本能性消费心理为基础，以社会、政治、经济、文化环境为条件，具有特定内涵的高级心理活动。因此，本能性消费心理与社会性消费心理是一种相互依存、相互联系的关系。前者是后者的前提与基础，后者是前者的发展与提高。本能性消费心理取决于人的生理因素，而社会性消费心理则是由社会、政治、经济发展水平所决定的消费者心理。在社会、经济、文化高速发展的今天，消费者的本能性消费心理反应已越来越被社会性消费心理活动所掩盖，并以一种隐性的、内在的形式发挥其最本质和基础的作用，而社会性消费心理则成为显现的、主流的表现形式。

（四）消费行为

关于消费行为的定义，国内外学者并无统一的诠释，我们认为消费行为，主要是指消费者在购买、使用及消耗各种消费品过程中的活动表现。消费品主要是指物质资料商品和精神文化商品、各种劳务及其他无形产品等非物质资料商品。消费者的消费行为不仅表现在购买、使用及消耗各种物质产品方面，同时也表现为对精神文化等非物质产品的需要与追求。概括来说它不仅包括消费者收集有关商品信息、进行购买决策、实际的购买行为，还应该包括对商品的使用和购买后评价等一系列行为。

同样，人作为消费者在消费活动中的各种行为也无一不受心理活动的支配。例如，是否购买某种商品，购买哪种品牌、款式，何时、何地购买，采用何种购买方式，以及怎样使用等，这其中每一个环节、步骤都需要消费者做出相应的心理反应，进行分析、比较、选择、判断。所以，消费者的消费行为总是在一定心理活动支配下进行的。但是应该指出的是消费行为看似简单，实质是很复杂而多样化的。例如，对于购买家用轿车这一行为，受人的不同动机所驱使，有些人的购买动机是出行方便，有些人的购买动机是显示自己的身份地位，有些人的购买动机是与人攀比，有些人的购买动机是随潮流。由此可见，同一行为可以是由多种动机所驱使的。同样，同一动机可以产生多种行为。不仅如此，消费者行为还受各种文化的、社会的、经济的、个体的因素所影响，而且这些因素对消费者行为的影响有的是直接的，有的是间接的，有的是单独的，有的是交叉的或交互的。正是这些影响因素的多样性和复杂性，决定了消费者行为的多样性和复杂性。

【案例】

世界杯集体狂欢，引动体育营销盛典

世界杯足球赛，已经成为现代人类狂欢的宗教盛典，引发了人们无限的激情与梦想，早已超越体育本身的意义，被演绎为一种全新的文化符号，同时也创造了无与伦比的事件营销契机，给体育营销和品牌竞争注入了最具有挑战性的元素。因为迄今为止，没有哪一种体育赛事能让人如此迷醉和痴狂；没有哪一个赛事能如此大师云集，精彩纷呈；没有一个赛事有如此强大的魔力，吸引全球亿万球迷的眼球，为之癫狂。这就是世界杯，几乎积聚了所有的体育营销的高端资源和人气，因此它自然也成为国际品牌激烈竞争聚焦的热点。

2014 年世界杯将在著名的足球王国——巴西举行。时隔半个多世纪，足球回到了它的精神王国，势必把全球观众的狂热和激情提升到一个全新的高度。这将是一场史无前例的球迷狂欢，也同样将是一场国际品牌营销角逐的舞台。四年一度的世界杯为国际品牌传播提供了一个集事件营销、体育营销、品牌营销等各种要素于一体的国际化营销舞台。而体育营销则无疑是其中最核心的价值要素。对于品牌营销而言，世界杯只是一个体育营销的舞台，在这个舞台各路高手如何展示自身的魅力，则需要对世界杯具有准确的理解和把握能力。因为仅仅意识到世界杯的价值是不够的，重要的是需要理解它背后的文化和价值的构成特质。

《豪门盛宴》的主要构成为演播室现场、前言回传的专题片、后方加工的专题片、同前方连线、对比赛的拆解等。由于世界杯的核心资源是64场比赛，对比赛的拆解是《豪门盛宴》的重要内容，栏目包括很多板块。

(A)

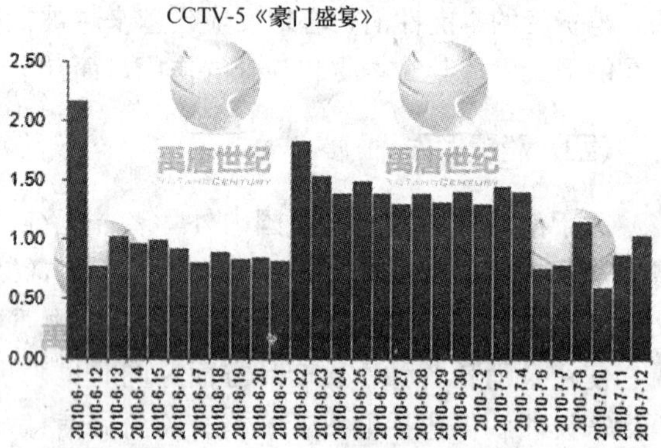

(B)

图 1-2　CCTV-5《豪门盛宴》体育营销栏目片头（A）与分天收视率走势（B）

（资料来源 http://www.newad.net/html/jishixunxi/meijiejujiao/11939.html）

（五）消费心理学

消费心理学是研究消费过程中消费者心理与行为的产生、发展及其规律的一门学科，并探讨在市场营销活动中各种心理现象之间的相互关系。消费者心理与行为作为一种客观存在的社会现象和经济现象，同其他事物一样，有其特有的活动方式和内在运行规律。对这一现象进行专门研究，目的在于发现和掌握消费者在消费活动中的心理与行为特点及其规律性，以便适应、引导、改善和优化消费行为。心理活动是人脑对客观事物或外部刺激的反映活动，是人脑所具有的特殊功能和复杂的活动方式。它处于内在的隐蔽状态，只具有可以观察的现象形态，无法从外部直接了解。但是心理活动可以支配人的行为，决定人们做什么以及怎样做。通过对一个人的行为表现的观察，可间接地了解其心理活动状态。同样，人作为消费者在消费活动中的各种行为，也无一不受到心理活动的支配。如是否购买某种商品，购买什么品牌的商品，什么时候购买，如何购买等，其中的每一个环节都需要消费者做出相应的心理反应，并进行分析、比较、选择和判断。可以说，消费者的消费行为都是在一定心理活动支配下进行的，并通过消费行为加以外化。

二、消费心理学的研究对象

消费心理学属于应用心理学的范畴，是一门研究消费者心理和行为的科学，具有很强的实践性，和其他学科一样，消费心理学也有其独特的研究对象、内容与方法。

（一）消费心理学的研究对象

消费心理学是研究消费者心理现象的产生、发展及变化规律，并探讨在市场营销活动中各种心理现象之间相互关系的一门学科。消费者心理是看不见摸不着的内心活动，我们只能依靠由它支配的消费者行为，即根据消费者的“所作所为”去探究消费者的“所思所想”。影响消费者行为的因素很多，比较简明的是如图 1-3 所示的“三因素”论。

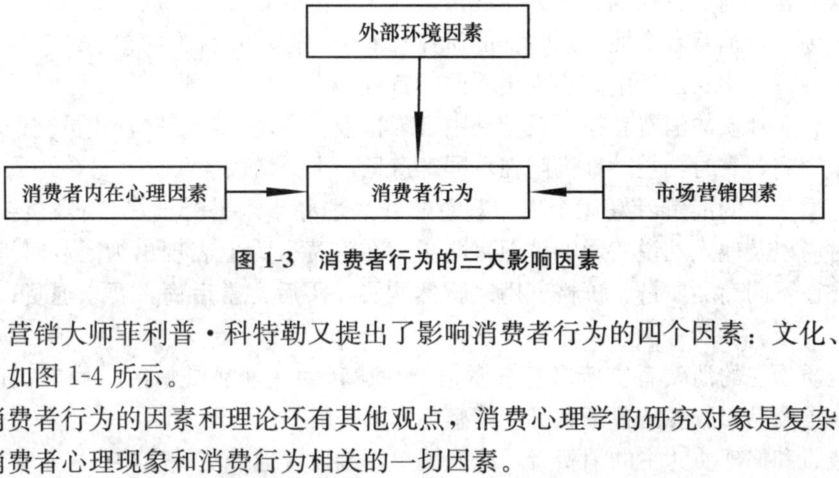

图 1-3 消费者行为的三大影响因素

另外，营销大师菲利普·科特勒又提出了影响消费者行为的四个因素：文化、社会、个人和心理，如图 1-4 所示。

影响消费者行为的因素和理论还有其他观点，消费心理学的研究对象是复杂和多变的，它包括与消费者心理现象和消费行为相关的一切因素。

（二）消费心理学的研究内容

消费心理学的研究内容主要包括以下几个方面。

1. 消费者的一般心理现象

对消费者来讲，消费者作为社会活动中的人，其消费心理和消费行为，必然符合人的心理和行为活动的一般规律，必然符合人类行为的一般特征。消费者在购买行为中产生的感觉、知觉、注意、想象、思维、情绪、意志等活动就是人的一般心理活动规律的表现。

因而，通过对人的一般心理活动及消费者心理过程的一般特征的研究，可以发现并把握消费者心理现象的一致性和规律性。例如，消费者对商品的认识是从感觉开始的，在此基础

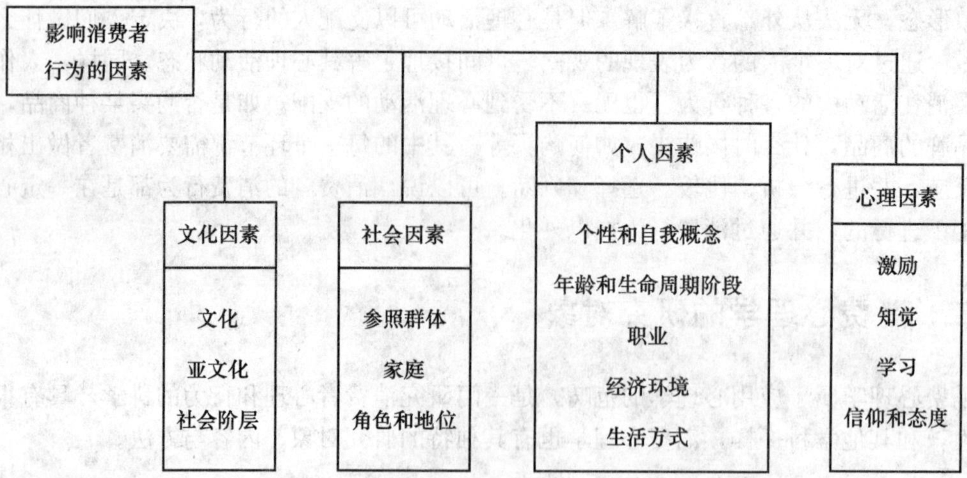

图 1-4　影响消费者行为因素的四个层面

上产生了对商品的喜欢与厌恶的情感，并在购买决策中表现出意志过程。

2. 消费者的个性心理

消费者作为一个特殊的群体又有其独特的心理与行为特点。并且，作为消费行为的实施个体，每个人都有各自稳定的、本质的心理品质，从而还会表现出各自的个性。个性在营销活动中表现为各类消费者在购买能力、性格、气质方面的差异性，从而形成了不同的购买动机和购买行为。对消费者个性心理特征的研究有助于把握消费行为的差别性。例如，不同气质类型的消费者在购买过程中就表现出不同的特点。

多血质、胆汁质的消费者在消费行动中表现积极、主动、善于同营业员交谈，积极提出问题并寻求解答，有时会主动地询问在场顾客意见，十分活泼。

以胆汁质为主的消费者好凭个人主观意志和兴趣办事，易受商品广告宣传、外观、品牌、社会时尚以及他人劝说的影响，即兴购买。在消费行为上表现出为了赶时髦、讲奇特、求新颖，往往不问商品质量、价格、用途贸然购买，买后常常后悔，要求退货，言语直率，情绪热烈、外露。

以多血质为主的消费者富于联想、激情，兴趣转换快，易受情感的影响，审美感觉灵敏，比较注重商品和服务的象征意义，情感色彩浓，浪漫。

以黏液质和抑郁质为主的消费者，冷静慎重，能理智地分析做出购买决策，常常选购自已熟悉、信任的商品，善于控制自己的感情，不易受外界因素的干扰，但对商品价格特别敏感、重视，对价格变化的反应敏感和迅速，善于发现别人不易察觉到的同类商品之间的价格差，以物美价廉作为消费者购物的前提条件，对于削价、特惠、打折的商品尤其充满兴趣。

不同消费者的需要和购买动机是千差万别的，了解消费者的购买需要和动机，积极展开诱导是营销活动取得成功的保障。

3. 消费者的购买行为

购买行为是消费者心理活动的集中体现，是消费活动中最有意义的部分。在消费者行为学的研究中，将影响消费者的心理因素与其行为表现紧密联系起来，深入探讨消费者的购买行为过程，购买决策的制定，以及态度、偏好、逆反心理、预期心理等对购买决策与行为的影响。通过对购买过程中产生消费需求、驱动购买动机、搜集有关信息、进行比较选择、制定购买决策、实际从事购买、评价所购商品等若干阶段及其相互联系的逐一考察，总结出消费者购买行为的基本模式。在购买过程中，决策居于关键性环节，决定消费者购买行为的效率和效果。分析消费者的决策方式和决策依据，可以发现引导和促成消费者制定正确决策的有效途径。消费者对商品、厂商、广告宣传等所持的态度，以及偏好、预期等心理倾向，对决策方案的制订、抉择以及购买行为的最终实现有着重要影响。为此，有必要深入研究消费者态度的形成原因，发现影响和引导消费者态度、偏好及预期的有效途径。储蓄和投资是相对于即期购买行为的中长期消费行为，在现代消费者的行为体系中占有重要地位，并有其特殊的表现形式和运动规律，因而在消费者心理学中亦对此进行了专门探讨。

【案例】

越贵越买

一对颇有名望的外国夫妇，在我国一家商店选购首饰时，太太对一只八万元的翡翠戒指很感兴趣，两只眼睛看过来看过去，一双手拿着摸了一遍又一遍，但因价格昂贵而犹豫不决。这时一个善于“察言观色”的营业员走过来介绍说：“某国总统夫人来店时也曾看过这只戒指，而且非常喜欢，但由于价格太贵，没有买。”这对夫妇听完后，为了证明自己比那位总统夫人更有钱，就毅然决定买下了这只戒指。

【同步思考】

这位营业员迎合了顾客的什么心理促进了销售的成功?

4. 消费者群体心理与行为特征

消费在直接形态上表现为消费者个人的行为活动。但从社会总体角度看，消费者行为又带有明显的群体性。现实生活中的某些消费者由于年龄、性别、职业、收入水平、社会地位、宗教信仰相同或接近，而在消费需求、消费观念、消费习惯以及消费能力等方面表现出很大的相似性或一致性。具有上述相同消费特征的若干消费者构成一定的消费者群体，消费者群体是社会消费活动的客观存在。研究不同消费者群体在消费心理和消费行为方式上的特点与差异，有助于从宏观角度把握社会总体消费的运动规律，同时对于商品生产者和经营者准确地细分消费者市场，制定最佳营销策略，无疑具有重要的指导意义。

5. 营销手段与媒介的心理效应

现代市场经济条件下，消费者与之大量接触，受其影响最为直接、深刻的事物即是企业通过市场媒介向消费者提供的商品和服务，以及开展的市场营销活动。市场销售所策划的新产品设计、制造、命名、定价、包装、广告宣传、分销渠道选择、营销场景的布置、销售方式、服务等一系列营销活动，其目的在于激发消费者购买动机，促成购买行为。例如，设计良好的包装可以引起消费者的购买兴趣；通过广告宣传可以向消费者传递有关商品信息：提供优质服务可以赢得消费者的好感；营造舒适的购物环境可以吸引消费者的惠顾等。显然，上述营销活动会对消费者的购买心理和购买行为产生直接影响。同时，企业运用上述营销要素和营销策略、手段又必须以消费者的购买心理为基础，最大限度地迎合消费者的需求、欲望、购买习惯、购买能力等。换言之，营销活动效果的大小、是否成功，主要取决于营销策略与消费者购买心理与购买行为相适应的程度。市场营销活动的过程应该是适应消费者心理的过程，同时又是对消费者心理加以诱导，促成其发生购买行为的过程。探讨在这一过程中，消费者如何对各种营销活动做出反应，以及如何针对消费者的购买心理改进营销方式、提高营销效果，是消费心理学研究的又一项主要内容。

第二节　消费心理学的研究方法

一、消费心理学的研究原则

1. 理论联系实际的原则

消费心理学既是一门理论科学，也是一门应用科学。它离不开心理学和经济学的理论基础，也离不开市场营销与消费实践活动。因此，消费心理学的研究首先应当遵循理论联系实际的原则，既要对消费心理和行为进行理论分析，又应注重运用理论来说明和解决实际问题。例如，对消费者的态度进行分析，一方面应该深入探讨态度的形成过程以及态度与行为的关系；另一方面应该明确影响消费者态度的因素，以便能够找到促使消费者态度向有利于购买的方向转化，解决市场营销中的实际问题。

2. 客观性原则

人的心理是客观事物的反映，一切心理活动都是由外部刺激所引起，并通过社会实践活动表现出来。因此，研究消费者的心理活动，必须以他们在消费活动中可以被人们观察到的表现作为研究资料，客观地分析在一定的经济条件制约下的心理现象，揭示其发生、发展的规律。例如，要揭示消费者在购买过程中的心理活动规律，就要通过对消费者在购买现场中各种表现的分析来完成。不掌握购买现场的情况，单靠主观推断来描述消费者的购买心理是毫无意义的。

3. 全面性原则

市场营销活动是社会实践活动的一部分，参与市场活动的社会成员和机构多而复杂，影响消费者购买行为的因素也很多。因此，研究消费心理和行为必须把握全面性的原则，不能就现象谈现象，就一个领域的问题谈一个领域的问题，而必须从系统的角度进行分析。

4. 发展性原则

世间万物都是在运动变化着的，作为客观事物的反映，人的心理活动也必然有所变化和发展。用发展的眼光预测市场变化，看待消费心理活动，对于经营者制定市场营销战略和选择营销策略都是十分重要的。因此，研究消费心理和行为，应当遵循发展性的原则，探寻消费心理的变化规律，推断各种条件改变后心理变化的可能性，并针对变化采取相应的措施，这样才能使消费心理学的研究有应用价值。

二、消费心理学的研究方法

1. 观察法

（1）观察法的含义。观察法是指调查者在自然条件下有目的、有计划地观察消费者的语言、行为、表情等，分析其内在的原因，进而发现消费心理现象发展规律的研究方法。消费者在购买活动中的各种行为表现，都是受其心理活动支配的，通过对消费者在购买活动中的语言、表情、动作等形态进行观察分析，可以了解支配他们行为的心理。

（2）观察法的适用范围。观察法在研究广告、商标、包装、橱窗和柜台设计的效果，商品价格对购买的影响，新产品对消费者的吸引力，以及企业的营销状况对消费者的影响等方面应用较多。例如，为了了解橱窗设计的效果，调查者可以在布置好的橱窗前观察行人注意橱窗或停下来观看橱窗的人数、停留的时间，以及观看橱窗的人数在过路行人中所占的比例；调查者还可以重新设计和布置橱窗，然后再观察统计观看人数占过路行人的比例和停留时间，以此来比较两种设计效果的优劣。

（3）观察法的应用分析。观察法是在消费者并不知晓的环境下进行的观察。由于消费者没有心理负担，因此心理表露得比较自然，通过观察所获得的资料也就比较真实、可靠。此外，观察法在操作上比较简便，花费也比较少，所以无论是大型企业或是小型店铺都可以采用。

2. 访谈法

（1）访谈法的含义。访谈法是调查者通过与受访者的交谈，以口头信息传递和沟通的方式来了解消费者的动机、态度、个性和价值观念等内容的一种研究方法。

按交谈过程结构模式的差异划分，访谈法可以分为结构式访谈和无结构式访谈两种形式；按调查者与访谈对象的接触方式划分，访谈法可以分为个人访问和小组座谈两种形式。

①结构式访谈。结构式访谈是调查者根据预定目标事先拟定谈话提纲，访谈时按已拟定的提纲向受访者提出问题，受访者逐一予以回答的一种研究方法。

②无结构式访谈。无结构式访谈是调查者与受访者双方以自由交谈的形式进行的调查活动。

③个人访问。个人访问是由调查者对单个受访者进行的访问，可以采取结构式访谈，即询问一些预定的问题，也可以采取无结构式自由访谈的形式。

④小组座谈。小组座谈是由调查人员以召开座谈会的方式向一组消费者进行的访谈。

（2）访谈艺术的运用。调查者无论是采用哪一种方式对消费者进行访谈都应当注意运用访谈艺术。

①明确访谈目标。调查者应该根据已定的调查目的、调查要求和受访者的特点，事先明确访谈的内容与范围，并在访谈过程中紧紧围绕访谈的目的进行。

②讲究访谈方式。不同的受访者具有不同的社会背景和心理特征，调查者要尽量采取不同的方式，或漫谈，或提问，或商讨，以便使受访者在轻松愉快的气氛中表达真实意思。

③争取受访者的信任。调查者求得受访者信任的关键是以恰当的方式接近受访者，并且要有诚恳的态度。

④直截了当，言简意赅。除了为求得受访者的信任而在初次见面时就将自己的真实意图告诉对方以外，在访谈中调查者应该把受访者的注意力吸引到谈话的目标和内容上来，提问要语言简洁，尽量争取少费时间，获取有效信息。

3. 问卷法

（1）问卷法的含义。问卷法就是以请被调查者书面回答问题的方式进行调查，也可以变通为根据预先编制的调查表请消费者口头回答、由调查者记录的方式。问卷法与结构式访谈法有相似之处，只是更重视发挥书面调查表的作用。这种方法适用于了解消费者的消费动机、消费态度和消费观念等。问卷法是消费心理和行为研究中最常用的方法之一。

调查表的基本形式有两种：一种是封闭式的；另一种是开放式的。

封闭式的调查表是让被调查者从所列出的答案中进行选择，类似学生测验中的是非题、选择题的形式。

开放式的调查表是让被调查者根据调查表所列问题任意填写答案，不作限制，问卷上只有测试的问题，类似考试题中的填空题、简答题和发挥题。

调查表既可通过当场直接发放、让消费者填写后收回，也可将问卷通过邮寄、广告征询等方式送达消费者，待被调查者填写后寄回。后一种形式回收率较前者低，因此可能影响调查结果的精确度和调查工作的进度。

（2）调查表的设计与制作。调查表设计是影响问卷调查效果的重要因素，在设计中应该注意以下问题：

①目的明确。有明确的问卷调查目的，才能确定调查表的内容和项目。调查表中所列题目应该起到将调查目的清楚无误地告诉被调查者的作用，以求得消费者的理解与合作。

②题目清楚、明白，不能含混不清或可作多种解释。设计调查表时要考虑被调查者的个性心理特征，回避其所在文化背景下的禁忌，避免运用伤害被调查者感情的词句。

③调查表设计好之后应该进行预备的调查实验，以检查问卷的质量，减少误差。

④注明填写调查表的要求和注意事项、奖励办法等。

4. 综合调查法

综合调查法是指在市场营销活动中采取多种手段取得有关材料，从而间接地了解消费者的心理状态、活动特点和一般规律的调查方法。综合调查法可以采用的手段有多种。例如，邀请各种类型的消费者进行座谈，举办新产品展销会，进行产品商标广告的设计征集，设置征询意见箱，在销售产品时附带消费者信息征询卡，特邀消费者对产品进行点评，通过经营服务或优秀营业员总结经验，获得材料等。

5. 实验法

实验法是一种有严格控制的研究方法，是有目的、有方向、严格控制或创设一定的条件，来引起某种心理和行为的出现或变化从而进行规律性探讨的研究方法。实验法依据实验场所的不同又分为实验室实验和现场实验两种。

实验室实验是在专门的实验室内进行的，可以借助各种仪器设备以取得精确的数据。这种方法具有控制条件严密、操作程序固定、可以反复进行实验的特点，但是同时也有较大的人为因素，所得结果与实际生活存在一定的距离。

现场实验是在实际消费活动中进行的。它是把情景条件的适当控制与正常的市场活动有机地结合起来，因而具有较强的现实意义。

【资料库】

消费者行为中的从众和独立的实验

有关消费者行为中的从众和独立的一项经典实验是由温科特桑（M. Venkatesen）做出的。他在实验中要求被试者从A、B、C三种不同款式和颜色的西服中，选出最好的西服，先给他们两分钟的时间逐个验看，然后要求他们做出决定。实验分三种情况进行：在控制条件下，被试者分别做出评价，因而不受群体的影响。在从众条件下，三名假被试者异口同声地说“西服B最好”，最后让真被试者发言。在诱导条件下，使用群体压力的方法与从众条件相同，只是假被试者的反应模式不同，第二个假被试者在第一个假被试者挑选了B之后说：“三套西服有没有不同，我不能确定，我想没有什么不同，既然你选B，我也跟你一样，也选B吧。”第三个假被试者随后说：“你们都选了B，我还挑不出来，就和你们一样，也选B吧。”最后再让真被试者选择。

结果表明，在从众条件下，真被试者果真多数表现出了从众，采取了与群体一致的行为，即选择了B；在诱导条件下，真被试者虽也有从众现象，但比率远比从众条件下的要低，这就说明真被试者有抵制群体压力的倾向。事实上，个体在不是明显地受到压力被迫从众的情况下，更有可能从众。

通过分析以上案例中三种不同条件下真被试者的选择可以发现，众人的意见和选择对真被试者的影响及影响的程度。

第三节 消费心理学的产生、发展及现实意义

一、消费心理学的产生和发展

消费心理学的产生与发展是与商品经济的发展紧密相连的。在商品经济的长期发展过程中，人们积累了极其丰富的消费心理体验，而经商者对顾客心理也有一些朴素的认识和初步的把握。但在漫长的历史时期内，人们对消费心理的认识是粗浅的和表面化的，直到19世纪末20世纪初，随着心理学研究的高度发展和商品经济的极度繁荣，人们才开始科学、系统地研究消费者心理和行为的规律，消费心理学才顺应时代的要求，逐渐萌生、发展并走向成熟。回顾消费心理学的学术发展史，其发展大致经历了以下阶段。

（一）萌芽阶段（19世纪末到20世纪20年代）

消费心理学是在资本主义工业革命后，随着商品经济的快速发展、市场供求矛盾日益尖锐、竞争不断加剧而出现的。从19世纪末到20世纪20年代，有关消费心理研究的理论开始出现，并有了初步的发展。

消费心理学的研究是从广告心理学发展而来的。1895年，美国明尼苏达大学的盖尔采用问卷调查的办法，就消费者对商品广告及其所介绍商品的态度与看法进行的研究，是消费心理学研究最早的实例。而1901年美国心理学家沃尔特·D·斯科特提出将心理学应用到广告活动中，被认为是第一次提出了有关消费心理学问题，而后他将有关理论进一步系统化，出版了《广告心理学》一书，此书的出版开辟了消费心理学的先河。在以后的很长一段时期，美国的许多心理学家根据当时的经济形势的需要，积极从事消费心理学的研究和实验，出版了多部相关著作，从不同侧面探讨消费心理学的有关问题，丰富了消费心理学的内容。比较有影响的是“行为主义”心理学之父华生的刺激—反应理论，这一理论因为揭示了消费者接受广告刺激与行为反应之间的关系，从而被广泛应用于消费者心理与行为的研究中。

不过，这一时期是消费者心理与行为研究的初始阶段，研究的中心在于促进产品销售，而非满足消费者的需求。另外，这种研究也仅限于理论层面，没有应用到企业营销活动中，因此尚未引起社会的广泛重视。

（二）起步阶段（20 世纪 30～50 年代）

20 世纪 30 年代的经济大危机，使得消费品需求问题成为西方企业面临的首要问题，市场推广成为重要的课程。越来越多的心理学家、经济学家、社会学家开始关注消费者心理和行为问题，从而大大推动了消费者心理与行为研究的市场化。

20 世纪 50 年代开始，西方企业对有关消费者心理与行为研究越来越感兴趣，而更多的理论研究者也加入到这一领域。1950 年，美国社会学家梅森·海尔的关于“家庭主妇为什么不买速溶咖啡”的出色研究，将大家的注意力集中在了消费动机上，研究者们开始关注消费者购买决策背后的深层动机。另外，美国经济学家科普兰提出消费者的购买动机可分为感情动机和理智动机，其结论在今天仍有重要意义。与此同时，美国学者盖斯特和布朗进行了关于消费者品牌忠诚度的研究，他们试图找到促使消费者重复选择同一品牌的有效途径。

马斯洛著名的需求层次理论也是在这一时期提出的，他创造性地将人的需求分为五个层次，认为只有较低层次的需要得到了满足之后，较高层次的需要才会出现并要求得到满足。他的理论至今还不断被引用。

（三）深入发展时期（20 世纪 60～90 年代）

进入 20 世纪 60 年代，物质产品和精神产品开始丰富人们的生活，消费者行为的研究随之呈现加速发展的态势。1960 年美国心理学会正式组建了消费心理学分支，从而确立了其学科地位。到了 60 年代中期，消费者行为学作为一门独立的课程出现在美国的一些大学。1968 年，俄亥俄州立大学的恩格尔、科拉特和布莱克威尔合作出版的《消费者行为学》成为该领域的第一部专著。1969 年，消费者研究协会正式成立。消费心理作为一门学科引起了学者的广泛关注，各种研究相继展开。

20 世纪 60 年代是消费心理学研究的丰产时期。美国密歇根大学研究小组提出的期望与消费者态度的理论、哥伦比亚大学提出的人格的影响有关理论、哈佛大学对于知觉风险的研究、中间范围理论、低度参与过程与高度参与过程的理论、群体问题的研究等，都极大地发展和完善了消费心理学。

20 世纪 70 年代以后，消费心理学的研究得到了更快的发展。70～90 年代，是该学科发展过程的重大转折时期。这一时期有关消费者心理与行为的研究不仅数量激增，质量也越来越高，研究方法越来越科学。许多新兴学科如计算机、经济数学、行为学等被应用到消费者心理的研究中。著名消费者行为研究专家 J·雅各比将这一阶段发展趋势总结为：

①理论性更强、更科学。

②研究的重点转变为以消费者为中心，并注重宏观方面的探索。

③从单纯记述量变和关系向解释性的研究和对因果关系探讨的方向转变。

④行为科学的概念、方法的运用等越来越精确，学科间的渗透与交叉更为鲜明。

（四）广泛应用阶段（21 世纪至现在）

进入 21 世纪，众多学者及几乎所有企业对消费者心理和行为的关注达到了前所未有的高度。市场导向、消费者导向、顾客第一的理念反映了对消费心理的研究和应用的重视程度。

这一时期，消费心理的研究范围从原来的消费者本身拓展到对消费的生态环境、社会文化、相关法律法规等更大范围的研究。涉及的学科也由原来的心理学、经济学、社会学延伸到管理学、人类文化学、法学等相关领域。多学科的参与研究，一方面，带来了研究方法的多样化和学科成果的交融，对促进消费心理的研究起到了积极作用；另一方面，消费心理学在借鉴其他学科研究方法的基础上，有了适合自己的改进和创新，研究成果在各个领域得到了广泛的运用。

二、消费心理学研究的发展趋势

（一）研究角度多元化

长期以来，人们主要是从商品生产者和经营者的单一角度对消费者的心理与行为进行研究，其关注的焦点集中在如何帮助企业通过满足顾客的需求来有效地扩大销售，并以此来增加盈利。目前，这种单一局面已经被打破，许多研究人员开始把消费者心理与行为同更广泛的社会问题联系在一起，从宏观经济、自然资源、环境保护、消费者利益、生活方式等多种角度进行相关的研究。具体表现在以下几个方面：研究作为买方的消费者心理与行为对市场供求变动的影响、各种宏观调控措施对消费者的心理效应、政府部门在制定经济规划时如何以消费者心理作为重要的参考依据等。为顺应 20 世纪 70 年代以来消费者权益保护运动的广泛兴起，消费者心理与行为的研究已开始注重从消费者利益角度对消费者心理进行研究，以便帮助消费者提高消费能力，并保护自身权益不受损害。开展有关生活方式的专门研究，把消费者作为“生活者”，研究不同消费者生活方式的特点，以及与消费意识、消费态度、购买行为之间的关系，从而帮助消费者提高生活质量。所有这些都为消费心理学的研究提供了宽广、新颖的角度。

（二）研究因素多样化

在最初的研究中，主要是利用社会学、经济学的有关概念作为基础，根据年龄、性别、职业、家庭、收入等因素来解释各种消费心理与行为的差异。随着研究的深入，与心理因素和社会因素有关的内容被大量引入，如需要、动机、个性、群体、社会规范、人际沟通等。从目前的情况来看，由于社会环境的变化和消费者自身素质的提高，消费者心理与行为比以往任何时期都更为复杂，已有的研究内容已经很难对某些现象做出全面的解释。如为什么像日本这样富裕国家的国民仍崇尚节俭，储蓄率居高不下，而相对应的美国国民却热衷于借债消费。对这样的问题进行研究，应引入历史、文化、地理、民族、道德传统、价值观念、信息化程度等一系列新的内容。这也为消费者心理与行为的研究进一步奠定了基础。

（三）研究方法向可量化的趋势发展

在新的社会经济环境下，单纯对某一消费现象进行事实性记述和定性分析，显然是不够的，为此，现代的研究方法越来越倾向于定量分析方法，运用统计分析技术、信息技术以及运筹学、动态分析等现代科学的研究成果，从因果关系、相关关系以及数量上来揭示各变量之间的内在联系。这样研究的结果可以建立更加精确的消费者心理与行为模式的模型。分析模型的建立又进一步推动了对消费现象质的分析，从而把消费心理学的研究提升到一个新的高度。在此基础上，消费心理学的研究内容也更加全面，理论分析上更加深入，学科体系也更加完善，研究成果在实践中得到越来越广泛的应用。

三、研究消费心理学的现实意义

消费心理学是20世纪80年代中期从西方引入我国的，经过将近20年的发展，实践证明，在我国发展社会主义市场经济的过程中，深入开展消费心理与行为的研究具有极其重要的现实意义。

（一）研究消费心理学可以指导设计新产品和改进现有产品

任何科学的企业管理，在开发新产品或在生产周期的起始阶段，务必明确该产品将服务于什么对象，即满足哪些消费者的哪些方面的需求。新产品的开发源于产品创意，而许多好的创意都来源于对消费者需要和欲望的分析。企业通过研究消费者对当前产品的态度，确定消费者所需的特殊的产品特征。如果确认现有产品不具备消费者所需的特征，就可能找到开发一种新产品的机会。如高露洁公司认识到消费者需要更容易挤出的牙膏，于是就开发出了一种经济实惠且易于使用的抽吸式牙膏，结果在市场上大获成功。

（二）研究消费心理学可以有效地制定市场策略

研究消费行为可以有效地制定市场策略，包括市场细分、广告、包装、商标、价格、零售渠道等。“顾客至上”的原则是营销建立的核心。依据这一观点，消费者应成为营销工作的中心，即从消费者的角度看，营销就是全部交易。由于社会的运转越来越依赖于信息技术，因此对有关消费者需求信息的关注越来越重要。企业只有按市场的需求来生产适销对路、符合消费潮流、适应消费者消费水平的商品，提高市场营销活动效果，才能在激烈的市场竞争中占据优势，取得良好的经济效益。

【案例】

脑白金的市场策略

一提到脑白金，大家都会记起那句“今年过年不收礼，收礼只收脑白金”的广告。那么，脑白金究竟是什么产品，它的主要功能是什么，你能说出来吗？脑白金在功能诉求上开始是强调：“可以调整人体生物节律”、“改善睡眠”、“调整肠道”、“减少有害物质的吸收”等。

脑白金全国统一零售价是每瓶68元，10天消费1瓶，平均每天要花6.8元。脑白金在改善睡眠上的功效是最突出的，而为了改善睡眠每天花费6.8元就显得非常贵了，尤其是要自己掏腰包的普通消费者，脑白金的价格偏高成为一个问题。

节日送礼从来就是保健品的一个重要的销售方向，脑白金销售人员发现“送礼篇”广告效果是最好的。在市场销售和广告投放选择的互动下，“送礼篇”成了脑白金的广告主流，脑白金成了礼品。市场策略的改变，使脑白金在保健品市场上站稳了脚跟。

（三）研究消费心理学可以为政府部门依法行政提供科学依据

消费者在购买、使用商品和接受服务时，享有人身和财产安全不受侵害、知悉真实情况、自主选择和公平交易等多项权利。而保护消费者的这些权利，则是政府的一项重要职能。政府对消费者权益的保护，离不开对消费者行为的深入理解。建立在消费者行为分析基础之上的法律和政策措施，能够更加有效地实现保护消费者权益的目的。

研究消费心理学还可以帮助政府加强与提高宏观经济决策水平，改善宏观调控效果，促进国民经济协调发展。例如，制定工矿企业和交通运输中的噪声容许值标准、合理包装和标记的条例，设计适合顾客需要与愿望的交通网、文化中心、娱乐设施等。

【案例】

“三鹿”毒奶粉事件

2008 年 6 月 28 日，位于甘肃省兰州市的中国人民解放军第一医院泌尿科收到第一例婴儿患有“双肾多发性结石”和“输尿管结石”的病例。随后湖北等地也陆续报告多例婴幼儿泌尿系统结石病例，甚至出现婴幼儿死亡的恶性事件。现经相关部门调查，病因是患儿食用受到三聚氰胺污染的石家庄三鹿集团股份有限公司生产的三鹿牌婴幼儿配方奶粉所致。

此次事件后，国家质量监督检验部门对奶粉、液态奶也进行了逐一检测，都不同程度地检测出了三聚氰胺，致使消费者对奶制品的安全失去信心。鉴于此次危机的特殊严重性，政府在迅速启动问责程序、惩戒相关责任人之外，国务院已于 2008 年 9 月 18 日决定废止实行 9 年的食品质量免检制度。

（四）研究消费心理学可以促进对外贸易服务的发展

研究消费心理学有助于推动我国尽快融入国际经济体系，不断开拓国际市场，增强企业和产品的竞争力。每个国家和民族都有各自不同的经济发展水平、文化传统、生活方式和风俗习惯，出口产品只有体现上述特性才可能占领国际市场。如红色包装在我国和日本是喜庆的象征，可是在瑞典和德国则被视为不祥之兆；八卦与阴阳图对西方人完全是个无关的刺激，可是东方人却很容易把它和道教联系起来，韩国人则把它视为喜爱的标志；熊猫图案在阿拉伯国家不受欢迎等。这样的“跨文化”研究已经被包含在消费者行为的知识体系中。可见，加强对消费者心理和行为的研究，对我国进一步开拓国际市场、增强国际竞争力具有十分重要的意义。

（五）研究消费心理学可以有助于消费者科学地进行个人消费决策

消费是以消费者为主体的经济活动，懂得消费心理学可以使消费者提高自身素质，科学地进行个人消费决策，改善消费行为，实现科学、文明消费。消费者的个性特点、兴趣爱好、认知方法、价值观念等，都会在不同程度上对消费决策的内容和行为方式产生影响，进而影响消费活动的效果以及消费者的生活质量。在现实生活中，消费者由于商品知识的不足、认知水平的偏差、消费观念的陈旧、信息筛选能力低下等原因，很容易造成决策失误。此外，了解消费者行为的知识，还有助于识别一些容易使人上当受骗的销售手段。例如，一些贩卖者惯用“甩卖”、“便宜”的叫卖来引诱消费者以达到推销次货、陈货的目的。还有一些摊贩雇用“托儿”，造成一种从众的气氛，引诱一些消费者上当受骗。了解他们的这些欺骗手段，可以免受其害。

【小结】

消费者是指在不同时空范围内参与消费活动的个人或集团。消费心理是指消费者在社会总体消费环境的影响下，调节、控制自身消费行为的心理现象。为了应对千变万化的市场，消费者心理学研究消费者消费行为中心以特殊形式表现出来的一般心理规律。

心理学是研究人的心理过程和个性心理产生、发展、变化规律的科学。心理的实质就是：心理是人脑的机能，是大脑对客观现实的主观反映；反应不是消极被动的，是有主观能动性的；反映是在社会事件中实现的，正确与否要受实践的检验。

消费心理学是商品经济发展到一定阶段的产物，具有明显的科学性和社会性。对它进行研究，有助于提高宏观经济决策水平，改善宏观调控效果，促进国民经济协调发展；有助于企业根据消费者的需求变化组织生产经营活动，提高市场营销活动效果，增强市场竞争力；有助于消费者提高自身素质，科学地进行个人消费决策，改善消费行为，实现文明消费；有助于推动我国尽快加入国际经济体系，不断开拓国际市场，增强企业和产品的国际竞争力。

【思考题】

一、选择题

(1) 在生活过程中，人们为满足某种消费，在消耗物质产品与非物质产品的过程中所表现出来的行为活动，称为生活过程中的消费，即(　　)。

A. 生活消费　　B. 生产消费　　C. 经营消费　　D. 生理消费

(2) 心理学定义心理是人脑的机能，是客观现实的(　　)。

A. 客观反映　　B. 主观反映　　C. 心理反应　　D. 现实反映

(3) 心理学是研究人的心理现象产生、发展、(　　)的科学。

A. 变化　　B. 变异规律　　C. 变化规律　　D. 心理规律

(4) 研究消费心理常用的方法主要有观察法、实验法、访谈法、投射法、(　　)等。

A. 调查法　　B. 访问法　　C. 普查法　　D. 问卷法

二、问答题

(1) 消费心理学研究的对象是什么？

(2) 消费心理学的研究方法有哪些？

(3) 消费心理学研究的意义是什么？

【实训一】　个案分析

对消费者行为的错误理解

人们的心理是一个“黑匣子”，企业准确把握消费者心理或行为特征的难度非常大，不少企业错误地理解消费者心理和行为，结果以失败告终。下面我们看一下错误地理解消费者心理或行为而失败的一些案例。

——可口可乐公司的一个研发团队曾经开发出一种橙汁浓缩膏，消费者可以把它放到冰箱冷藏室，使用时像牙膏一样挤出。也许这个研发团队直观上相信这样的橙汁浓缩膏会解决消费者所感知到的冰箱空间不够的问题，但此产品上市后就失败了。因为消费者每当喝橙汁时必须把浓缩膏挤出来放到水里才能喝，这不仅给消费者带来不便，而且浓缩膏的盖子容易脏，影响橙汁的味道。

——美国最大的电话通信公司 AT&T 也曾经开发出可视电话，但由于消费者以侵犯个人生活为由而反应冷淡，结果该产品在市场上以失败而告终。

——生产消费者日常用品的宝洁公司曾在推出婴儿尿布 Pampers 时强调此产品是如何节省妈妈们的时间，使用是如何的方便，但他们没有注意到购买婴儿尿布的妈妈们在选购尿布的时候，与自身的便利相比，更注意孩子的便利。宝洁公司发现婴儿妈妈们的心理以后在广告上强调要为自己的宝贝及时更换尿布。

——美国最大的杂志社于 1983 年不经过市场调查而试办 TV-Cable Week 杂志，结果以失败而告终，损失 4 700 万美元。虽然做了市场调查，但没有准确地把握消费者的心理和行为而失败的案例也不少。

——美国的一家服装企业——Levi Stauss 公司的主打产品是牛仔裤。该公司曾经在 20 世纪 70 年代末期根据女式牛仔裤市场饱和状态和激烈的竞争环境，向市场推出男性正装。他们通过市场调查发现关心服装的男性消费者越来越多，其市场规模非常大。他们推出的男性正装品牌为 Levi Tailored Classic，但问题就出现在这个男性正装的品牌上。通过对消费者调查他们发现，美国人非常熟悉牛仔裤品牌 Levi，人们一看 Levi 品牌就马上联想到牛仔裤，Levi 和牛仔裤几乎已经画等号了。但是，该公司的研究战略小组认为 Levi 是该公司最响亮的品牌，可以扩展到男性正装这一新产品上，并坚持使用这个品牌名。结果品牌名所持有的形象和产品概念不协调，也以失败而告终。

——可口可乐公司进入 20 世纪 80 年代以后受到百事可乐的巨大挑战。当时可口可乐公司通过调查发现消费者喜欢百事可乐的甜味，于是可口可乐公司于 1985 年向市场推出比原来可口可乐更甜的 New Coke。结果可口可乐公司不仅遭到了巨大的失败，而且还遭到了习惯于原味的消费者的强烈抗议，消费者要求恢复原来的味道。最终可口可乐公司还是推出恢复原味的 Coca Cola Classic。该公司只认为消费者根据舌头感觉选择清凉饮料，而忽视了消费者对品牌所持有的情感依恋（emotional attachment）。

【讨论】

1. 从上述案例中你得到什么启示？如何理解消费者行为对企业的重要性？
2. 如果你是一家企业的决策者，你觉得应该从哪个角度切入市场？

第二章

消费者的心理活动过程

知识目标

了解感觉、知觉、记忆、注意、想象、思维、情绪、情感、意志的含义和特征；

掌握消费者认识过程、情感过程和意志过程对购买行为的影响。

能力目标

能够适当调节消费者的消极情绪，能够接纳不喜欢的消费者；

能够抓住消费者的认识过程、情感过程和意志过程的不同特点，区别对待消费者开展营销活动。

情感目标

培养对消费者的感情，理解消费者的不同情感表现。

【案例导入】

“红豆”品牌，诗意盎然

注册商标“红豆”是中国第一批驰名商标，红豆服装在全国服装行业中居领先地位，其品牌名称采用了中国优秀传统文化的移情手法，将唐朝诗人王维的一首诗的情感意境转移到品牌创意之中。“红豆生南国，春来发几枝。愿君多采撷，此物最相思。”红豆是有形的情，情是无形的红豆。很多人都争相购买，送给自己的爱人，传递一种浓浓的爱意，让每位拥有她的人士珍爱一生！红豆集团从最初启用蕴涵丰富民族情思的红豆作为商标开始，不仅把“情”文化作为企业文化的核心，还把企业文化作为企业的核心竞争力，不断赋予它深远的象征意义。“红豆”是向消费者表达一份美好情感：对爱情的忠贞、对亲人的相思、对团圆的期盼、对智慧的追求以及对美好生活的向往等。因此，“红豆”品牌多年来深受人们喜爱，经久畅销（红豆集团标志如图 2-1 所示）。

HOdo Group

红豆集团

图 2-1　红豆集团标志

【同步思考】

为什么“红豆”品牌会深受人们喜爱？它反映了消费者的哪些心理活动过程？

消费者的心理活动过程是支配消费者购买行为的心理活动的发生和发展的全过程，是其不同的心理现象对客观现实的动态反映，通常包括认识过程、情感过程和意志过程。研究消费者在购买行为中发生的心理活动过程，对了解消费者心理变化，从而采取相应的心理策略有极大的帮助。

第一节 消费者的认识过程

消费者的认识过程是消费者其他心理过程的基础，是指消费者通过感觉、知觉、记忆、注意、想象、思维等心理活动来实现的。消费者的认识过程直接影响着消费者对消费需求的认识以及消费者的潜在需求能否向现实需要进行转化。

一、消费活动中的感觉

（一）感觉的含义

感觉是人脑对客观事物的个别属性的认识。消费者的感觉主要是消费者在购买商品和使用商品的过程中对于商品个别属性的认识。消费者对商品的认识是从感觉开始的。消费者的感觉是商品个别属性（颜色、声音、气味、口味、冷热等）作用于消费者不同的感觉器官（眼、耳、鼻、舌、皮肤），刺激消费者的视觉、听觉、嗅觉、味觉和触觉等。通过神经系统将信息从感觉器官传送到大脑，从而形成对商品的个别的、表面的初步形象。

我们平时常说，人有五官，因此，我们熟悉的感觉有：视觉、听觉、嗅觉、味觉、皮肤觉。例如，消费者选购商品时，用眼睛看到漂亮的色彩，用耳朵听到美妙的音响，用鼻子嗅到诱人的香味，用嘴品尝到商品的味道，用手抚摸到柔软舒适的物体等。消费者正是通过对上述各种感觉器官来分辨商品的色彩、声音、气味、温度、重量、形状、质地等各种具体特征，从而产生漂亮、香甜、美观、新奇等种种感觉，以期引发积极的心理活动过程。

（二）感觉的基本特征

感觉的运用对研究消费者心理具有重要的影响。感觉具有感受性、适应性和联觉性等特征。

1. 感觉的感受性

商品只有达到一定的强度出现在消费者面前时，才能引起消费者对它的感觉。例如，为使消费者感觉到某个楼盘的存在，开发商往往不惜重金做广告。广告必须色彩鲜艳、篇幅巨大、形象生动、富有创意等。感受性是指感觉器官对适宜刺激的感觉能力，通常用感觉阈限的大小来度量。我们把能够引起感觉的、持续一定时间的刺激量称为感觉阈限。消费者感受性的大小主要由消费刺激物的感觉阈限值高低来决定。一般地，感觉阈限值越低，感受性就越大；感觉阈限值越高，感受性就越小。

消费者感觉器官受到刺激后，如果刺激量发生微小的变化则不易被消费者察觉，只有增加到一定程度时，才能引起人们的新感觉。例如，一种商品的价格上涨或下降1%～2%时，消费者可能不易觉察，但如果变幅达10%以上，则会立即引起消费者的注意。各种商品因价格、效用等不同特性，消费者对其存在不同的差别感受性。例如，日常生活所需的米、油、盐提价几毛钱，消费者会十分敏感，而一辆汽车价格上调几百元或上千元，却不为消费者所注意。了解消费者对不同商品质量、数量、价格等的差别感受性，对合理调节消费刺激量，促进商品消费具有重要作用。

2. 感觉的适应性

消费者感觉的感受性会随着刺激物持续作用时间的延长，因接触过度而造成感受性逐渐下降，这种现象叫作感觉适应。适应既可提高感受性，也可降低感受性。例如，白天刚走进电影院什么也看不清楚，过几分钟后就能看清，这是感受性的提高；一个身上喷着香水的人很快就觉察不到自身的香水味，所谓“入芝兰之室，久而不闻其香”，这是感受性的降低。

消费者面对新的商品最初有新鲜感，但时间久了，接触多了，也会习以为常。厂商和营销人员要经常变换刺激物的表现形式，调整消费刺激。例如，不断变换商品的包装、款式和色调，推出新品或开展形式多样的促销活动等，避免产生感觉适应。

3. 感觉的联觉性

人体各感觉器官的感受性是相互影响、相互作用的。即一种感觉器官接受刺激产生感觉后，还会对其他感觉器官的感受发生影响，这种现象就是联觉。消费者在同时接受多种消费刺激时，经常会出现由感觉间相互作用引起的联觉现象。例如，色彩能引起各种联觉，具有很多象征性，冬天穿红色衣服使人感到温暖，夏天穿白色衣服则使人产生凉爽的感觉。

【案例】

麦当劳欧洲店全面大“换脸”

图2-2　英国麦当劳“蛋椅”

美食遍地的欧洲人不喜欢来自美国的垃圾快餐吗？错！2007年仅上半年麦当劳销售总额达41亿元，而在美国只有39亿元，在欧洲麦当劳每天有1 000万的顾客。为了上帝们，麦当劳大兴土木，在2008年年底前，投入6亿欧元改建位于欧洲的1 280个铺面，并且针对不同国家的文化，各地店铺设计风格大相径庭。

比如在伦敦，黄白色塑料椅子换成了名师特别设计的亮绿色和红色的大名鼎鼎的“蛋椅”，室内更用富有情调的暗色皮革装饰（图 2-2）。

除了店面设计，麦当劳的餐单也有了大变化，在德国麦当劳，你甚至可以点一杯 Espresso！麦当劳早就把红黄色的大 M 标志去除了土土的红色部分，仅保留百搭的金色，更加时尚。所以，别再以为麦叔叔很土老冒，在时尚的欧洲，麦叔叔也与时俱进了。

（资料来源：http://www.yoka.com/life/handicraft/2008/042458025.shtml）

（三）感觉在消费心理活动中的作用

感觉提供原始资料，是人全部心理现象的基础。感觉在消费心理活动中的作用有：首先，感觉使消费者获得对商品的第一印象。在购物活动中，消费者对商品第一印象的好与坏、深与浅，直接影响着消费者购物态度和行为。对商品的生产商和销售商来讲，要有“先入为主”的意识和行为，在色彩、大小、形状、质地、价格等方面精心策划自己的商品，使其牢牢抓住消费者的眼光和感受。今天，大多数商场能运用“感觉”进行销售活动，例如，给消费者创造优雅的购物环境，用灯光、音响、色彩、气味来刺激消费者，从而达到吸引顾客和促销的目的。其次，信号刺激强度要使消费者产生舒适感。例如，销售现场过强的灯光、过大的声响、杂乱的布置等超强刺激因素会影响消费者的舒适感，而影响消费者在购物中逗留的时间。因此，企业做广告、调价格和推新品时，向消费者发出的刺激信息应考虑感觉阈限，注意消费者感受的舒适性。再次，感觉会引发消费者某种情绪体验。消费者的情绪体验，依靠其对环境和身体内部状态的感觉。例如，优雅的音乐、和谐的色调、适当的灯光、商品的陈列、营销人员的微笑等，都能给消费者良好的感觉，从而引发消费者愉悦的心情。此外，商品的包装、广告的设计等都应使消费者产生良好的感觉，激发消费的积极情绪，从而产生购买欲望。

二、消费活动中的知觉

（一）知觉的含义

知觉是人脑对直接作用于感觉器官的客观事物各种属性的整体反映。知觉和感觉实际上是完全分不开的。知觉是在感觉的基础上形成的。感觉是知觉的前提，没有感觉就没有知觉。感觉到的个别属性越丰富，对事物的知觉就越全面。例如，当消费者对某件衣服的色彩、大小、手感等个别属性有所认识时，可以说对这件衣服有了感觉。当他对这件衣服形成比较完整的印象时，衣服的色彩、大小、手感、价格等属性在头脑中已经有了综合的反映，我们称这一过程的心理活动为消费者知觉过程。知觉不是感觉的简单相加，而是受过去经验的制约，是在知识和经验的基础上，经过人脑的加工，形成对事物的正确解释的过程。例如，对同一件衣服的知觉，不同的消费者会产生不同的整体反映。

【案例】

肯基的故事

肯基在非洲位于赤道附近一个叫俾格米的文化中长大，自出生以来就只居住在茂密的热带森林中。有一天，他第一次和人类学家科林·托恩布尔一同乘车穿越一个开阔的平原。后来，托恩布尔这样描述肯基的反应：

“肯基远眺平原上几英里以外大概一百头左右正在吃草的一群野牛，问我那是哪一种昆虫。我告诉他它们是比他所认识的森林野牛大一倍的野牛。肯基大笑着要我别讲这样的蠢话，并再次问我它们是哪一种昆虫。然后他自言自语，为了找出更合理的比较，试图把那些野牛比作他熟悉的那些甲虫和蚂蚁。

当我们坐上汽车向这些野牛吃草的地方行进时，肯基还在做这样的比较。尽管肯基和其他俾格米人一样勇敢，当他看到那些野牛变得越来越大时，还是坐得离我越来越近，嘴里嘀咕着说一定有什么魔力……

终于当他认识到它们真的是野牛时，他不再害怕了，但仍然感到困惑，为什么刚才它们看起来那么小，是否刚才真是那么小而现在突然变大了，或者是不是有什么骗术?”

（资料来源：格里格，等著. 心理学与生活 . 王垒，等译. 北京：人民邮电出版社，2003）

（二）知觉的特征

知觉具有多种特性，如整体性、选择性、理解性和恒常性等特征。

1. 知觉的整体性

知觉的对象都是由许多部分综合组成的（图 2-3）。消费者平时购物讲究物美价廉是知觉整体性的表现。消费者在感知某一商品时，总是把它作为具有一定结构的整体去认识，而不会把其感知为许多个别的、片面的、孤立的部分。例如，消费者在购买家具时，不只注重家具的材料、颜色或款式，而是把商场的装饰设计、营业员的服务态度、商品的售后服务等多种因素综合在一起，构成对家具的整体感知印象。消费者的知觉直接影响其消费行为。如果被知觉的商品符合消费者的需求，激发其兴趣就会做出购买决策，产生购买行为。

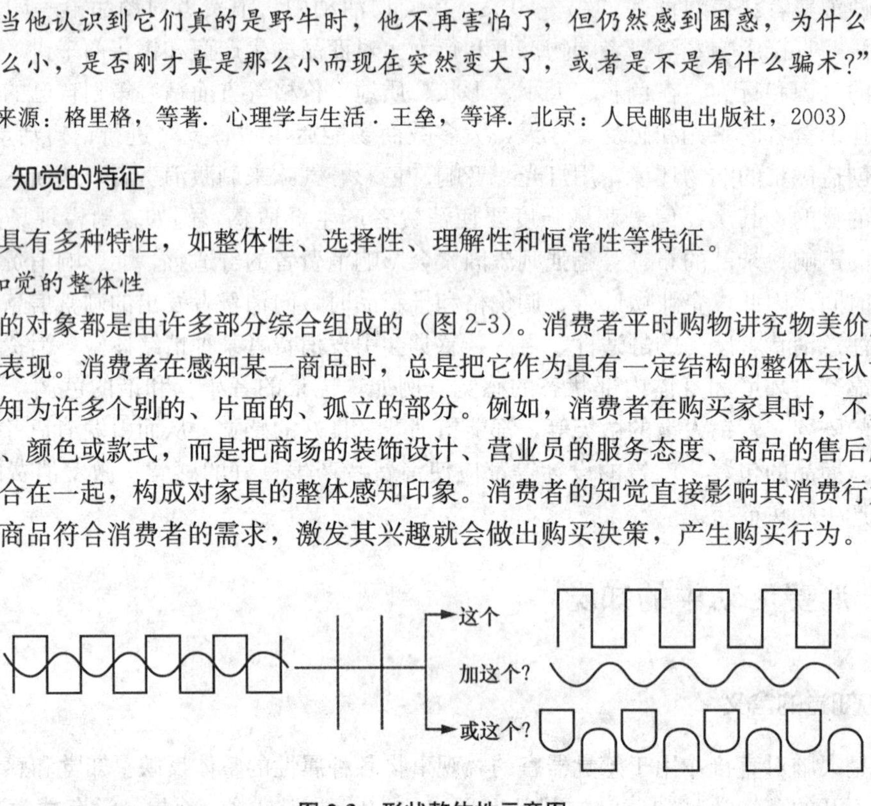

图 2-3　形状整体性示意图

2. 知觉的选择性

人们在感知客观事物时，常常在许多对象中优先把某些对象区分出来进行反映（图 2-4、图 2-5）。客观世界纷繁复杂、千变万化，消费者不可能同时感知全部，并给予反映，只能具有一定的选择性。1969 年，美国广告公司协会和哈佛大学联合进行了一次全国性的调查，了解消费者在半天内实际看到商品广告的情况。结果表明，一般成年人半天内遇到的商品广告可能有 150 个，而大多数接受调查的消费者半天内只注意到了 11～20 幅商品广告。这表明消费者不能对所有的刺激都做出反应，而是进行了知觉选择，把注意力集中到少数重要的刺激物，从而排除次要的干扰刺激物，更有效地感知事物。这除了人的注意力是有限的原因外，还取决于消费者的兴趣、需要、消费习惯和消费动机等。在商业设计中，为了突出名贵商品，在其背景加以包装，用其他商品加以衬托，这种“众星捧月”式的设计正好符合知觉选择性的特点，从而吸引消费者的注意。

图 2-4 人面与花瓶

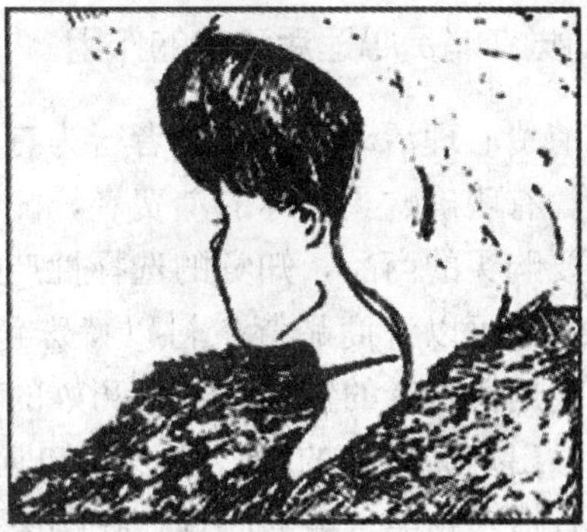

图 2-5 巫婆与少女

3. 知觉的理解性

知觉的理解性是指消费者根据已有的知识和经验对知觉对象进行解释的过程。消费者在感知一个对象或现象时，不仅直接反映它的整体形象，还会根据自己以前获得的知识和实践经验来解释和判断这一对象或现象（图 2-6）。例如，消费者见到“老北京布鞋”的字样，自然会想到做工精细、用料考究等。因此，厂商和营销人员在做广告宣传时，要引导消费者正确地理解商品，要把握要点、用词准确，指导消费者正确观察和理解。

图 2-6 不完整图形

4. 知觉的恒常性

知觉的恒常性是指知觉的条件在一定范围内改变时，知觉的印象仍保持相对不变（图 2-7）。在商品营销活动中，要特别注意培养消费者对商品和企业的良好知觉。有些传统商品、名牌商标、老字号店等之所以能经久不衰，重要原因之一就是消费者已经对它们形成了恒常性知觉，在各种场合下都能准确无误地加以识别，并受惯性趋势继续购买。

（三）错觉现象

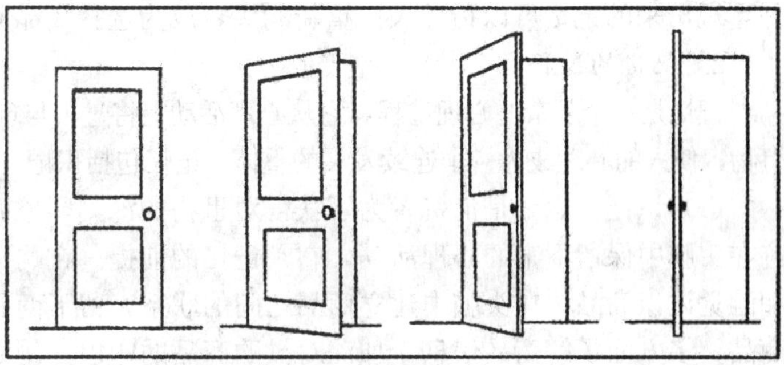

图 2-7 形状恒常性示意图

人们在知觉某些事物时，可能受背景干扰或某些心理原因影响，往往会产生失真现象，这种不能正确地表达外界事物特性的知觉称为错觉。错觉现象在生活中十分普遍。例如，实际同样身高的男女，人们总是认为女的比男的要高一些；狭窄的快餐店装上几面镜子，店面显得比原先宽敞了许多，等等。在市场营销中要巧妙地运用错觉原理去满足消费者的心理要求。例如，用绿色瓶或黄色瓶装的啤酒，会使人产生清爽或富含营养的感觉；营销人员在推销服装类商品时，应运用错觉原理，科学巧妙地推荐，提高服务艺术。如向身体矮胖的顾客推荐深颜色、竖条纹服装显得苗条，向细高个顾客推荐浅色、横条纹衣服则显得丰满。

(四) 知觉在消费心理活动中的作用

知觉在消费心理活动中对消费者行为有一定的影响。首先，知觉能引导消费者选择自己所需的商品。有明确购买目标的消费者，能很快找到出售欲购商品的柜台，同时能积极主动地挑选出所要购买的商品，知觉的选择性产生了引导作用。营销人员在柜台布置上，可利用知觉的选择性，可以将商品背景衬以特殊包装，凸显商品的价值，强化消费者对商品的注意，是当地利用消费者的错觉，进行巧妙的艺术设计，起到更好的心理效果。其次，知觉能带动消费者做出购买商品的理性决策。知觉的理解性在消费者购买商品起到十分重要的作用，消费者有追求物美价廉的心理，在购买商品时不仅考虑商品的实际功能相对于人们需求的满足程度，同时也考虑到商品价格与质量、性能等之间的关系。这些消费者一般不会盲目追求高端、大气、上档次的商品。再次，知觉能使消费者形成对商品的特殊喜爱。知觉的恒常性使消费者对质量优良的商品和名牌商品形成良好的印象。这种良好的印象会转化为购买行为，并成为该商品的忠实顾客。有时不仅自己购买喜爱的商品，还会积极地向周围的亲朋好友推荐这些商品。

三、消费活动中的记忆和注意

(一) 记忆

1. 记忆的含义

记忆是人的大脑对过去经历过的事物的反映。人们过去感知过的事物、思考过的问题和体验过的情感，都能以经验的形式在头脑中保存下来，经过一段时间，并在一定条件下能够重新再现起来，这就是记忆过程。例如，消费者买了某种品牌的床上用品，通过使用这种床上用品给他留下一个整体的印象，一旦再购买这类商品，良好的整体印象便会重现出来，这种重现出来的记忆可以指导人们重新购买，成为选择商品与品牌的依据。

2. 记忆的过程

记忆是一个复杂的心理过程，它从心理活动上将过去与现在联系起来，并再现过去经历过的事物，使人的心理成为一个连续发展的整体。记忆包括识记、保持、回忆和再认 4 个基本阶段。

(1) 识记。识记是消费者为了获得对事物的深刻印象而反复感知，从而使客观事物的印迹在头脑中保留下来的心理活动，它是记忆的前提。在购买活动中，消费者运用视觉、听觉和触觉认识商品，在头脑中建立商品之间的联系，留下商品的印迹，表现为消费者反复查看商品，多方面了解商品信息，加深对欲购商品的印象。例如，消费者在购买电视时，光顾多家品牌的柜台，根据记忆进行比较和选择，这就是识记过程。

(2) 保持。保持是记忆过的事物映象在头脑中留存和巩固的过程。例如，通过识记把电视的规格、式样、颜色、功能以及价格等相互间联系储存于大脑中，就是保持过程。

(3) 回忆。回忆是过去经历过的事物不在面前，而把它的印象重新呈现出来。例如，消费者在确认购买电视时，为了进行比较，往往在脑海中重现曾经看过的类似商品信息，这是回忆过程。

(4) 再认。再认是过去经历过的事物重新呈现在面前，感到熟悉并能确认它是过去经历过的。例如，消费者在市场上看到某商品，能认出是曾使用过或在广告中见过，似曾相识甚至很熟悉，这是再认过程。

3. 记忆的分类

(1) 根据记忆的内容分类，可分为形象记忆、逻辑记忆、情绪记忆和运动记忆。

①形象记忆。形象记忆是指把感知过的事物的形象作为内容的记忆，可以是视觉形象，也可以是听觉、嗅觉、味觉等形象。例如，消费者去游览过桂林山水，日后还能想起如诗如画的桂林山水，就是感知形象记忆。

②逻辑记忆。逻辑记忆是指通过语词表现出来的对事物的意义、性质、关系等方面内容的记忆。例如，农夫山泉的品牌，农夫山泉的发源以及“农夫山泉有点甜”的广告语，使得农夫山泉的与众不同，很容易记忆。

③情绪记忆。是指把体验过的情绪和情感作为内容的记忆。例如，消费者去商店买东西，营销人员热情周到的服务使他感到非常满意，于是他还愿意继续光顾。

④运动记忆。是指把做过的运动或者是动作作为内容的记忆。例如，一个人多年前学会了游泳、骑车、打乒乓球等运动，间隔一段时间依然会，就是运动记忆。

(2) 根据记忆保持时间长短分类，可分为瞬时记忆、短时记忆和长时记忆。

①瞬时记忆。是指当刺激停止作用后，感觉并不立即消失，在0.25～2秒的时间内仍保持对该事物的印象，又称为感觉记忆。我们看电影时，每秒24幅画面组成的电影却给人不间断的感觉，就是由于瞬时记忆的结果。

②短时记忆。是指一次经验后能保持2秒到1分钟的记忆。

③长时记忆。是指储存时间在1分钟以上的记忆。例如，“恒源祥，羊羊羊”的广告，反复出现，加深了消费者的记忆，使消费者从短时记忆阶段转入长时记忆阶段。

4. 记忆在消费心理活动中的作用

记忆对消费者购买行为起到深化和加速认识的作用，在一定程度上决定着消费者的购买行为。首先，消费者充分利用记忆，影响购买决策。消费者通过反复地接触商品和广告宣传，自觉地利用记忆材料，对商品进行评价判断，全面、准确地认识商品，并做出正确的购买决策。其次，采用各种方法，增强消费者的良好记忆。生产商和营销商在商品的造型、色彩、商标、命名、陈列、宣传等方面采取强化记忆的手段，会给消费者留下深刻印象，从而起到深入认识过程的良好作用。

【资料库】

艾宾浩斯曲线

德国心理学家艾宾浩斯（Hermann Ebbinghaus，1850—1909），让实验者记忆无意义音节的材料，经过测试得出了时间间隔与记忆量的关系（表2-1）。艾宾浩斯又根据这些数据绘制出一条曲线，这就是非常著名的揭示记忆规律的曲线——艾宾浩斯记忆曲线，如图2-8所示。这条曲线告诉人们学习中的记忆是有规

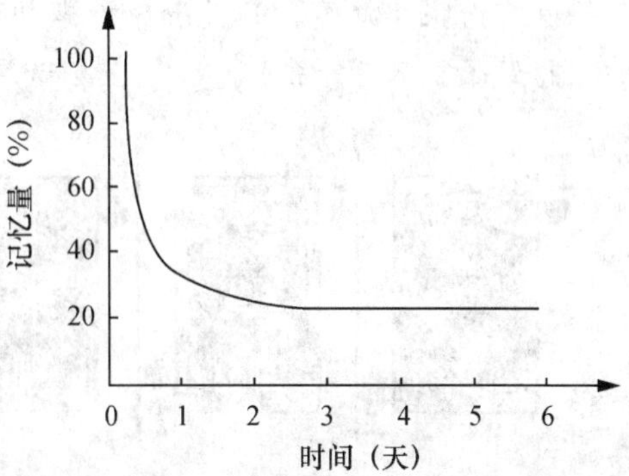

图2-8　艾宾浩斯记忆曲线

律的，遗忘的进程很快，并且先快后慢。仔细观察曲线，你会发现，学习的知识在 20 分钟之后，如不抓紧时间复习，遗忘就达到了 41.8%。随着时间的推移，遗忘的速度减慢，遗忘的数量也就减少。

表 2-1　时间与记忆量的关系

时间间隔	记忆量	时间间隔	记忆量
刚刚记忆完毕	100%	1 天后	33.7%
20 分钟后	58.2%	2 天后	27.8 %
1 小时后	44.2%	6 天后	25.4%
8～9 小时后	35.8%		

（二）注意

1. 注意的含义

注意是心理活动对客观事物的指向和集中。注意与认识、情感、意志等一切心理活动紧密相连，并贯穿于认识活动的全过程。注意这种心理现象是普遍存在的。例如，骑车要注意交通安全；购物要当心钱包；购物中听到了店内播放的音乐等。指向和集中是注意的两个特点。注意的指向性表现为指心理活动有选择地朝向一定事物。例如，消费者选购商品时，总是把符合自己需求的商品当作感知对象，而把其他商品和周围环境当作感知的背景。注意集中性，不仅指在同一时间各种有关的心理活动聚集在其所选择的对象上，而且也是指这些心理活动深入该对象的程度。例如，消费者在选购商品时，其心理活动会指向某一商品并全神贯注于这一商品，同时又离开其他商品，对场内的噪声、音乐等干扰进行抑制，从而对该商品获得清晰、准确的反映，并据此做出自己的购买决策。可见，注意是消费行为过程中必不可少的心理活动。

【同步思考】

猜透你的思想

你即将进入一个魔幻世界……

在这个简单的游戏中，你将看到我可以猜透你的思想……

这有六张牌（图 2-9），请你想其中的一张，只想一张，现在开始……

想好了？只想一张！

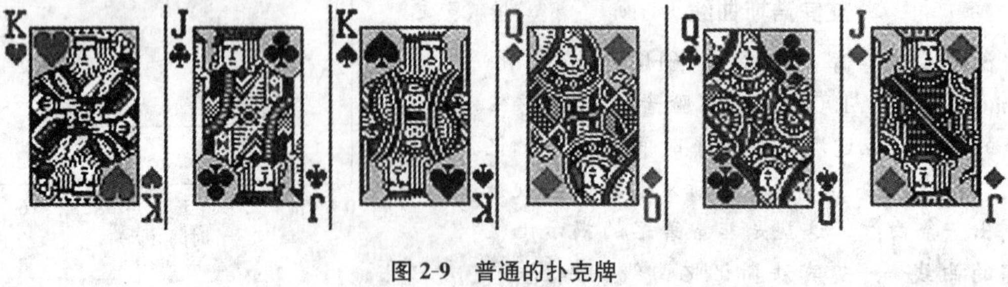

图 2-9　普通的扑克牌

请看，我拿走了你的牌（图 2-10）！

图 2-10　神秘的扑克牌

2. 注意的分类

根据产生和保持有无目的和意志努力程度，注意可分为有意注意和无意注意。两者既相互联系，又相互转换。

(1) 有意注意。有意注意是指人们自觉、有目的的，需要消费者做出一定意志努力的注意，它受到消费者的意识的自觉调节与支配。例如，消费者在嘈杂的商店里精心挑选自己想要的商品，就属于有意注意。

(2) 无意注意。无意注意是消费者没有明确的目的和目标，不需要做意志努力的注意。例如，消费者到商店想购买甲商品，浏览中无意看到乙商品，觉得不错，引起了对乙商品的注意，就属于无意注意。

3. 注意在消费心理活动中的作用

注意在消费者心理活动过程中具有重要作用。营销人员在进行商品设计、包装、广告宣传等活动时，应有针对性地采用心理策略，引起和保持消费者的有效注意。首先，采用多样的经营策略调节消费者在购物过程中的注意转换。充分满足消费者全方位的消费需求，建立购物、娱乐、休闲、餐饮等于一体的设施和服务，使消费者的有意注意和无意注意有效转换，有利于延长消费者购物时间，创造更多的销售机会，同时也能满足消费者的消费乐趣。其次，充分发挥注意的心理功能，引发消费需求。正确地运用和发挥注意心理功能，可以使消费者由无意注意转换到有意注意，从而引发消费需求。茅台酒在 1915 年巴拿马世界博览会上获得金奖，注意在这里立了头功。博览会开始阶段，各国评酒专家对其貌不扬、装潢简陋的茅台酒不屑一顾。博览会临近尾声的一天，中国酒商急中生智，故意将一瓶茅台酒摔碎在展厅地上，顿时酒香四溢，举座皆惊。从此，茅台酒名声大振，走向了世界。如图 2-11，贵州茅台酒商标。再次，利用成功的广告宣传引起消费者的注意。实践证明，在广告设计中巧妙地利用刺激物的大小、强度、色彩、位置和间隔等的对比以及变化都可以增强消费者的注意，达到理想效果。

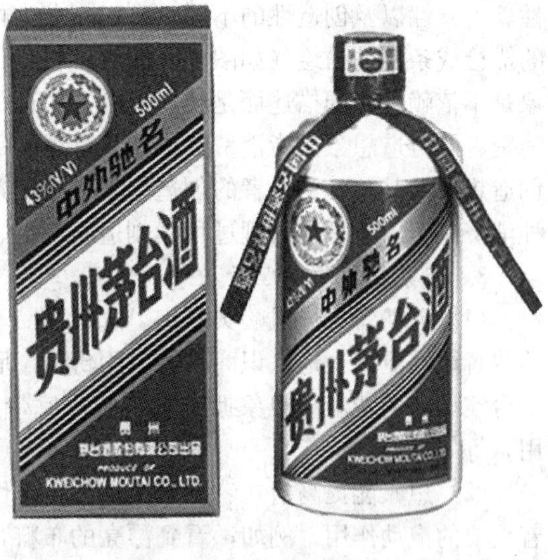

图 2-11　贵州茅台酒商标

四、消费活动中的想象与思维

(一) 想象

1. 想象的含义

人们在生活实践中，不仅能够感知和记忆客观事物，而且还能够在已有的知识经验基础上，在头脑中构成自己从未经历过的事物的新形象，或者根据别人口头语言或文字的描述形成相应事物的形象，这就是想象。例如，在消费购买行为中，消费者看到一件款式新颖的衣服，会想象到穿在自己身上，一定非常漂亮、高雅时尚，从而产生愉快的情绪而可能激发购买行为。

2. 想象的分类

根据新形象的形成有无目的性，可以把想象分为无意想象与有意想象。无意想象是没有特殊目的、不自觉的想象，也叫不随意想象。人的梦就是无意想象的极端情况。例如，消费者在内部设计较好、商品陈列别致的商店中，看到那些令其喜爱的商品时，产生无意想象而即兴购买。

有意想象是人们有预定目的、自觉进行的想象，也叫随意想象。消费者按照自己的某种需要或者意向想象时，所表现出来的想象的形式就是有意想象。按有意想象的内容的新颖性、独立性以及创造性的不同，可以划分为再造想象和创造想象。再造想象是根据语言文字的描绘或条件的描绘（如图样、图解、符号记录等）在头脑中形成有关事物的形象；创造想象是不依赖现成的描述而是独立地创造出新的形象。根据消费者的想象内容的新颖性程度，消费者的再造想象是指消费者依据某种消费品的特性和实物描述，产生新表象的过程，它是创造想象的基础；消费者的创造想象是指消费者在某种消费品的刺激作用下，独立地构思某种消费品全新表象的心理过程。创造新产品、新技术、新作品，都是创造想象。

3. 想象在消费心理活动中的作用

(1) 消费者在形成购买意识、选择商品和评价商品过程中都有想象的成分。通过想象，消费者能够更深入地认识商品的实用价值、欣赏价值和社会价值，激发购买欲望。例如，买一台空调，消费者会想象拥有它能给家庭带来四季如春的感受，同时还起到美化家居的作用，等等。

(2) 想象能提高消费者购买活动的自觉性和目的性，对引起情绪过程，完成意志过程起着重要的推动作用。例如，看到漂亮的布料，会想到漂亮布料制作出来的衣服，想到穿着漂亮的衣服受人喜欢的愉快与满足。

(3) 运用想象，利用独特的商品广告、包装、陈列等，吸引消费者的注意，促使其产生有益的想象。

(4) 营销人员应具备一定的想象力，满足消费者心理需要。优秀的营销人员能够利用想象帮助消费者寻找最合适的商品，同时又利用自己的创造性想象设计出满足消费者心理需要的商品广告、包装以及陈列等，扩大消费者的想象空间。

（二）思维

1．思维的含义

思维是通过分析、概括，并对客观事物的本质进行间接反映的过程。人们对客观事物的认识不会停留在感知和记忆的水平上，而总是利用已经感知和记忆的材料，进行分析、综合、抽象、概括等思考活动，把感性认识升华到理性认识阶段，从而获得对事物的本质和内在规律的认识。例如，消费者可以利用过去的经验推算某种商品更新换代的速度和价格走势，以确定合适购买。有关这些方面的知识，消费者仅凭感知是得不到的，必须借助所积累的丰富经验，通过大脑的思考替代对客体的实际体验来完成。

人的思维具有间接性和概括性的重要特点。思维的间接性是指借助已有的知识、经验来理解和把握那些没有直接感知过的或根本不可能感知到的事物。例如，消费者对大屏幕电视的内在质量往往不是太专业，不了解，但可以对大屏幕彩电感知：图像是否清晰、色彩是否逼真、音响是否优美、信号是否灵敏等，再借助已有的知识经验，间接地认识它的内在质量性能。思维的概括性是指通过对同一类事物的共同特性、本质特征或事物间规律性的联系来认识事物。例如，消费者在购买过程中多次感知价格与质量的联系，从而得出“便宜无好货”、“大商场的东西要比街头拐角处的东西质量要可靠”的概括性结论。

【案例】

牙膏厂商的创新

有一家专门生产牙膏的公司，他们的牙膏很受欢迎，但有一段时间来业绩不断下滑。公司的所有人都为前景担心。公司老总召开经理会讨论解决的方法，长时间的讨论没有得出什么有用的好方法。老总召集全公司员工，希望有人想出解决办法，可奖励50万元。一位年轻人提供了一个妙招，老总马上拿出50万元奖励年轻人。年轻人的主意是什么呢？年轻人说，把我们牙膏的口径扩大1毫米，消费者还是挤出一样长度，但每次用的牙膏却增加了。然后，继续把主要精力放在开发新产品上，生产出一系列迎合消费者需求的洁齿牙膏、药物牙膏、健齿牙膏、美容牙膏……

2．思维的分类

根据思维活动的形式不同分类：形象思维和逻辑思维。形象思维是指利用直观形象对事物进行分析判断的思维。逻辑思维是指利用概念、推理和理论知识来认识客观事物，达到对事物的本质特征和内在联系的认识的思维。

根据思维的品质不同分类：常规思维和创造性思维。常规思维是指利用已经获得的知识和经验，依照原来的模式进行的思维。创造性思维是指具有独特、变通、逆向、求异和创新特点的思维。

3．思维在消费心理活动中的作用

消费者在对商品的认识过程中，不仅通过感觉、知觉了解商品的个性，而且还运用思维的方法掌握商品的内在构成、制作工艺、内外质量以及推测商品未来的使用效果，从而获得对商品更为深刻的认识。消费者在选购商品时，通常借助有关商品信息，对商品进行分析、比较、判断的思维过程来判断是否购买。因此，营销人员在推销商品时，尤其是大件商品时，必须让消费者对商品有充分的了解，通过多种展示、全面介绍，使消费者深刻认识，经过认真思考去确定购买的具体商品。

第二节　消费者的情感过程

消费者的消费活动过程，实际上是充满情感体验的活动过程。消费者的情感过程是消费者对于客观事物是否符合自己的需要而产生的一种主观体验，主要通过人的神态、面部表情、语言语调和行为变化表现出来。

【案例】

一股浓香，一缕温暖——南方黑芝麻糊

“黑芝麻糊哎……”伴随着一阵亲切而悠长的吆喝声，麻石小巷，黄昏，挑担的母女走进幽深的陋巷，布油灯悬在担子上，晃晃悠悠。一个天真活泼的小男孩听见吆喝声便再也坐不住了，他挤出深宅，吸着飘出的香味，伴着木屐声、叫卖声和民谣似的音乐。画外音：“小时候，一听见芝麻糊的叫卖声，我就再也坐不住了……。”紧接着，小男孩搓着小手，神情迫不及待，看着大锅里那浓稠的芝麻糊，大铜勺提得老高，往碗里倒芝麻糊。小男孩埋头猛吃，碗几乎盖住脸，研芝麻的小姑娘新奇地看着他。很快小男孩就吃完了一碗香甜可口的黑芝麻糊，但意犹未尽，站在大人背后，小男孩大模大样地将碗舔得干干净净，小姑娘捂着嘴笑。卖芝麻糊的母亲爱怜地又给他添上一勺，轻轻抹去他脸上的残糊。小男孩抬头，露出羞涩的感激。画外音：“一股浓香，一缕温暖。”古朴的街景，旧日的穿着，橘红色的马灯，熟悉的叫卖声，共同构成了一幅立体的画面（图2-12）。

图2-12　南方黑芝麻糊广告

（资料来源：http://myromhg.blog.163.com/blog/static/1272812452010112494846853/）

一、情绪与情感的含义

消费者的情感过程包括情绪和情感两个方面。情绪一般是指短时间内的与生理需要相联系的一种体验，一般带有情景性、不稳定性和冲动性，如喜欢、气愤、忧愁等情绪形式。情感是长时间内与社会性需要（社交的需要、精神文化生活的需要等）相联系的一种稳定、持久的体验，具有较强的深刻性、长期性和稳定性。情感是在情绪的基础上产生的更高级的心理体验。如道德感、理智感、美感等。

情绪与情感既有联系又有区别。一方面，情绪受已形成的情感的影响和制约；另一方面，情感又总是体现于情绪之中。例如，某企业的商品质量好，信誉高，在消费者心目中留下了良好的印象，消费者对它产生了信任感、亲切感，当消费者买到这种商品，并在实际使用中非常满足时，会产生喜悦和满意的情绪。

二、消费者情绪情感的类型

（一）情绪的类型

情绪情感的表现形式是多种多样的，根据情绪发生的强度、速度、持续时间的长短和外部表现来划分，可以划分为以下几种表现形式：应激、激情、心境和热情等。

1. 应激

应激是出乎意料的紧张情况所引起的情绪状态。一般应激会使营销人员因手忙脚乱而不利于开展工作，但也会因工作节奏加快而提高工作效率。例如，当营销过程中现场拥挤混乱时，营销人员如果必须在困难条件下实现顺利营销，此时便会出现应激状态。消费者在消费过程中由于外界的原因也会突发应激状态，营销人员需要进行适当的引导，尽量减少尴尬局面的产生。

2. 激情

激情是人们在一定场合爆发出来的强烈情绪，一般维持时间较短。如狂喜、暴怒、绝望等就属于这种情绪状态。激情出现的时候可以对消费者的行为造成巨大的影响，甚至可以改变消费者的理智状态，使理智变得模糊或难以控制。消费者在购物场所受到强烈刺激而发怒的时候，就有可能出现这种情况。消费者在“秒杀”抢购中也会出现类似激情状态的情绪。营销人员要尽可能地避免对消费者的强烈的不良刺激，削弱消费者的对抗情绪，激发消费者积极的情绪，推动购买行动。

3. 心境

心境是人们在长时间内保持的一种比较微弱而平静的情感状态。如心情舒畅或郁郁寡欢等。良好的心境能使消费者发挥主动性和积极性，容易引起对商品的美好想象，促成购买行为。而不良的心境，则会使消费者心灰意懒，导致抑制购买欲望，阻碍购买行为。在市场营销活动中，一方面，要创造舒适优雅的购物环境，建立轻松愉快的气氛；另一方面，营销人员应当努力使自己成为快乐活泼、富有表现力和感染力的人，常以积极情绪感染消费者，动之以情，晓之以理，实现购买行为。

4. 热情

热情是一种强有力的，稳定而深刻的情感。例如，对祖国、人民深厚的爱，对事业的执着追求等，都是热情的表现。热情虽不如激情强烈，但比激情深刻而持久。它有时虽不如心境那样广泛，但比心境强烈而深刻。积极的热情蕴含着坚强的意志力量，给人们以鼓舞，激励人的行动，去实现和达到伟大的目标。消费者的热情总是有一定的基本方向和目标的，为了达到目标乐意做出努力和奋斗。例如，一个热爱音乐的人，为了达到购买钢琴的目的，即使省吃俭用，也要如愿以偿。许多消费者就是在这种热情的推动下购买某种商品的。市场营销者要想方设法了解消费者的心理、兴趣和爱好，利用各种营销策略，唤起消费者的热情，培养惠顾动机。

（二）情感的类型

人的情感按照社会要求的内容分类，可分为道德感、理智感、美感三种。

1. 道德感

道德感是根据一定的道德标准去评价人的思想、意图和言行时产生的情感体验，是一种高级形式的社会情感。在购买的活动中，消费者总是按照自己所掌握的道德标准，按照自己的道德需要，来决定自己的消费标准与消费行为。而且在整个的购买活动中。营销人员的服务态度和职业道德，对于消费者的购物活动也起着重要的作用。因此，要求营销人员进行严格的职业道德训练，热情礼貌地接待消费者，提供良好的销售服务活动。

2. 理智感

理智感是人的求知欲望是否得到满足而产生的高级情感，是在人的智力过程中产生的体验。理智感不是满足低级的本能的需要，而是满足高级的社会性需要，是一种热烈追求和探索知识与真理的情操。在购买活动中，消费者对于某些商品的认识过程，需要得到商品的信息，如果他们获得了相应的知识，就会产生理智感，这对消费者的购物活动起着重要的推动作用。因此，营销人员应当恰当地解释商品的特点，充分地展示商品，给消费者当好参谋。消除消费者对商品的疑惑，促使消费行为顺利进行。

3. 美感

美感是人们根据自己的审美标准对自然、社会生活以及其在艺术上的反映进行评价时产生的情感体验。在消费者的购买活动中，任何的商品都可能引起消费者的美的情感的体验。但是由于消费者的审美标准不一，他们的社会地位、爱好情操、文化修养和实践经验等方面的差异性，必然促使他们在购买的过程中对于商品和服务表现出不同的美感。我国人民以红色作为喜庆、热烈、高贵的色彩，中国人在婚庆时，新娘常以穿红色衣服为婚礼服。而西方人以白色象征纯洁、忠贞，新娘的婚纱是白色的。因此，在企业的商品的设计以及营销活动中，要根据消费者对美的不同要求进行不同的产品设计，满足不同消费者的心理情感需求。从而使消费者心理上感到和谐与愉悦，促进商品的销售。

三、情绪情感的外部表现

情感虽然是一种内心的态度体验，但常常伴随着外部表现，消费者的情感在购买活动中主要表现在三个方面：面部表情、声调表情以及动作表现。

（一）面部表情

面部表情和姿态是表现情感的主要手段。人们的喜、怒、哀、乐等各种情感都能通过不同的面部表情和姿态表现出来。例如，当消费者目不转睛地注视某一商品时，可能是对其感兴趣；当消费者买到自己喜爱的商品时，会高兴得手舞足蹈；当消费者因退换商品与营销人员发生冲突，愤怒时双拳紧握，面色难看。有时无法借助言语时，姿态就发挥着独特的不可替代的作用。因此，营销人员不仅要善于根据消费者面部表情的变化去把握消费者的心理，同时，还要注意自己的面部表情去影响消费者，达成沟通，促使消费者的情感向积极方向发展。

（二）声调表情

人们说话的语调、声音强弱以及速度的变化，往往反映出情感的变化。一般情况下，激动时声音高且尖，语速快，音域起伏较大，带有颤音；说话结结巴巴，语无伦次的人缺乏自信，或者言不由衷。消费者在商店里购物时，同样会遇到这样一句话："你买什么?"由于语调的强弱和速度的不同，可以反映出亲切、真诚的情感，但也可以表现出厌烦、冰冷的情感。

（三）动作表现

消费者的情感变化会体现在呼吸器官、排泄系统和循环系统等出现生理变化。一般情况下，当消费者购买衣物时，遇到其满意喜欢的商品时，常常表现出点头、赞不绝口、跃跃欲试的动作；反之则不屑一顾，会抑制消费者的购买欲望，阻止购买行为。对一个低收入的消费者，尽管他很喜欢某种高档商品，可是一看到价格，理智也会促使他迅速离开。心理学实验表明，在情绪作用下，消费者体内发生生理变化，如瞳孔大小的变化，心率的增减，血压的升降等。

四、影响消费者情感的因素

消费者的情绪和情感是产生于认识商品、购买商品的活动中。消费者的情感变化受以下因素的影响。

（一）购物环境的影响

消费者的情感变化首先是受购物环境的影响。如果环境优雅舒适、生机盎然，会使消费者产生愉快、喜爱的积极情感；反之，则会使消费者产生厌烦、失望的消极情感。因此，商业企业都非常重视门店的装修以及商场内温度的控制、色彩的搭配、灯光的效果、商品的摆放、气味的适宜程度等，造成一种舒适、和谐的气氛吸引消费者，能使消费者产生满意的情绪，取得意想不到的购物效果。

（二）商品本身的影响

对商品的认识是影响消费者情感的主要因素。商品本身各种属性如质量、功能、适用性以及商品的外观、造型、规格、色彩、风格、包装和商标等，如果能符合消费者的实际需要，会引起消费者的满意和喜欢，产生积极的情感；反之，则产生不满意的消极情感。企业必须高度重视商品的质量，在竞争激烈的市场上以质取胜，来吸引消费者，促进商品的销售。除了从重视商品的内在质量入手，使消费者信得过以外，还必须从商品的命名、信息传达、包装设计和装潢等方面着手，例如，"美加净"的命名就符合消费者的爱美爱干净的心理需求；明珠集团的广告语，"小时候，我们是父母的掌上明珠，长大后，父母是我们的掌上明珠"，进一步宣传了成都掌上明珠家具。从而诱发消费者的积极情感，促使购买行为的完成。

（三）服务的影响

服务的影响主要包括两个方面：一方面是服务员的服务质量，在购物过程中，面对热情细致的服务，消费者会有一种受尊重的感觉，会形成惠顾心理，经常光顾。反之，则会让消费者觉得别扭并留下不良的印象。另一方面是售后服务。如果商家或厂家有良好的售后服务，不仅使消费者在购买商品时比较放心，无后顾之忧，就是在买完商品后，如果商品有问题，消费者也能及时享受服务。这样，有利于消费者的消费行为。

五、情绪情感在消费心理活动中的作用

简单地讲，情绪与情感对于消费行为的作用有积极的一面，也有消极的一面。我们的情绪本身包含了两种极性，即愉快与不愉快，喜欢与不喜欢等。愉快的情绪，及对商品所持有的喜欢的体验，都会对消费行为产生积极的作用，推动消费行为进行的速度，愉快的情绪还会增加消费者的勇气，克服购买行为中可能出现的各种困难。而不愉快的情绪，不喜欢的情绪体验，只能对消费行为起消极的作用。如果不愉快的情绪来源于商品，消费者会拒绝购买这种商品；如果不愉快的情绪来源于购物场所，消费者会尽快离开这种购物场所；如果不愉快的情绪来源于营销人员，有的顾客会尽量躲避这种令他讨厌的营销人员，还有的顾客可能会激发不良情绪而与营销人员发生矛盾和冲突。

消费者在购物场所中，一般表现出一些情绪性的反应，而消费者在长期的购物过程中，又会形成一些稳定的情感体验，这些情感体验以及相应的态度必然要带到每一次购物行为中去。在每一次购买行为中即表现为当时的情绪性。商场和营销人员应从两个方面来处理顾客的情绪情感问题，一是要尽量创造出优美的购物环境，以优良的服务质量和热情服务态度来接待每一位消费者，尽量为每一位消费者营造愉快的心情，所谓“乘兴而来，高兴而归”；二是花大力气在消费者心目中树立商业企业的良好形象，利用知觉的恒常性，使消费者能够长久地对该企业抱有积极的情感。

【同步思考】

您最近是否有过冲动性购物的经历？主要原因是什么？

第三节　消费者的意志过程

消费者经历了认识过程和情感过程，是否采取购买行为，还有赖于消费者心理活动的意志过程。意志过程是指人们在社会实践中，为达到既定目的而采取的自觉行动，包括自觉地确定行动的目的、有意识地支配和调节其行动以实现预定目的的心理现象。意志受情感的影响，也是认识过程进一步发展的结果，对人们的社会实践具有积极的促进作用。

一、消费者意志过程的含义

消费者意志过程就是消费者在购买活动中有目的地、自觉地支配和调节自己的行动，克服各种困难，实现既定的购买目标的心理过程。消费者的意志过程发挥着巨大作用。例如，

尽管我国楼市房价不断上涨，但购房者为了买到新房当房奴，不惜多年艰辛劳作、节衣缩食，且在楼盘开盘前几天就开始排队等待；消费者为了买到满意的商品而走遍大大小小的商店等。

二、消费者意志过程的基本特征

在消费者意志过程中具有三个主要特征：一是有目的的心理活动；二是有克服困难的心理活动；三是调节购买行为，实现购买目标的心理过程。

（一）有明确的购买目的

消费者的意志是在有明确购买目的的行动中表现出来的，有意识、自觉地调节购物行为。有的消费者省吃俭用就是为了购买盼望已久的耐用消费品；有的消费者为了满足集邮的爱好，而把大部分工资用于购买、收集邮票；准备结婚的男女大量购买结婚用品等。这些购买行为预先有明确的购买目的，并有计划地根据购买目的去支配和调节自己的购买行动，以期实现购买目的。

（二）克服困难的过程

消费者的意志行动有明确的目的，而目的的确定和实现，是会遇到种种困难的。克服困难的过程就是消费者的意志行动过程。例如，在挑选商品时，面对几种自己都喜爱的商品，或遇到较高档的商品，但经济条件又不允许，或者自己对商品的内在质量难以判断，就会导致购买信心不足。这时必须考虑选择和重新物色购买目标，或者克服经济上的困难，去实现自己的购买目的。当消费者选择到满意的大件商品，又遇到商店不送货上门时，就要考虑解决运输问题。总之，消费者能否克服种种困难，则取决于消费者的意志过程。

（三）调节购买行为的过程

消费者在经过商品选择后采取实际的购买行动。要求消费者克服内部困难，排除外部干扰，进行购买行为。在消费者的购买过程中，如果得到营销人员的热情接待，则会强化消费者的购买决定，使之满意地购买商品。经营者精心策划购物环境，也能激发消费者的意志。在购物活动中，由于多种因素的影响，可能导致积极的情绪反应，也有可能导致消极的情绪反应，这有赖于消费者的意志过程。

三、消费者意志过程阶段

（一）采取决定阶段

采取决定阶段是意志行动的开始阶段，它决定着意志行动的方向和行动计划。任何消费行为都是由一定的需要、动机引起的。消费者购买商品需有一系列购前准备，如购买目的的确定、购买动机的取舍、购买方式的选择和购买计划的制定等。消费者会从自身需要出发，根据自身的支付能力和商品供应情况，分清需要的主次、缓急，做出购买决定，即是否购买以及购买的顺序。例如，购物时间的确定，购买地点的选择，经济开支有数额，购买物品的顺序等，这些都需要在意志活动的参与下进行。

（二）执行决定阶段

执行决定是消费者意志过程的完成阶段，它是根据既定的购买目的购买商品，实现购买行动的过程。在执行过程中，有可能遇到种种困难和障碍。所以，执行购买决定是表现意志的中心环节，它不仅要求消费者克服自身的困难，还要排除外部的障碍，为实现购买目的，付出一定的意志努力。

（三）购后感受阶段

购后感受阶段是指消费者购买商品后，在消费过程中的自我感觉和社会评价的过程。它表现在通过对购来的商品的使用以及他人的评价来思考、检验自己的购买行为是否明智，所购商品是否满意。并考虑是否重复购买或扩大购买，是推荐他人还是劝阻他人购物。因此，在营销活动中，要重视消费者的购后感受，随时调整营销策略，做好售后服务工作，使消费者满意并产生信任感。

四、意志在消费心理活动中的作用

在现实生活中，意志品质对消费者的行为方式具有重要作用。例如，在采取决定购买阶段，有时会发生激烈的思想冲突，主要表现在当消费者购买那些与传统观点、习惯有差异，具有强烈时代感的商品时，常要承担很大的风险，即购买这种商品是否会遭到别人的非议。能否冲破传统观念的束缚和社会舆论的压力，常常取决于消费者的勇气和意志，而这与消费者自己的意志品质有直接关系。例如，意志品质果断的消费者，往往能抓住时机，及时做出购买决策；而缺乏意志果断性的消费者则优柔寡断，缺乏主见，坐失良机。

【小结】

消费者心理过程的实质是客观现实在消费者头脑中的动态反映。依照反映的形式和性质不同。这一过程又可分为认识过程、情感过程和意志过程 3 个方面。作为相对独立的心理要素，3 个过程有着各自独特的作用机制和表现，并在消费者的心理与行为活动中发挥着特殊的影响和制约作用。

消费者的认识过程是通过一系列心理机能的活动共同完成的。构成认识过程的心理机能包括感觉、直觉、注意、记忆、思维、想象等。在从事消费活动时，消费者各种喜怒哀乐的内心体验就是情绪或情感。消费者能否采取购买行动，还需要心理机能的保证。努力排除各种内外干扰因素的影响，自觉实现购买目的，这一心理过程就是意志过程。

【思考题】

一、单选题

（1）感觉是指（　　）对直接作用于一种感觉器官的外界事物的个别属性的反映。

A. 人脑　　B. 心理　　C. 知觉　　D. 直觉

（2）感觉分为两种，一是外感受感觉，二是（　　）。
A. 内部感觉　B. 机体内部感觉　C. 心里感觉　D. 大脑感觉
（3）所谓意志品质，是指意志过程所呈现的（　　），如表现为意志坚强或意志薄弱等。
A. 基本特征　B. 品质特征　C. 基本质量特征　D. 高品质特征
（4）根据兴趣的作用，可以把兴趣分为积极兴趣和（　　）。
A. 一般兴趣　B. 积极兴趣　C. 特别兴趣　D. 消极兴趣
（5）根据兴趣所包含的基本内容，可以把兴趣分为（　　）和精神兴趣。
A. 物质兴趣　B. 能力兴趣　C. 质量兴趣　D. 非物质兴趣

二、问答题

（1）什么叫意志？
（2）意志品质的特征有哪几种类型？
（3）什么是想象？想象活动要具备的 3 个条件是什么？
（4）消费者购买行为中的兴趣表现主要有哪几种常见的类型？
（5）消费者情感的外部表现的 3 种基本形式是什么？
（6）感觉的基本特征是什么？感觉在消费心理活动中有何作用？
（7）举例说明知觉的种类。知觉在消费心理活动中有何作用？

【实训二】　个案分析

“佳佳”和“乖乖”不同的命运

“佳佳”和“乖乖”是台湾地区市场上两种香脆小点心的商标，在 20 世纪 70 年代，曾掀起一阵流行热潮，致使同类食品蜂拥而上。然而，时至今日，率先上市的“佳佳”在轰动一时之后却销声匿迹，而竞争对手的“乖乖”却经久不衰，为什么会出现两种截然不同的命运？

经考察，“佳佳”上市前做过周密的准备，其销售对象是青少年，尤其是恋爱男女，还包括失恋者。其广告中有一句话是“失恋的人爱吃佳佳”。显然，佳佳把希望寄托在“情人的嘴巴上”，而且做成的是咖喱味，还采用大盒包装。

“乖乖”上市时则是以儿童为目标，以甜味与咖喱味抗衡，用廉价的小包装，去吸引敏感而又冲动的孩子们的小嘴。孩子们在举手之间吃完，嘴里留下余香。这就促使疼爱孩子们的家长多次购买。为了刺激消费者，其广告直截了当地说“吃，吃得个笑逐颜开！”可见，佳佳和乖乖有不同的消费对象，不同大小的包装、不同的口味和不同的广告宣传等。正是这几个不同，也最终决定了两个竞争者不同的命运。

【讨论】

1. 请你从消费者的心理活动过程的角度分析“佳佳”和“乖乖”两者不同的命运。
2. 你认为以上案例中消费者三种心理活动过程之间的关系是怎样的？

第三章

消费者的个性心理特征

知识目标

让学生了解什么是个性心理特征，了解消费者个性心理特征的主要内容。掌握消费者的气质、性格、能力等个性心理特征对购买行为的影响。

能力目标

能够识别不同消费者的个性特征，运用不同的营销方法接待消费者。

情感目标

了解自己的个性特征，培养对各种消费者的认同感。

【案例导入】

看电影迟到的人

有四个人去电影院看电影，但不巧他们都迟到了，电影院有规定，为了不影响其他观众看电影，影片开演后不允许再进场，为了防止这个问题，影院设置了门卫，不让迟到的人进去。

第一个人匆匆赶来，了解情况之后，对门卫十分热情，急中生智想出许多令人同情的理由，门卫还是坚持不让他进门，他笑哈哈地离开了，他知道门卫是不会放他进去的，他通过其他办法，偷偷地跑进去看上了电影。

第二个人赶来之后，门卫不让他进去，这时他带着迟到的怒气，十分迫切想要进去，门卫坚持不让他进门，他面红耳赤地与门卫争吵起来，企图推开门卫，冲过检票口，与门卫争吵起来。

第三个人来了之后，门卫也不让进，他微笑而又平静地向门卫解释迟到的原因，好像不在乎这电影早看一会儿或迟看一会儿，门卫还是没有让他进去，他平静地走开，心想反正电影不一定精彩，不看就不看。

第四个人来到的时候，门卫也不让他进，他也不愿意解释迟到的原因，默默地走开，责怪自己为什么不早一点来，也责怪自己老是不走运，偶尔来一次电影院，就这样倒霉，接着就垂头丧气地回家了。

【同步思考】

上述案例中，为什么四个人面对的情境相同，表现却大相径庭？反映了他们哪些个性心理特征？

在消费活动中，每个消费者的购买行为都具有明显的个人特色，有的买东西非常爽快，看中之后试都不试，也不检查就买了，有的则反复去比较，检查得仔仔细细还担心有毛病。构成消费者千差万别、各具特色的购买行为的心理基础，就是消费者的个性心理特征。消费者个性心理特征，是消费者在消费活动中所经常表现出来的比较稳定的心理特征的总和。消费者的个性心理特征包括气质、性格、能力等方面，是多种心理特点的一种独特的结合，它集中地反映了消费者心理的独特性和个别性。消费者的个性心理特征的差异，是通过不同的购买行为表现出来的。因此，研究了解消费者的个性心理特征，不仅可以很好地解释消费者目前的购买行为，还可以在一定程度上预测他将来的消费趋向。

第一节　消费者的气质

一、什么是气质

气质是心理活动表现在强度、速度、稳定性和灵活性等方面动力性质的心理特征。例如，有的消费者买东西时看到一件合意的商品就想买下，不愿意反复地进行比较，往往快速地做出购买决定；而有的消费者在买东西时十分冷静，不会轻易下决策，通常是对商品进行再三比较后，再做出购买决定。气质相当于人们平常所说的脾气、秉性或性情。

气质主要是由先天因素决定的。在人们长期的活动中，气质虽然也会发生某些变化，但变化往往是缓慢的，因而气质具有显著的稳定性。气质还具有动力特征，气质的差异仿佛给每个消费者的全部心理活动涂上了个人独特的色彩，并在不同的情境、不同的活动中都表现出来，如人的动作速度、节奏和步态、语言、面部表现和手势等。气质会影响情绪和情感发生的速度和强度，如有些人脾气火爆，一点就着；有些人柔情似水，温和娴静；有些人喜怒哀乐表情丰富；有些人不形于色，表情平淡等，这和个体独具的气质特征密不可分。

二、气质类型学说

（一）体液说

最早对气质加以分类并给予细致地描述，其分类被后人接受认可的，是希波克拉底。他在长期的医学实践中观察到人有不同的气质。他设想人体内有血液、黏液、黄胆汁、黑胆汁四种液体，并根据这些液体混合比例哪一种占优势，把人分为不同的气质类型：体内血液占优势属于多血质，黄胆汁占优势属于胆汁质，黏液占优势属于黏液质，黑胆汁占优势属于抑郁质（图 3-1）。希波克拉底认为，每一种体液也都是由寒、热、湿、干四种性能中的两种性能混合而成。血液具有热-湿的性能，因此多血质的人温而润，好似春天一般；黏液具有寒-湿的性能，黏液质的人冷酷无情，好似冬天一般；黄胆汁具有热-干的性能，黄胆汁的人热而燥，如夏季一般；黑胆汁的人具有寒-干的性能，因此抑郁质的人如秋天一般。四种体液配合恰当时，身体便健康，否则就会出现疾病。希波克拉底的理论后来被罗马的医生盖伦所发展。

图 3-1　四种典型气质类型

后人把他对气质的观点概括为体液说。希波克拉底的学说是缺乏科学根据的，是一种朴素的唯物主义。在科学知识贫乏的古代，希波克拉底的贡献已是难能可贵的了，我们不能苛求古人。

（二）体型说

体型说由德国精神病学家克雷奇默提出。他根据对精神病患者的临床观察，认为可以按体型划分人的气质类型。根据体型特点，他把人分成三种类型，即肥满型、瘦长型、筋骨型。例如，肥满型产生躁狂气质，其行动倾向为善交际、表情活泼、热情、平易近人等；瘦长型产生分裂气质，其行动倾向为不善交际、孤僻、神经质、多思虑等；筋骨型产生黏着气质，其行动倾向为迷恋、认真、理解缓慢、行为较冲动等。他认为三种体型与不同精神病的发病率有关。

美国心理学家谢尔顿受克雷奇默的影响，对气质与体型的关系进行了更为深入的研究，把人的体型分为三种主要类型：内胚叶型（柔软、丰满、肥胖）、中胚叶型（肌肉骨骼发达、坚实、体态呈长方形）和外胚叶型（高大、细瘦、体质虚弱）。

克雷奇默和谢尔顿指出了身体特征与气质相关，这对后人有一定的启发作用。气质与体型之间也许存在某种相关，但一些研究表明，这种相关并不是像他们所讲的那样简单和直接。而且气质与体型相关并不能认为两者之间存在着因果关系。当代科学还不能清楚地揭示身体特征对气质究竟起什么作用。一种可能是身体特征影响社会环境，而社会环境则塑造着个性。例如，一个胖娃娃，周围人都喜欢和他开玩笑，容易形成开朗、活泼等特征；一个瘦弱的孩子，不大讨人喜欢，容易养成孤僻等特征。他们过分夸大了生物因素的作用，忽视社会生活对气质的作用。克雷奇默的研究结果主要是从病人而不是从常态人得来的，因此，缺乏一定的科学性。

（三）血型说

血型说是由日本心理学家古川竹二提出来的。古川竹二认为人的气质特征是由血型决定的。血型分为 A 型、B 型、AB 型 和 O 型，其中每一血型在气质方面都有不同表现。A 型血的人精明、理智、内向，不善交际、情绪稳定、细心谨慎、责任心强、固执、感情含蓄；B 型血的人聪明、活泼、敏捷、善交际、兴趣广泛多变、精力分散、易感情冲动、易引起他人注意；O 型血的人外向直爽、热情好动、富于精力、有主见、自信、喜欢支配人；AB 型血人属于复合气质类，外表像 B 型血的人，内在却像 A 型血的人。

在实际生活中血型相同而气质类型不同，或者气质类型相同而血型不同的现象并不少见，所以，血型说缺乏足够的科学根据。

（四）激素说

激素说是生理学家柏尔曼提出的。他认为，人的气质特点与内分泌腺的活动有密切关系。此理论根据人体内哪种内分泌腺的活动占优势，把人分为甲状腺型、肾上腺型、脑垂体型、副甲状腺型和性腺型五种类型。①甲状腺型。如果分泌物多，表现为精神饱满、感知灵敏、意志力强；分泌物少，则表现为迟钝、缓慢、可能发生痴呆症。②肾上腺型。皮肤干黑，毛发浓密，精力旺盛，健壮有力，情绪易激动，好冲动。③脑垂体型。如果分泌物增多，表现为骨骼粗大，性欲强，脑力发达，有自制力；如果分泌物减少，则身体矮小，肌肉萎弱。④副甲状腺型。分泌物多，表现为易激动，缺乏控制力；分泌物少，则表现为肌肉无力，精神不足，缺乏生活情趣。⑤性腺型。分泌物多，表现为进攻行为猛烈；分泌物少，则进攻行为少，易对文学、艺术、音乐感兴趣。

激素说过分强调了激素的重要性，从而忽视了神经系统特别是高级神经系统活动特性对气质的重要影响，难免有片面倾向。

（五）巴甫洛夫高级神经活动类型说

巴甫洛夫认为高级神经活动的基本过程有两个，即兴奋和抑制。所谓兴奋是指神经活动由静息状态或较弱的状态转为活动较强的状态；所谓抑制是指神经活动由活动的状态或较强的状态转为静息的状态或较弱的状态。不能简单地把兴奋看作是活动，把抑制看作是静止的状态。兴奋和抑制都是一种神经活动的过程，它们指的是这种活动所指向的方向。

巴甫洛夫指出，高级神经活动的两个基本过程有三个基本特性，这就是它们的强度、平衡性和灵活性。神经过程的强度是指神经细胞能接受的刺激的强弱程度，以及神经细胞持久工作的能力。神经过程的强度有强弱之分，兴奋过程强者，在强烈刺激的作用下仍能形成条件反射，并能保持已经形成的条件反射；兴奋过程弱者，在强刺激作用下难以形成条件反射，甚至会使已经形成的条件反射受到抑制或遭到破坏。抑制过程强者可长时间忍受持续不断的内抑制，抑制过程弱者只能忍受较短时间的内抑制。神经过程的平衡性是指兴奋和抑制两种过程的力量是否平衡，所以神经过程的平衡性有平衡和不平衡之分，且不平衡又有兴奋占优势和抑制占优势两种情况。神经过程的灵活性是指兴奋和抑制两种过程相互转化的难易程度，有灵活和不灵活之分。

巴甫洛夫指出，两种基本神经过程的三个特性之间的不同组合，构成了高级神经活动的不同类型。从理论上讲可以组合成12种不同的高级神经活动类型，但是，有些类型在现实生活中是不存在的。例如，神经过程不平衡的人，不管他是兴奋过程占优势还是抑制过程占优势，两种神经过程之间的转化都是不灵活的。因而，强、不平衡、灵活或弱、不平衡、灵活的组合是不存在的。

巴甫洛夫根据大量的实验，确定了四种高级神经活动类型，即兴奋型、活泼型、安静型和抑制型。这四种高级神经活动类型的神经过程的特点，以及与之相对应的气质类型如表3-1所示。

表3-1　高级神经活动类型与气质类型关系

神经系统的基本特点	高级神经活动类型	气质类型
强、不平衡	兴奋型	胆汁质
强、平衡、灵活	活泼型	多血质
强、平衡、灵活	安静型	黏液质
弱	抑制型	抑制质

现代心理学认为神经活动类型是气质的生理机制，因此，巴甫洛夫的高级神经活动类型学说是有关气质生理机制学说中最有影响、最重要的一种理论。

三、消费者气质类型的外在表现

气质是人的典型的、稳定的心理特点，它是先天赋予的。不同气质类型的消费者在购买过程中的表现有所不同，销售人员应充分地把握不同气质类型的消费者。

1. 胆汁质型消费者

这类消费者表情外露，心急口快，选购商品时言谈举止显得匆忙，一般对所接触到的第一件合意的商品就想买下，不愿意反复选择比较，因此往往是快速地、甚至是草率地做出购买决定。他们到市场上就想急于完成购买任务，如果等待时间稍长或营业员的工作速度慢、效率低，都会激起其烦躁情绪。他们在与营业员的接触中，其言行主要受感情支配，态度可能在短时间内发生剧烈变化，挑选商品时以直观感觉为主，不加以慎重考虑。接待这类消费者要求营销服务人员动作要快捷、态度要耐心，应答要及时。可适当向他们介绍商品的有关性能，以引起他们的注意和兴趣。另外，还要注意语言友好，不要刺激对方。

2. 多血质型消费者

这类消费者善于交际，有较强的灵活性，能以较多的渠道得到商品信息。这类消费者对购物环境及陌生人有较强的适应能力，因而在购物时观察敏锐，反应敏捷，善于与营业人员进行沟通。有时注意力容易转移，兴趣忽高忽低，行为易受感情的影响。他们比较热情、开朗，在购买过程中，愿意与营业员交换意见或者与其他消费者攀谈；有的会主动告诉别人自己购买某种商品的原因和用途；喜欢向别人讲述自己的使用感受和经验；自己不知道，也希望从别人那里了解到。另外，选购过程中，易受周围环境的感染、购买现场的刺激和社会时髦的影响。接待这类消费者，一是营销服务人员应主动介绍、与之交谈，注意与他们联络感情，以促使其购买；二是与他们的“聊天”，应加以引导，使他们专注于商品，缩短购买过程。

3. 黏液质型消费者

这类消费者挑选商品比较认真、冷静、慎重，信任文静、稳重的营业员。他们善于控制自己的感情，不容易受广告、商标、包装的干扰和影响。他们对各类商品，喜欢自己加以细心的比较、选择后才决定购买，给人慢悠悠的感觉，有时会引起服务人员和别的顾客的不满情绪。接待这类消费者要避免过多的提示和热情，否则容易引起他们的反感，要允许他们有认真思考和挑选商品的时间，接待时更要有耐心。

4. 抑郁质型消费者

这类消费者在购物中往往考虑得比较周到，对周围的事物很敏感，能够观察到不易觉察的细枝末节。表现得优柔寡断，显得千思万虑，从不仓促地做出决定，一方面表现出缺乏购物主动性，另一方面对他人的介绍不感兴趣或多疑不信任，体现出经济型、习惯性的购物行为特点。这就要求营业人员在提供服务时要耐心、细致、体贴、周到，要熟知商品的性能、特点，及时准确地回答各种提问，增强他们购物的信心，从而促使购买行为的实现。

气质的表现使个体的行为活动带有独特的个人色彩。气质本身并无好坏之分，也没有评价的意义。但是各种气质类型又都既有积极的一面，又有消极的一面。在现实生活中，纯粹属于某一种气质类型的人是极少见的，由于客观环境及发育的影响，大多数人是以某一类的气质为主，而兼有其他类型的一些特点的混合型，或介于各种类型间的某种过渡型。

四、气质类型的测量

测量气质类型的主要方法有观察法、条件反射测定法和测验法。

1. 观察法

观察法是在自然条件下，有目的、有计划地通过观察被观察者的言行表现，以了解其气质特点的一种方法。此种方法使用简单，易于掌握，若运用得当，所得结果比较符合实际。

2. 条件反射测定法

条件反射测定法是指在实验室里，运用一定的实验仪器对被试者在形成或改变条件反射的过程中所表现出来的神经活动特征进行观察记录，从而了解和确定其气质类型的方法。运用此方法所测得的结果比较可靠，但需要一定的实验仪器，主试者亦须经过特殊训练。

3. 测验法

运用气质调查表来测定人的气质类型，也是一种行之有效的方法。波兰华沙大学心理学教授简·斯特里劳对气质问题进行了大量研究，编制了几种适合不同对象使用的气质调查表。其中最有特色并在国际上广泛应用的是简·斯特里劳气质调查表。另外，还有一种通俗的问卷测验气质60题，简便易做，所测结果也比较符合实际，因而使用较广泛。

【案例】

全聚德烤鸭的攻击型服务

北京前门全聚德烤鸭店是中国北京全聚德烤鸭集团的起源店（老店），创建于1864年，以经营传统挂炉烤鸭蜚声海内外，是京城著名的老字号。1993年，全聚德成立股份公司，前门店进入股份公司，当年的营业收入是4 500万元，至2001年12月16日，前门店的年营业收入已达到9 000万元，企业用了8年时间在硬件没有什么大的改变的条件下，营业收入翻了一番。对于一些新兴产业来说，这个进步可能并不算什么，但对于一个受诸多限制的国有餐饮企业来说，却是一个很大的飞跃。前门店总经理沈放说，餐饮行业是劳动密集型行业，每一分钱的利润都是厨师一刀刀切出来、服务员一句句讲出来的，非常不容易。特别是店里的攻击型服务，为收入的增长发挥了重要作用。

攻击型服务即让顾客在餐厅消费时提高消费额。在餐厅已不能扩大营业面积，对外不能增加店面的情况下，提高顾客的消费额是增加餐厅营业收入的有效方法。而实现这个目标的工具就只能是推销，服务员是推销的具体实施者。用惯常的眼光来看，餐厅的产品对于顾客来说，只是一个被动的选择过程，但服务员如果能用正确的方法加以引导，就能够达到增加销售额的目的。在管理上，老店将攻击型服务作为对服务员的一个考核标准。在业务培训上，第一，要求服务员对菜品和全聚德文化熟悉，能够熟练地向顾客介绍每道菜的特色、原料构成以及菜品背后的故事；第二，定期让厨师向服务员讲菜，详细到每个工序的制作过程，成品口味等；第三，提高服务员的外语水平，常年聘请外语老师进行外语培训。另外，攻击型服务并不是要求服务员一味地向顾客推销高价位的菜品，而是要根据顾客的特点进行有礼貌地适当推销，其中服务员揣摩顾客的消费心理是非常重要的，不能不顾顾客的实际情况进行硬性推销。攻击型营销实施以后，大大提高了餐厅的销售额，服务员的服务由被动到主动，练就了一身判断顾客消费水准和揣摩顾客心理的本领。原来店里要求的是“让每个顾客多掏10块钱”，而实施攻击型服务后，达到的效果要远远超出这个标准。2001年，达到的效果是平均每个餐位实现年销售收入10万元。

全聚德针对不同类型顾客提出相应的服务对策。虽然要求服务员对顾客进行攻击型服务，但前提条件是必须了解不同类型的顾客，为此老店按照人的四种不同气质类型，总结了以下具体服务对策。

（1）多血质—活泼型：这一类型的顾客一般表现为活泼好动，反应迅速，善于交际，但兴趣易变，具有外倾性。他们常常主动与餐厅服务人员攀谈，并很快与之熟悉并交上朋友，但这种友谊常常多变而不牢固；他们在点菜时往往过于匆忙，过后可能改变主意而退菜；他们喜欢尝新、尝鲜，但又很快厌倦；他们的想象力和联想力丰富，受菜名、菜肴的造型、器皿及就餐环境影响较大，但有时注意力不够集中，表情外露。

服务对策：服务员在可能的情况下，要主动同这一类型的消费者交谈，但不应有过多重复，否则他们会不耐烦。要多向他们提供新菜信息，但要让他们进行主动选择，遇到他们要求退菜情况，应尽量满足他们的要求。

（2）黏液质—安静型：这一类型的顾客一般表现为安静、稳定、克制力强、很少发脾气、沉默寡言；他们不够灵活，不善于转移注意力，喜欢清静、熟悉的就餐环境，不易受服务员现场促销的影响，对各类菜肴喜欢细心比较，缓慢决定。

服务对策：领位服务时，应尽量安排他们坐在较为僻静的地方，点菜服务时，尽量向他们提供一些熟悉的菜肴，还要顺其心愿，不要过早表述服务员自己的建议，给他们足够时间进行选择，不要过多催促，不要同他们进行太多交谈或表现出过多的热情，要把握好服务的“度”。

(3) 胆汁质—兴奋型：这一类型的顾客一般表现为热情、开朗、直率、精力旺盛、容易冲动、性情急躁，具有很强的外倾性；他们点菜迅速，很少过多考虑，容易接受服务员的意见，喜欢品尝新菜；但比较粗心，容易遗失所带物品。

服务对策：点菜服务时，尽量推荐新菜，要主动进行现场促销，但不要与他们争执，万一出现矛盾应避其锋芒；在上菜、结账时尽量迅速，就餐后提醒他们不要遗忘所带物品。

(4) 抑郁质—敏感型：这一类型的顾客一般沉默寡言，不善交际，对新环境、新事物难以适应；缺乏活力，情绪不够稳定；遇事敏感多疑，言行谨小慎微，内心复杂，较少外露。

服务对策：领位时尽量安排僻静处，如果临时需调整座位，一定要讲清原因，以免引起他们的猜测和不满。服务时应注意尊重他们，服务语言要清楚明了，与他们谈话要恰到好处。在他们需要服务时，要热情相待。

全店 900 个餐位，平均每个餐位实现年销售收入 10 万元；全店 400 名员工，平均每个员工实现年销售收入 22.5 万元，在整个餐饮业处于领先地位；曾创造过餐饮单店日销售 67.7 万元的全国最高纪录。

（资料来源：http://www.canyin168.com/glyy/mqfl/201112/37260.html）

第二节　消费者的性格

一、性格的本质

性格是一个人在对现实的稳定的态度以及与之相适应的习惯了的行为方式中表现出来的行为特征。例如，有的消费者自制力较强，即使遇到自己十分喜欢的东西，只要不在购买计划之内，都不会去购买；有的消费者自制力较弱，每当遇到自己喜欢的东西，都无法控制自己，容易冲动消费。由于一个人在对待事物的态度和行为方式中总是表现出某种稳定倾向，因此我们就能预见他在某种情况下将如何行动。所以说，一个人的性格不只说明他做什么，还说明他如何做。性格标志着某个人的行为和其行为的结果，它可能有益于社会，也可能有害于社会。因此，性格有好坏之分，始终有着道德评价的意义。

人的性格不是天生的，它是从儿童时期开始就不断受到社会环境的影响、教育的熏陶和自身的实践，经过长期塑造而成的。性格一经形成便比较稳定，它会在不同的时间和不同的地点表现出来。性格的稳定性并不是说它是一成不变的，而是可塑的。性格在一个人的生活中形成后，生活环境的重大变化一定会带来他性格特征的显著变化。

二、性格的类型

性格的类型是指一类人身上所共有的性格特征的独特结合。在心理学的研究中至今还没有大家公认的性格类型划分的原则与标准。

1. 以心理机能优势分类

英国的培因和法国的李波特提出的分类法。他们根据理智、情绪、意志三种心理机能在人的性格中所占优势不同，将人的性格分为理智型、情绪型、意志型。理智型的人通常以理智来评价周围发生的一切，并以理智支配和控制自己的行动，处世冷静；情绪型的人通常用情绪来评估一切，言谈举止易受情绪左右，这类人最大的特点是不能三思而后行；意志型的人行动目标明确，主动、积极、果敢、坚定，有较强的自制力。除了这三种典型的类型外，还有一些混合类型，如理智—意志型，在生活中大多数人是混合型。

2. 以心理活动的倾向分类

瑞士心理学家荣格认为一个人的兴趣和关注既可以指向内部，也可以指向外部。指向内部叫内向，指向外部叫外向。每个人都有内向和外向两种特征，根据一个人是内向还是外向占优势，可将人格分为内向型和外向型。内向型的人格特点是，心理活动常指向自己的内心世界，好沉思，谨慎，多虑，爱独处，交际面较窄，有时难以适应环境的变化。外向型的人格特点是关心外部事物，活泼开朗，不拘小节，善交际，情感外露，独立、果断，容易适应环境的变化。

3. 以个体独立性程度分类

在第二次世界大战期间，飞机驾驶员常因在云雾中机身翻滚而丧失方位感，进而造成失事。为减少此类事件的发生，在对飞行员进行选拔和训练时，要测试应征者对空间方位的知觉判断能力。因此，最初的测验是让受试者进入一个可调整倾斜度的房间，坐在房间中一个可以作各种角度转动的椅子上。房间与椅子的转动，有时方向一致，有时方向不一致，这就构成了类似飞机在空中翻滚的情境。此时要求受试者将自己的身体调整到实际的垂直位置。威特金将能准确地将自己调整到垂直位置的人称为场独立型，不能调整者称为场依存型。研究发现，场依存型，倾向于以外在参照物作为信息加工的依据，他们易受环境或附加物的干扰，常不加批评地接受别人的意见，应激能力差；场独立型的人不易受外来事物的干扰，习惯于更多地利用内在参照即自己的认识，他们具有独立判断事物、发现问题、解决问题的能力，而且应激能力强。可见这两种人是按两种对立的认知方式进行工作。

4. 以人的社会生活方式分类

德国的心理学家斯普兰格从文化社会学的观点出发，根据人认为哪种生活方式最有价值，把人的性格分为六种类型，即经济型、理论型、审美型、宗教型、权力型、社会型。

(1) 经济型的人，一切以经济观点为中心，以追求财富、获取利益为个人生活目的。实业家多属此类。经济型的人在购物时，比较重视商品的价格，对价格变化非常敏感，常以价格的是否满意来决定购买行为。

(2) 理论型的人，以探求事物本质为人的最大价值，但解决实际问题时常无能为力。哲学家、理论家多属此类。

(3) 审美型的人，以感受事物美为人生最高价值，他们的生活目的是追求自我实现和自我满足，不大关心现实生活。艺术家多属此类。此类人对商品的外观，包装，构型，色彩等比较重视，易受情绪的影响，不太注重商品的实用性，冲动购物行为较多。

(4) 宗教型的人，把信仰宗教作为生活的最高价值，相信超自然力量，坚信永存生命，以爱人、爱物为行为标准。神学家是此类人的典型代表。表现出对某商品的独特喜好和对另外一些商品的拒绝。如信仰伊斯兰教的人绝对不会去消费与猪有关的商品等。

(5) 权力型的人，以获得权力为生活的目的，并有强烈的权力意识与权力支配欲，以掌握权力为最高价值。领袖人物多属于此类。此类人常常听不进他人的意见，不喜欢销售人员的介绍，如果销售人员过于热情地推销某一商品，反而使他们产生抵触心理。

(6) 社会型的人，重视社会价值，以爱社会和关心他人为自我实现的目标，并有志于从事社会公益事物。文教卫生、社会慈善等职业活动家多属此类型。此类人在购物时喜欢与销售人员交谈，并倾向于接受他人意见和建议。

5. 以某种或某些典型的性格特征来确定性格类型

20 世纪 50 年代，美国心脏病学专家弗里德曼和罗森曼在诊所里发现，来就诊的冠心病患者所坐的椅子后腿下的地面上，有两个凹陷。经过仔细观察，原来是患者来诊所候诊时，心情都很急躁，抱怨候诊的时间太长，往往把椅子两条前腿翘起来，以椅子后腿作为支撑，并把自己的双腿交叉起来，不断地摇动或转动着椅子，直到护士叫到他的名字为止。就这样，年复一年，许多冠心病人都这样摇晃，使地面形成了凹陷。在观察研究了大量这类行为之后，弗里德曼在 1987 年用 4 个单词来概括其特征：易恼火、激动、发怒和急躁。这 4 个单词中有两个都以字母 A 开头，于是他把具有这种特征的人称为 A 型性格。

A 型性格的人具有明显的特征性表现：生活节奏快，做事匆忙，往往一事未干完，又去干另一件事，或几件事一起干；争强好胜，竞争心强，不怕困难，勇于进取；性格外向、锋芒毕露，说话急速有力，易急躁、易怒、好激动，不能容忍自己看不惯的事情；不懂享受，对自己漠不关心，不知道休息和照料自己，不会体验生活的乐趣，整天使自己处于紧张状态等。

研究证明，由于 A 型性格的行为表现，促使心脏负担过重，增加心肌的耗氧量，引起心肌的缺氧；而且促使血浆中甘油三酯、胆固醇的升高，增加血液黏度，从而加速冠状动脉粥样硬化的形成。这些因素的长时间作用，就成了冠心病的病理基础。

在研究 A 型性格人群的过程中，弗里德曼还提出 B 型性格。B 型性格与 A 型相反，属于一种舒缓的、善于自我调节的性格特点。他们慢条斯理，不慌不忙，随和易处，没有争强好胜的压力，紧张之后会愉快地休息。弗里德曼和罗森曼经过多年的对照随访观察统计，得出如下结果：A 型性格组冠心病发病率和猝死率比 B 型性格高 3.5 倍。

三、消费者的性格

消费者的性格在购买行为中起着核心作用，因为性格的不同，在消费活动中表现出千差万别的消费行为。

(一) 从消费角度划分

1. 节俭型的消费者

在消费态度上比较崇尚节俭，在购买活动中，注重产品的质量、性能、实用性，以物美价廉作为选择的标准；不太在意产品的品牌、外观、包装，不喜欢华而不实的、无实用价值的产品。这一类消费态度的消费者以中老年为多，但并不一定受经济能力限制。

2. 保守型的消费者

在消费态度上比较严谨，性格内向，生活方式刻板，而且有较重的怀旧心理，习惯于传统的消费方式。接受新产品、新观念比较慢，甚至有怀疑、抵制心理。在购买活动中喜欢购买传统的或多次使用的有经验的产品，拒绝尝试新产品。这一类消费态度的消费者以中、老年居多。

3. 随意型的消费者

在消费态度上比较随意，没有长久、稳定的看法，生活方式自由，没有固定的模式，在选购产品时，随意性较大，选择产品的种类往往多样化，选择产品的标准与要求常常根据实际需要而定。他们一般既讲究产品的质量，也追求产品的外观，易受广告宣传及外界因素所影响。

（二）从购买方式的角度划分

1. 习惯性购买

对于价格低廉、经常购买、品牌差异较小的产品，消费者不需要花过多时间进行选择，购买行为最简单。消费者只是被动地接收信息，出于熟悉而购买。生产这类产品的企业可以用价格优惠、电视广告、独特包装等促销方式鼓励消费者试用、购买和重复购买。

2. 慎重性购买

此类消费者性格比较沉稳、持重，做事冷静、客观、情绪不外露。在购买活动前，会广泛收集有关信息，经过慎重的权衡与考虑，认真地比较后，才会做出购买决定。在购买活动中，喜欢根据自己的需要或参照以往的经验进行购买，不易受外界影响，不易冲动，有较强的自控能力。

3. 挑剔性购买

此类消费者的意志坚定，独立性强。大多数消费者都具有一定的产品知识或购买经验，在购买产品时，主观性强，很少询问或听从他人的意见。对营销人员或其他消费者比较敏感，观察产品细致深入，甚至过于挑剔。此类消费者一般性格比较孤僻。

4. 被动性购买

此类消费者的性格比较消极、被动，属于内向性格。不经常购买产品，缺乏产品知识及购买经验，在选购产品时常常表现出犹豫不决，缺乏自信和主见，希望得到别人的帮助，所以营销人员的推荐和宣传会对此类消费者产生较大的影响。

5. 寻求多样化购买

有些产品品牌差异明显，但消费者并不愿意花较长时间进行选择，而是不断变换所购产品的品牌。这样做并不是因为对产品不满意，而是为了寻求多样化。针对这种购买行为，企业可采用促销和占据货架有利位置等办法，鼓励消费者购买。

6. 化解不协调行为购买

有些产品品牌差异不大，消费者不经常购买，而购买时又有一定的风险，所以，消费者一般要比较、看货，只要价格公道、购买方便、机会合适，消费者就会决定购买。购买以后，消费者也许会感到有些不协调或不够满意，在使用过程中，会了解更多情况，并寻求种种理由来减轻、化解这种不协调，以证明自己的购买决定是正确的。经过由不协调到协调的过程，消费者会产生一系列的心理变化。针对这种购买行为类型，企业应注意运用价格策略和人员推销策略，选择最佳销售地点，并向消费者提供有关产品评价的信息，使其在购买后相信自己是做了正确的决定。

7. 复杂购买行为

当消费者购买一件贵重的、不经常购买的、有风险的而又非常有意义的产品时，由于产品品牌差异大，消费者对产品缺乏了解，因而需要有一个学习过程，广泛了解产品性能、特点，从而对产品产生某种看法，最后决定购买。对于这种复杂购买行为，企业应采取有效措施帮助消费者了解产品性能及其相对重要性，并介绍产品优势及其给购买者带来的利益，从而影响购买者的最终选择。

第三节　消费者的能力

一、能力的概述

（一）能力的本质

能力是顺利、有效地完成某种活动所必须具备的心理条件。在条件相同的情况下，所表现出来的“快慢”、“难易”、“巩固程度”及“深浅程度”上的差别。按能力的倾向划分，有一般能力和特殊能力；按能力的创造性程度划分，有再造性能力和创造性能力；从能力测验的观点看，有实际能力与潜在能力之分。

（二）能力的差异

人的能力的差异，首先表现在能力质的差异。人的一般能力和特殊能力都表现出质的差异性。能力质的差异性具体表现在能力类型的差异上。每一个人都有自己所长，也有自己所短。其次，表现在能力量的差异上。能力量的差异性具体表现在人的各种能力都有发展水平上的差异。能力水平的高低是能够作比较的，现代心理学通常把人的智能划分为超常、正常、低常。人的能力还有表现时间早晚的差异。人与人之间由于遗传生理因素、环境、教育因素的不同影响，能力发展水平有明显的年龄差异。有些人能力早熟，在儿童期就崭露头角，有些人大器晚成。例如，王勃 6 岁善文辞，莫扎特 6 岁主演演奏会，而齐白石 40 岁才表现绘画才能，达尔文 50 多岁才开始出研究成果。各人才能的发挥有早有晚，成就的取得有先有后，这说明人的智力发展速度上不是整齐划一的。

二、消费者的能力结构

消费者在购买商品的过程中，也需要多种能力，并运用多种能力。例如，购买一台笔记本电脑的时候，就需要感知能力，摸一摸电脑的质地和手感；需要观察能力，观察笔记本的颜色重量是否适合，款式有无缺陷，制作是否精致，质量是否过关；需要记忆力，能够记住不同品牌不同型号笔记本电脑配置差异，还需要判断力，对电脑进行比较、分析，对商品的优劣进行判断，从而决定是否购买等。如果能力较强，消费者的需求就会得到有效的满足，如果能力较低，消费者行为就会受到限制，他的需求也就难以获得最有效的满足。一般来说消费者应具有一般能力和特殊能力。

（一）一般能力

指在许多活动中都必须具备的基本能力，通常指智力，如感知力、记忆力、注意力等。在消费者实际购买活动时，对商品的感知、记忆、辨别能力；对信息的综合分析、比较评价能力；购买过程中的选择、决策能力等都属于一般能力。基本能力的高低强弱会直接导致消费行为方式和效果的差异。

(1) 感知力。感知能力是指消费者对商品的外部特征和外部联系加以直接反应的能力。感知能力是消费行为的先导，通过它，消费者可以了解到商品的外观造型、色彩、气味、轻重以及所呈现的整体风格，从而形成对商品的初步印象，为进一步做出分析判断提供依据。因此，感知能力是消费者行为需要的一种基本能力。

(2) 记忆力。记忆力是指一个人记住经历过的事物，并在一定的条件下重现或在这个事物重新出现时能确认曾感知过它的能力。记忆力对消费者的购买行为有着重要的影响，甚至在一定程度上决定着购买决策。一般而言，记忆力强的消费者，其购买决策受广告影响较大，记忆力差的消费者，其购买决策受购物现场环境的影响更大。

(3) 注意力。注意力比较强的消费者，往往一进商店，就能在琳琅满目的商品中迅速找到所需要和喜欢的商品，或者很快发现他们感兴趣的商品，而注意力差的人却不能。现实生活中经常会出现这样的情况，两个人带有相同的购物目的，先后到过同一家商店，前者买到了称心商品，后者看到后很喜欢，但他当时在商店里对这件商品却根本未加注意。

(4) 观察力。观察能力是一种知觉品质，是对事物进行准确而又迅速的感知能力。消费者的观察能力强，其制定购买决策的速度就快；反之，其购买决策就慢。消费者观察能力的差异主要表现在对商品的认识能力和评价能力上，还与个人的知识经验有关。例如，普通顾客购买彩电，只能借助于一般的知识和经验，或者是同事朋友的介绍，观察彩电的外形、颜色和大小尺寸而决定是否购买。懂得电视机原理的人，就可以通过对电视机的调试及观察其内部构造，来评价彩电的质量。因此，观察力较强的消费者比较容易迅速合理地做出决策。

(5) 判断力。它表现在消费者选购商品时，通过分析、比较对商品的优劣进行判断的能力上。一般来说，判断力强的顾客，能迅速果断做出买或不买的决策；反之，判断力差的顾客，经常表现为优柔寡断，有时甚至会做出错误的判断。消费者在购买商品时，往往要通过比较、分析，对商品的优劣进行判断，从而决定是否购买。判断能力强的顾客，能迅速果断地做出购买决定；而判断能力弱的消费者，在购买过程中经常表现为优柔寡断，犹豫不决。例如，有的顾客本想购买一套包括大立橱在内的多件高档家具，但在家具商店看见多数人购买的是高档组合家具，这时，他就可能怀疑自己的判断失误，而不考虑自己房间面积太小，套间多，这一区别于他人的实际情况，从而表现出举棋不定的犹豫态度。

(二) 特殊能力

特殊能力首先是指消费者购买和使用某些专业性商品所应具有的能力。它通常表现为以专业知识为基础的消费技能。例如，对高档照相器材、专用体育器材、古玩字画、钢琴、珍贵毛皮、中药药材、电脑、轿车以及音响等高档消费品的购买和使用，就需要相应的专业知识以及辨析力、鉴赏力、监测力等特殊的消费技能。倘若不具备特殊能力而购买某些专业性商品，则很难取得满意的消费效果，甚至无法发挥应有的使用效能。

三、能力与购买类型

消费者不同的能力决定了不同的购买类型，一般可从以下角度划分：

(一) 从购买目标的确定程度看

1. 确定型

此类人有比较明确的购买目标，事先掌握了一定的市场信息和商品知识，他们进入商店后，能够有目的地选择商品，主动提出需购商品的规格、式样、价格等多项要求。如果购买目标明确且能够通过语言清晰、准确地表达，购买决策过程一般较为顺利。

2. 半确定型

此类消费者进入商店前已有大致的购买目标，但对商品的具体要求尚不明确。他们进入商店后，行为是随机的，与营业员接触时，不能具体地提出对所需商品的各项要求，注意力不是集中在某一种商品上，决策过程要根据购买现场情景而定。

3. 盲目型

此类消费者购买目标不明确或不确定。他们进入商店里，无目的地浏览，对所需商品的各种要求意识蒙胧，表达不清，往往难以为营业员掌握。这种人在进行决策时容易受购买现场环境的影响，如营业员的态度，其他消费者的购买情况等。

(二) 从对商品的认识程度看

1. 知识型

此类消费者了解较多有关的商品知识，能够辨别商品的质量优劣，能很内行地在同种或同类商品中进行比较、选择。这类人在选择中比较自信，往往胸有成竹，有时会向营业员提少量关键性问题。营业员接待这类顾客时要尊重他们自己的意见，或提供一些技术性的专业资料，不必过多地解释和评论。

2. 略知型

此类消费者掌握部分有关的商品知识，需要营业员在服务中补充他们欠缺的部分知识，有选择性地向他们介绍商品。

3. 无知型

这是就消费者对某一具体商品的认知而言的。此类消费者缺乏有关的商品知识，没有购买和使用经验，挑选商品常常不得要领，犹豫不决，希望营业员多做介绍、详细解释。他们容易受广告、其他消费者或营业员的影响，买后容易产生“后悔”心理。因而营业员要不怕麻烦，主动认真、实事求是地介绍商品。

划分消费者的类型，是一件十分复杂的事情，因为每个消费者的性别、年龄、职业、经济条件、心理状态、空闲时间和购买商品的种类等方面不同，以及购买环境、购买方式、供求状况，营业员的仪表和服务质量等方面有别，都会引起消费行为的差异现象。

【案例】

消费者退换商品策略

3月15日是国际消费者权益保护日，某大型零售企业为了改善服务态度、提高服务质量，向消费者发出意见征询函，调查内容是“如果您去商店退换商品，售货员不予退换怎么办?”要求被调查者写出自己遇到这种事时是怎样做的，其中有这样几种答案：

(1) 耐心诉说。尽自己最大努力，苦口婆心慢慢解释退换商品的原因，直到问题得到解决。

(2) 自认倒霉。向商店申诉也没有用，商品质量不好又不是商店生产的，自己吃点亏下回长经验。

(3) 灵活变通。找好说话的其他售货员申诉，找营业组长考虑或值班经理求情，只要有一个人同意退换就可望解决。

(4) 据理力争。绝不求情，脸红脖子粗地与售货员争到底，不行就往报纸投稿曝光，再不解决向工商局、消费者协会投诉。

【同步思考】

1. 你认为这个调查内容能否反映出消费者个性心理特征的本质差异?
2. 上述四种答案各反映出消费者哪些气质特征?

【小结】

消费者个性是指消费者在消费过程中表现出来的具有稳定倾向性、稳定心理特征的总和。消费者个性心理特征体现在消费者气质、能力、性格等方面。兴趣激发购买动机，气质影响行为活动的方式，性格决定行为活动的方向，而能力标志着行为活动的水平。由于消费者具有不同的兴趣、气质、能力、性格等个体性心理特征，使得其购买行为呈现复杂多样、变化多端的状况。研究个性心理的构成、特点及区分消费者的不同类型，对于深入研究消费者的需求差异，制定营销措施、策略，引导消费行为，具有重要的意义。

【思考题】

一、选择题

(1) 导致消费者形成彻底性拒绝购买态度的主要原因是(　　)。

A. 消费者的感觉　　B. 消费者的思维

C. 消费者的个性特征　　D. 广告或社会舆论的影响

(2) 想象型的消费者，其主要气质类型是(　　)。

A. 多血　　B. 胆汁质　　C. 黏液质　　D. 抑郁质

二、思考题

（1）个性心理特征是什么？包括哪些主要内容？

（2）什么是气质？气质的类别有哪些？

（3）什么是性格？消费者的性格如何划分？

（4）什么能力？能力的结构是什么？

【实训三】　T台训练

实训目的：培养学生的自信心

实训内容：T台走秀

实训步骤：

1. 了解着装礼仪。

2. 点评参加走秀学生的着装情况。

3. 四人一组，分别走秀。

4. 选出优秀的四名男生、四名女生走秀。

5. 反串表演：选出一名男生反串，要求服装扮相，达到搞笑效果，愉悦身体，还可以提高自信。

第四章

消费者的购买决策行为

知识目标

让学生了解什么是消费者的需要与购买动机，了解消费者的购买决策，掌握消费者的购买行为特点。

能力目标

能够根据消费者的需要、购买动机进行导购，根据消费者的购买行为特点推销。

情感目标

培养观察消费者消费动机的理性。

【案例导入】

国内羊绒衫的款式与国外市场需求的差异化

君莉曾是位女外交官，最近在纽约一下子买了四件羊绒衫。主要是因为此前回国休假期间，想买一件羊绒衫，跑了很多商店，硬是没有买到。因为国内许多羊绒衫上都缀满了亮晶晶的碎钻，有的则设计了复杂的图案。没想到买一件简简单单、单色的、没有任何装饰的羊绒衫，竟会如此之困难。回到纽约后，再一看这里的羊绒衫，对比之下，觉得随便哪件都好看，加上正赶上降价，于是一下买了四件。

多年前，中国的羊绒衫市场刚刚发展时，几乎由“雪莲”一家独霸，主要是在友谊商店卖，都是鸡心领、圆领、高领、开襟等基本款式，而且一律是单色的，不带任何图案或装饰，简单大方，很实用，搭配方便。君莉先后买过黑色、红色、绿色、驼色好几件，质量很好，穿了好久。当时曾经陪外宾买羊绒衫，他们经常一下就买五、六件。后来听几个美国朋友说起，现在中国的羊绒衫不像以前那样好买了，经常空手而归。国内一些朋友也抱怨现在羊绒衫装饰太多，没法儿穿。国内羊绒衫空前发展，各种品牌如雨后春笋多得数不清，为什么反而买不到羊绒衫了？平时没有多想，这次通过自己在北京和纽约买羊绒衫的经历，感觉主要有以下三个原因：

第一，国内许多羊绒衫设计过于复杂，不是缀满了亮闪闪的碎钻，就是织上各种图案。美国市场的羊绒衫样式多年不变，一直是鸡心领、圆领、高领，开襟等经典款式，大多数都是平针、单色。少数款式融入当季时尚元素，比如盆领、高腰式，这种时尚元素过多的款式，常常是昙花一现，很快就看不到人穿了，而那些经典款式则成为跨越时空的永久时尚。

第二，国内羊绒衫许多过于宽松，偏肥、偏长，缺少比较紧身的款式。羊绒是高档材料，可以作为较正式场合的衣服穿，而过于宽松，成了休闲风格，削弱了羊绒衫的正式程度。而且，过于宽松，没有办法套在西服里穿，影响了羊绒衫的多用性。国外羊绒衫有宽松、休闲款式的，也有腰身很合体、显得有形有款的，可以单穿，也可以套在西服里穿。

第三，国内羊绒衫的颜色不如美国的羊绒衫颜色丰富，而且有的颜色很愣，纯度过高，艳丽有余，含蓄典雅不足。

在北京跑了许多商店，都没买到最简单的不带装饰的羊绒衫，忍不住问一个售货员，为什么不生产最简单的式样，她回答说，不镶碎钻，怎么卖高价呀。

不知道是不是真的因为这个考虑才镶了那么多的碎钻？难道只为卖高价，不顾及品位？实际上，这是画蛇添足，把高档羊绒做成低档产品，令人惋惜。殊不知，正是这些多余的装饰，使不少潜在顾客，包括外国游客，望而却步。多生产款式经典、风格简约的羊绒衫，成本低，售价低，卖的就多，出口销路也好，难道不比靠镶钻石卖高价的经济效益高吗？

上述的案例，为什么厂家镶了那么多的碎钻，却让很多国外游客，望而却步？

(资料来源：http://www.51fashion.com.cn/BusinessNews/2008-1-30/238040.html)

在影响消费者行为的诸多心理因素中，需要和动机占有特殊、重要的地位，与行为有着直接而紧密的联系。这是由于人们的任何消费行为都是有目的的，这些目的或目标的实质是为了满足人们的某种需要或欲望。当一种需要未得到满足时，人们会产生内心紧张；这种紧张状态激发人们争取实现目标的动力，即形成动机；在动机的驱使下，人们采取行动以实现目标；目标达到，需要得到满足，内心的紧张状态消除，行为过程即告结束。

第一节 消费者的需要与购买动机

一、消费者的需要

消费者行为毫无疑问是以购买行为为中心的，而消费者的购买行为总是从需要的激发开始的。可以说需要是消费者行为的最初原动力，也可以说人类的一切行为都是从需要开始的。

(一) 什么是需要

人生活在社会上，要维持和发展自己的生命，需要一定的客观条件来保证，没有这些条件人就不能生存，也不能延续和发展。例如，人饿了得吃饭，渴了得喝水，累了得休息等。这些条件是不能缺少的，缺少了就会给人造成机体内部的不平衡状态，这种不平衡状态反映到人的头脑中，就使人对所缺少的东西产生欲望和要求，这种欲望和要求就是人的需要。所以，需要是有机体内部的一种不平衡状态，表现为有机体对内外环境条件的欲求。

需要是人活动动机的源泉，人们有了某种需要，才为自己提出活动目的，考虑行为方法，去获得所需要的东西，以得到某种程度的满足。需要得到满足，给人以愉悦的情绪体验，更加焕发新的热情；需要得不到满足，就会产生焦虑或挫折感，势必影响活动的效能。

消费者需要是指消费者在一定的社会经济条件下，为了自身的生存与发展而对商品的需求和欲望。消费者需要包括在人类一般需要之中，通常以对商品的愿望、意向、兴趣、理想等形式表现出来。消费需要反映了消费者某种生理或心理体验的缺乏状态，并直接表现为消费者对获取以商品或劳务形式存在的消费对象的需求和欲望。人们的消费活动通常是由消费需求引起和决定的。消费需求是购买行为的先导，是消费活动的内在原因和根本动力。

（二）需要的分类

由于消费者需要的内容非常丰富，因此，可以从不同的角度对其进行分类：

1. 按照需要产生的原因，可以分为生理性需要和社会性需要

生理性需要也叫自然需要，是指人们为了维持机体生存和发展所必需的本能的需要。主要包括衣、食、住、行、休息、睡眠、运动、婚姻、家庭等维系有机体生命和延续种族所必需的基本生活需要。

社会性需要是指人们为了维持社会生活，进行社会生产和社会交往而形成的需要。例如，对科学知识、文化艺术、道德修养、荣誉、成就、社交、友谊、权利及其爱和美的需要。

人是自然界的产物，不能摆脱大自然的制约，因此，决不会没有任何自然需要。而人的社会性需要是以人的自然性需要为前提和基础的，并从自然性需要中发展起来的，为人类所独有。当个体认识到这些需要的必要性时，社会需要就可以转化为个人需要。

2. 按照需要的实质性内容不同，可以分为物质需要和精神需要

物质需要是人类社会生存和发展的基础，也是人的最基本、最重要的需要。物质需要是指消费者在物质生活和社会交往中对社会物质产品的需要和欲望，它包括自然性需要，也包括社会性需要，例如，对食品、饮料、服装、住房、首饰、家用电器、家具等的需要。随着社会生产力的不断发展，人们的物质消费需要水平日益提高。

精神需要是人类所具有的心理需要，是人对自己的智力、道德、审美等方面发展条件的需要的反映，例如，对获得知识、提高技能、寻求爱情、社会交际、艺术欣赏、政治进步等属于观念对象的需要。随着社会的进步和发展，人类的精神需要也在不断增添新的内容。

高级的物质需要和精神需要之间的区别是相对而言的，因为满足精神的需要必须依赖一定的物质条件，如发展智力的需要，可通过书籍、报纸、杂志、文化用品等予以满足；追求仪表美，可通过得体的服饰、化妆品、保健品等予以满足。

3. 按照需要的层次不同，可以分为生存需要、享受需要和发展需要

生存需要是指消费者为了维持生存而产生的对基本生活物品的欲望和要求，如对粮食、空气、水、衣服、房屋等的需要。这是人类最基本的需要。如果这些需要得不到起码的满足，就会造成严重的社会问题。

享受需要是消费者为增添生活情趣、实现感官和精神的愉快而产生的欲望和要求，如对文化娱乐、体育健身、旅游、社交活动等的需要。随着社会进步和生产力发展，享受需要会

变得越来越重要。

发展需要是指消费者为发展智力和体力，提高个人才能，实现人生价值而对所需要的消费品的欲望和要求，如对教育、书籍、电脑等的需要。随着现代科学技术的发展，市场竞争的激烈，发展需要将更加突出。

4. 按照需要满足的对象不同，可以分为社会公共需要和个人需要

个人需要主要是指消费者个人有货币支付能力的生活消费需要；社会公共需要是指社会集体消费基金统筹安排的，用来满足公共消费（即社会集团消费）的部分。

5. 按照需要的实现程度不同，可以分为现实需要和潜在需要

现实需要是指有货币支付能力且已经意识到的需要。对这一需要，只要激发其购买动机就可以完成购买行为。潜在的需要是指在未来时期内，对商品或劳务可能产生的具有支付能力的需要。这种需要有两种表现形式，一种是商品或劳务在市场中是现实的，但因消费者的购买力一时受到条件的限制而不能立即实现，使购买行为处于潜在状态；另一种是市场上现有商品或劳务并不符合消费者需要，为等待合适的商品或劳务，消费者持币待购，一旦条件具备，购买行为会随之发生。现实消费需要和潜在消费需要虽然是两种不同的需要状态，但二者之间是有联系的，能够相互转化。其转化的条件首先取决于消费者的货币收入水平、商品价格水平和利息率水平等。其次取决于供应商品的结构、销售渠道、服务质量和商品信息等。同时，社会安定、市场稳定也会促使一些现实消费需要推迟为潜在需要。

（三）需要的理论

马斯洛认为，人的一切行为都是由需要引起的，他将人的需要从低到高分为五个层次，依次为：生理的需要、安全的需要、社交的需要、尊重的需要、自我实现的需要（图 4-1）。

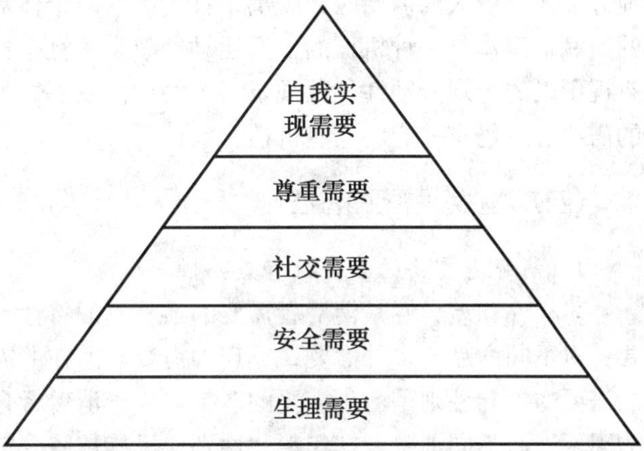

图 4-1 马斯洛需求理论

（1）生理需要是指人的生存需要，是人类最基本的需要，包括饮食、空气、阳光、睡眠、运动等方面的需要。马斯洛指出，如果所有的需要都得不到满足的话，那么有机体就会被生理需要所支配，其他需要退到隐蔽地位。从这个意义上讲，生理需要是推动人们行动的最强大的动力。

（2）安全需要是指保护人的生命免受侵害的需要，如对保险、保健、职业保障、社会环境安定等的需要。当一个人的生存需要获得一定程度的满足后，安全需要就变得强烈起来。如消费者再不用为食物发愁时，他会更多地考虑食物结构对健康的影响，担心食物中脂肪、糖分含量过高，害怕食物中含有致癌物质；购买各种锁、防盗门，防止家中物品被盗；希望食品卫生，药物安全，担心假冒伪劣商品危害自己等，这时他追求健康、安全方面的需要。

（3）社交需要也叫归属和爱的需要，是指人们在社会交往中的需要。人们生活在社会中，任何人都不能孤立地生活，每个人都希望自己能成为某一团体或组织有形或无形的成员，得到人们的重视和友谊，并为达到这个目标做出努力。在实际生活中，社交的需要是各

个阶层的顾客购买商品的主要动力，如为交际的需要去购买时装、化妆品，为获得他人的喜爱而去健身、美容等。

(4) 尊重需要是指人们需要被尊重，希望个人的能力、成就等被别人承认的需要。人类具有自尊和荣誉感，总希望自己能获得成功，得到荣誉，受到人们的尊重和赞扬。尊重的需要包括自信的需要、完美的需要、知识的需要、地位的需要、受人尊重的需要。这些需要是在低层次的需要满足之后所产生的需要，就是所谓“衣食足，知荣辱”。在这一层次支配下的顾客购买行为，最典型的是热衷于购买名牌商品、高档商品、珠宝装饰品等炫耀性的商品。

(5) 自我实现需要是指个人为了自己的理想、抱负，最大限度地发挥出个人潜能的需要。这是建立在前四种需要基本满足的前提下的最高级的需要。为此，许多人为了掌握知识和技能，以使自己能够更好地施展才华而支付学费、训练费等，都是为了满足自我实现的需要。

上述五种需要的层次是按序由低级向高级逐级上升的，当人们的生理需要和安全需要满足之后，往往就会追求社交、尊重和自我实现的需要。前三者属于低层次的需要，后二者属于高层次的需要。一个人只有当低层次的需要获得满足后，高层次的需要才会产生。而真正具有高层次需要的人则是少数。

这一理论在一定程度上揭示了人类需要的发展规律，但也存在着许多不完善、不充实的地方：在分析人的需要时，脱离了社会因素对个体需要的制约，把人的需要仅仅看成是自然的禀赋，看作是一种机械的上升运动，忽视了社会经济、文化背景等对人们需要的影响，也忽视了人的主观能动性，忽视了需要的横向发展。尽管如此，马斯洛的理论对于研究消费者的需要心理仍有一定的借鉴价值。

(四) 消费者需要的特征

1. 消费者需要的多样性和差异性

多样性和差异性是消费者需要的最基本的特性。多样性表现为：对同一类商品的多种需要；对不同商品的多种需要；显现的需要和潜在的需要同时存在于同一消费者身上。消费者的需要的差异性则是由于需要的产生取决于消费者自身的主观状况和所处的消费环境两方面的因素。而不同消费者在年龄、性别、民族传统、宗教信仰、生活方式、收入水平、个性特征以及所处地域的自然和社会环境等方面的条件千差万别，由此形成多种多样、各个相异的消费者需要。

2. 消费者需要的目的性和可诱导性

对于消费者来说，需要的目的性在很多情况下处于无意识或潜意识状态，这就要对处于潜意识状态的需要加以诱导和激发。

【案例】

1973 年，米勒公司向美国公众推出低热量啤酒——Late 啤酒。当时，该公司的竞争对手认为这种新产品不会有市场，因为他们认为喝低热量啤酒意味着怯懦，只有“Macho men”才喝这种啤酒，那些“HE -MEM”需要的是真正的啤酒。事实上却正是米勒公司抓准了许多啤酒消费者的真正想法——喝啤酒而不长“啤酒肚”，Late 啤酒作为新种类很快占据整个美国啤酒市场总销量的20%。竞争对手被动匆匆挤上“低热量啤酒”这班车，但他们已经失去了最佳的机会，很难超过Late啤酒了。

3. 消费者需要的层次性和发展性

消费需要水平虽然随着经济和科技的发展而不断提高，但基本上呈现出从一个波浪式前进和螺旋式上升的运动过程。

4. 消费者需要的伸缩性和周期性

伸缩性又称需求弹性，指消费者对某种商品的需要会因某些因素如支付能力、价格储蓄利率等的影响而发生一定程度的变化。当客观条件限制需要的满足时，需要可以抑制、转化、降级，可以停留在某种水平。也可以在较低数量上同时满足几种需要，还可以放弃其他需要而获得某一种需要的满足。人们对许多消费品的需要，都具有周期件重复出现的特点，只不过循环的周期长短不同而已。

【案例】

强生婴儿爽身香皂

强生公司的婴儿用爽身香皂原本是专为婴儿提供的一种清洁保健皮肤的产品，但是在市场策略的检测和对顾客需求变化的研究中，强生发现现在成年人对保护皮肤越来越重视，甚至一些生产化妆品的企业在他们的广告宣传中打出“像婴儿皮肤一样柔滑、白皙”这样的口号来，于是强生公司决定将这种爽身香皂来一次大胆的细分市场祈求——“成人使用效果也非常好，它将像呵护婴儿的皮肤一样使您的皮肤获得细致深层的护理”。此举居然大受成年消费者的追捧，成为护肤香皂的新宠。顾客对某种产品的需求看似是固定的，但欲望却是无止境的。当企业在勘测顾客需求心理时，不要仅仅停留在顾客现在需要什么，或者以后顾客还会需要什么上去考虑。而是要多想“顾客的欲望是什么?”才有希望。强生公司成功地为产品找到了新的卖点，赚取了新的分割市场的利润。

二、消费者的购买动机

(一) 什么是动机

人的需要产生后总希望得到满足，要满足人的需要，就要进行某种行为、活动，去获得满足需要的对象。所以当一个人意识到自己的需要时，就会去寻找满足需要的对象，这时活动的动机便产生了。动机是激发个体朝着一定目标活动，并维持这种活动的一种内在心理活动。消费者的购买动机就是指为了满足一定的需要，引起消费者购买行为的愿望或意念，是直接驱使消费者进行购买活动的一种内在动力。

消费者的消费行为也是一种动机性行为，他们所从事的购买行为直接源于各种各样的购买动机。动机是一种内部心理过程，我们不能直接观察，但可以通过外部行为间接地推断出来。例如，有的人吃饭可以差一点，但省钱买书，说明其学习动机强，或精神追求强。购买动机不仅反映了消费者的需要，而且形成了为获得满足而实施购买行为的决心和意志。

（二）动机的特征

1. 动机的原发性

动机是个体受外界条件刺激或影响以及个体的客观需要所形成的心理倾向。由于个体缺乏某种东西而产生对这种东西的需要，这种需要将推动个体去寻找满足需要的对象，即个体的需要使个体产生动机。动机一旦形成，个体将围绕实现动机而进行活动，不论引起动机的原因如何，都是个体由需要而产生的欲望，这种欲望与现实世界的具体对象建立起了心理联系，这就是动机的原发性。就消费者而言，对某种商品的需要动机，促使他去购买可以满足这种需要的商品。

2. 动机的可诱导性

动机产生的条件之一是外部刺激，外部刺激又有自然生成和人为创造之分。通过人为创造的刺激因素，可以引发人的动机，改变人的动机。消费者的动机，通过企业的营销努力是可以改变的。例如，某个消费者在家庭装修和购买家具前，可能只有一些简单或普通的想法，但在看过高档家具城的家具、经过设计师的说明和推荐之后，其想法可能大为改变，对某种装饰效果、某些高档次的名牌家具形成强烈的购买欲望。在这个过程中，名牌家具本身、家具的陈列展示、产品宣传图片、设计师的意见及其提供的装修效果图等都成了诱导消费者动机的有效工具。

3. 动机的内隐性

动机是人的内在心理活动，由于个体意识的作用，在很多情况下，个体并不愿意也没有必要将其实际想法告诉别人，而是藏于内心深处，往往使动机形成内隐层、过渡层、表露层等多层次结构。而较复杂的活动常常使真正的动机隐藏起来。例如，某消费者购买了一架钢琴，他也许会说是为孩子买的，但真正的动机可能是向别人显示他的生活优越或富裕，这就是动机的内隐性。在消费活动中，有时多种动机错综复杂，交织在一起，就连消费者本人也很难意识到或表达清楚。

4. 动机的实践性

动机是行为的动因，行为是动机的外在表现。无论多么隐蔽、复杂的动机，人们总是可以根据个体的行为追溯到真正的缘由。因为动机不是朦胧的意识，它已经与一定的作用对象建立起了某种心理上的联系，所以，动机一旦形成，必将导致行为的产生。在消费活动中，消费者不会无缘无故地购买或拒绝购买某种商品，这都是有原因、有目的的。因此，可以这样说，动机是消费活动的推动者，有动机，就有人的行为活动，他可能是采取不同的方法去达到不同的目的，但最终却都是在动机的驱使下进行的。

（三）动机的功能

动机在人的行为活动中具有三大功能：激活功能、指向功能、调控功能。

1. 激活功能

动机会激发人产生某种活动，能推动个体产生某种活动，使个体由静止状态转向活动状态。例如，大学生到学校来求学，是由学习知识的动机激发起来的。旅游者外出旅游是在其各种旅游动机的直接驱动下发生的。

2. 指向功能

在动机的作用下，人的行为会指向某一目标。例如，在学习动机的支配下，护理专业的学生会利用业余时间到医院有关病房见习或到图书馆看护理专业书。

3. 调控功能

当人的活动产生以后，动机可以维持和调整活动。当活动指向某个目标时，个体相应的动机便获得强化，因而某种活动就会持续下去，在遇到困难时能予以克服。

在具体活动中动机功能的表现是很复杂的。不同的动机可以通过相同的活动来表现；不同的活动也可能由相同的或近似的动机所支配，甚至人的活动常常可以由多种动机所支配。所以，考察人的行为必须揭示其动机，只有这样才能对他的行为做出客观的、准确的判断。

(四) 动机的理论

1. 本能理论

本能理论的基本观点是，人的行为主要是受人体内在的生物模式驱动，不受理性支配。最早提出本能概念的是生物进化论的创始人达尔文。而在动机心理研究方面进行深入研究的则是詹姆斯、麦独孤。

生物学家和早期的比较心理学家们对动物行为进行了大量的研究，对低等动物所显示的大量复杂的本能行为模式发现甚多。如黄蜂无须教育就能建造复杂的格式蜂窝；候鸟能够迁徙几千英里而无需向导。人生来就会吃，困了就睡觉，这种有机体生来具有的、特定的不学而能的行为倾向，就是本能。本能学说认为，人的大部分行为是由本能控制的，本能是人类行为的原动力。

应当指出，本能论过分强调先天和生物因素，忽略了后天的学习和理性因素。实际上，本能在人类的动机行为尤其是社会动机行为中不起主要作用。虽然本能对自然动机起着主导作用，是自然动机的源泉，但由于自然动机不具有重要的社会意义，而且在现实生活中人类纯粹的自然动机几乎是不能独立存在的，它无一不受社会因素的影响或社会动机的调节，所以，本能论只具有从理论上对自然动机进行解释的意义，而不具有重要的社会意义。例如，社会发展到今天，人们的吃饭行为已不纯粹是一种本能行为，人们一般是定时定点在食堂就餐，而不是饿了就吃。在很多情况下，吃饭行为并不是由躯体的饥饿感引起的。因此，我们说本能论者没有把握住人类行为的社会本质。用本能这种不具有重要社会意义的动机来解释人类广泛的复杂的社会行为，必然会犯生物决定论的错误。

2. 精神分析理论

弗洛伊德认为人有两大类本能。一种是生的本能，他称之为力比多（libido），并用力比多这个词来概括一系列行为和动机现象。像饮食、性、自爱、他爱等个人所从事的任何愉快的活动，都是生的本能。另一种是死的本能，他称之为萨那托斯（khanates，即希腊神话中的死神），像仇恨、侵犯和自杀等都是死的本能。由于这两种本能在现实生活中都不能自由发展，常常受到压抑而进入无意识领域，并在无意识中并立共存，驱使我们的行动。人的每一种动机都是无意识的生的本能和死的本能的混合物。他把心理比作冰山，露出在水面的小部分为意识领域，水下的大部分为无意识领域。人们会有意识地压抑自己的本能冲动，但无意识的本能冲动决不能消除，也不能完全控制。常以梦、失言、笔误以及许多神经症状等表现或显现。

3. 驱力理论

驱力是指由个体生理需要所引起的一种紧张状态，它能激起或驱动个体行为以满足需要、消除紧张，从而恢复机体的平衡状态。代表人物是赫尔，他的理论被称作驱力减少理论。

驱力理论认为，驱力与需要紧密相连，心理学上把需要理解为短缺，而驱力减少理论把需要局限于生理需要短缺。例如，需要食物就意味着缺少食物，不需要喝水就说明机体不缺水。所以，这个理论认为，有机体的需要缺失（如饥、渴等不平衡状态）会激起一种强烈的生理唤醒状态（如饥饿），即驱力；驱力引发个体做出特定的活动（如寻找食物并吃掉它）以满足需要，消除紧张状态，使机体恢复平衡。一般来说，某种生理上的短缺越严重，则需要就越强烈，于是来自内部的特定驱力也就越大，由此产生的行为也就越积极、越有力；随着需要渐渐得到满足（比如逐渐吃饱），相应的内驱力也渐渐减弱，行为也就渐渐减少，行为的目的是满足需要，也就是减弱内驱力。

驱力理论集中于那种会产生令人不愉快的状态的生理需要。这迫使人们去减少那种被激发起的紧张感，从而刺激了一种目标导向的行为，它试图去减少或消除这种不愉快的状态。

4. 诱因理论

驱力理论强调了个体活动来自内在的动力，它忽略了外在环境在引发行为上的作用，针对这种缺陷，人们提出了诱因理论。诱因是指能满足个体需要的外部刺激，它具有激发或诱使个体朝向目标的作用。

本能理论和驱力理论注意到行为是“被推动的”一面，但是动机的诱因解释却注意到行为是“被拉动的”一面。你不想吃吗？美味佳肴可以“诱使”你吃。因此，所谓“诱因”，是指可以诱发行为的一切外部因素。例如，价格的高昂和便宜都可能成为个体做出购买行为的“诱因”，尽管购买者实际上并不短缺该物品。诱因分为“正”、“负”诱因。如果你口渴，那么水就成了“正诱因”，它诱使你趋向它；而导致疼痛的刺激则称为“负诱因”，它使你回避它，所以诱因具有双重的功能。

比起动机的本能解释和内驱力解释，动机的诱因解释有很大的优点。它充分意识到人的心灵是一个复杂的信息加工系统，而五花八门的诱因其实就是丰富的信息。

（五）消费者的购买动机

1. 求实动机

它是指消费者以追求商品或服务的使用价值为主导倾向的购买动机。在这种动机支配下，消费者在选购商品时，特别重视商品的质量、功效，要求一分钱一分货，相对而言，对商品的象征意义，所显示的“个性”，商品的造型与款式等不是特别强调。比如，在选择布料的过程中，当几种布料价格接近时，消费者宁愿选择布幅较宽、质地厚实的布料，而对色彩、是否流行等给予的关注相对较少。

2. 求新动机

它是指消费者以追求商品、服务的时尚、新颖、奇特为主导倾向的购买动机。在这种动机支配下，消费者选择产品时，特别注重商品的款式、色泽、流行性、独特性与新颖性，相对而言，产品的耐用性、价格等考虑较少。一般而言，在收入水平比较高的人群以及青年群体中，求新的购买动机比较常见。

【案例】

近些年来，在美国西部的一些城市中，风行以中国绣花鞋作为生日礼物向长辈女性祝寿，而且经久不衰。第一次用它做生日礼物的是一位名叫约翰·考必克的美国青年医师。当时他在中国旅行，出于好奇心理将绣花鞋带回国，分别在母亲 60 岁寿辰、姑母 70 岁寿辰、外婆 80 岁寿辰的时候，各献上一双精美、漂亮的中国绣花鞋作为祝寿的礼品。这三位长辈穿上“生日鞋”时，都感到非常舒服和惬意，她们称赞约翰·考必克为她们送来的是“长寿鞋”、“防老鞋”、“防跌鞋”。

此事不胫而走，从而使美国西部各地的人们纷纷仿效，争相购买。于是，中国绣花鞋便神话般地成为当地市场的抢手货，绣花鞋上的花色图案更是千姿百态、各显异彩。

现在，绣花鞋似乎可以献给每一位女性。一些很小的孩子也常常在长辈的教诲下，将绣花鞋献给年轻的女性长辈。有一位 6 岁的美国小女孩，在她 17 岁的未婚姑姑生日时，送给姑姑上面绣有 17 朵色彩不同的花的绣花鞋。绣花的特殊意义，由此可见一斑。

3. 求美动机

它是指消费者考虑追求商品欣赏价值和艺术价值为主要倾向的购买动机。在这种动机支配下，消费者选购商品时特别重视商品的颜色、造型、外观、包装等因素，讲究商品的造型美、装潢美和艺术美。求美动机的核心是讲求赏心悦目，注重商品的美化作用和美化效果，它在受教育程度较高的群体以及从事文化、教育等工作的人群中是比较常见的。据一项对近 400 名各类消费者的调查发现，在购买活动中首先考虑商品美观、漂亮和具有艺术性的人占被调查总人数的 41.2%，居第一位。而在这中间，大学生和从事教育工作、机关工作及文化艺术工作的人占 80%以上。

4. 求名动机

它是指消费者追求名牌、高档商品，借以显示或提高自己的身份、地位而形成的购买动机。当前，在一些高收入层及大中学生中，求名购买动机比较明显。求名动机形成的原因实际上是相当复杂的。购名牌商品，除了有显示身份、地位、富有和表现自我等作用以外，还隐含着减少购买风险，简化决策程序和节省购买时间等多方面考虑因素。

5. 求廉动机

它是指消费者以追求商品、服务的价格低廉为主导倾向的购买动机。在求廉动机的驱使下，消费者选择商品以价格为第一考虑因素。他们宁肯多花体力和精力，多方面了解、比较产品价格差异，选择价格便宜的产品。相对而言，持求廉动机的消费者对商品质量、花色、款式、包装、品牌等不是十分挑剔，而对降价、折让等促销活动怀有较大兴趣。

6. 求便动机

它是指消费者以追求商品购买和使用过程中的省时、便利为主导倾向的购买动机。在求便动机支配下，消费者对时间、效率特别重视，对商品本身则不甚挑剔。他们特别关心能否快速方便地买到商品，讨厌过长的候购时间和过低的销售效率，对购买的商品要求携借方便，便于他用和维修。一般而言，成就感比较高，时间机会成本比较大，时间观念比较强的人，更倾向于持有求便的购买动机。

7. 模仿或从众动机。

它是指消费者在购买商品时自觉不自觉地模仿他人的购买行为而形成的购买动机。模仿是一种很普遍的社会现象，其形成的原因多种多样。有出于仰慕、钦羡和获得认同而产生的模仿；有由于惧怕风险、保守而产生的模仿：有缺乏主见，随大流或随波逐流而产生的模仿。不管源于何种原因，持模仿动机的消费者，其购买行为受他人影响比较大。一般而言，普通消费者的模仿对象多是社会名流或其所崇拜、仰慕的偶像，电视广告中经常出现某些歌星、影星、体育明星使用某种产品的画面或镜头，目的之一就是要刺激受众的模仿动机，促进产品销售。

8. 癖好动机

它是指消费者以满足个人特殊兴趣、爱好为主导倾向的购买动机。其核心是为了满足某种嗜好、情趣。具有这种动机的消费者，大多出于生活习惯或个人癖好而购买某些类型的商品。比如，有些人喜爱养花、养鸟、摄影、集邮，有些人爱好收集古玩、古董、古书，还有人好喝酒、饮茶。在癖好动机支配下，消费者选择商品往往比较理智，比较挑剔，不轻易盲从。

这里需要指出的是，以上消费者具体购买动机绝不是彼此孤立的，而是相互交错、相互制约的。在有些情况下，一种动机居支配地位，其他动机起辅助作用；在另外一些情况下，可能是另外的动机起主导作用，或者是几种动机共同起作用。因此，在调查、了解和研究过程中，对消费者购买动机切忌做静态和简单的分析。

【案例】

东京迪士尼乐园的经营魔法

东京迪士尼乐园位于日本千叶县浦安市。1983 年开业后，商界许多人认为它将失败。结果令人大吃一惊：从开业至 1991 年 5 月，游客累计为 1 亿多人次。现在该园每年大约吸引 1 600 万游客，年营业额约 1 470 多亿日元，成为日本企业界的奇迹。

该园的成功，是运用独特的经营技巧，全方位满足游客旅游心理动机。为了吸引游客，提高“重游率”，从规划、建设到经营，处处体现出心理诱导策略。

(1) 地理位置。该园选址在距东京约 10 千米，乘电车 20 分钟，便可到达的浦安市。

(2) 占地面积。该园的面积大到游客无法在一日内游完一周，但也不能过分大，最恰当的面积为 46.2 公顷。

(3) 景观环境。聘请农学博士专家协助建园，使该园一年四季能呈现不同景观，始终维持花草繁茂的状态。

(4) 适应国情。该园商店街建有屋顶，而美国加州、佛罗里达州的迪士尼乐园却没有，主要原因是日本雨水较多。

(5) 商品奇俏。该园游客的平均消费远高于传统乐园游客，主要原因是园内销售的商品经过仔细挑选，许多商品在外面买不到。

(6) 设施常新。该园几乎每年都增添新的游乐设施，1987 年建“雷电世界”，1989 年修“星际之旅”，1992 年将推出“米奇胜过滑雪”节目。因此，东京迪士尼乐园重游率高达 85%。

【同步思考】

1. 东京迪士尼乐园经营魔法的宗旨是什么？
2. 以上所列的六项诱导策略适应了游客哪些旅游动机？
3. 试就某种日用消费品的销售策划诱导顾客购买动机的经营策略。

第二节　消费者的购买决策

一、消费者购买决策概述

（一）消费者购买决策的概念

我们每个人在平常生活中都经常要面临着各种各样的决策，小到中午吃什么，大到高考填报哪所学校等。购买决策是消费者为满足某种需要而实施的选择、评价、判断、决定的一系列心理活动，它是消费者为了完成某一特定的购买目标，在可供选择的多种购买方案中做出选择决定的过程。购买决策在消费者的购买行为中有非常重要的作用。正确的决策可以使消费者以较少的费用和时间买到物美价廉的商品，最大限度地满足消费者的需要。反之，错误的决策不但使消费者花费较多，需要无法得到全面满足，可能导致不同程度的经济、时间的浪费乃至心理损失，进而对后续购买行为产生影响。

（二）消费者购买决策内容

消费者到处都会遇到各种决策问题。但是主要的有如下五个方面：买什么、买多少、在哪里买、何时买和如何买。

1. *买什么*（What to buy）

决定买什么是消费者最基本的任务之一。它是决策的核心和首要问题。不定买什么，当然就谈不上有任何购买活动的产生。决定购买目标不只停留在一般的类别上，而且要明确具体的对象。比如，夏季到了，为了防暑降温，不能仅仅从买空调还是买电扇中做出抉择。如果决定前者，还必须明确空调是买分体的还是买立式的？是买“格兰仕”牌还是“海尔”牌的？买什么颜色的？等等。

2. *买多少*（How much to buy）

买多少是决定购买的数量。购买数量取决于消费者的实际需要、支付能力及市场的供求情况等因素。如果某种产品在市场上供不应求，消费者即使目前并不急需或支付能力不强，也可能借钱购买；反之，如果市场供给充裕或供过于求，消费者既不会急于购买，也不会购买太多。

3. *在哪里买*（Where to buy）

即确定购买地点。购买地点的决定受多种因素的影响，诸如路途的远近、可挑选的商品品种、数量、价格以及商店的服务态度等。一般说来，各个商店都可能会有不同的吸引力。比如说，这个商店可供选择的货物品种不多，但离家却很近；而那个商店的价格略高，可是服务周到。消费者决定在哪里购买与其买什么关系十分密切。例如，有研究发现，购买衣服最常见的决定顺序是商店类型、商店、品牌、地点选择，而购买照相机的决定顺序是品牌、商店类型、商店、地点选择。

4. 何时买（When to buy）

即确定购买时间。决定何时购买受下述因素而定：消费者对某商品需要的急迫性、市场的供应情况、营业时间、交通情况和消费者自己的空闲时间等。此外，商品本身的季节性、时令性也影响购买时间。

5. 如何买（How to buy）

如何买涉及的是购买方式的确定。比如，是直接到商店选购，还是函购、邮购、预购或托人代购；是付现金、开支票，还是分期付款等。

（三）消费者购买决策的类型

在日常生活中，消费者的购买决策是多种多样的，不仅在不同的消费者之间其购买决策存在着差异，而且在同一消费者身上在不同条件下购买决策也存在差异。消费者的购买决策方式与购买决策类型有关。划分购买决策类型有以下多种方法。

按照购买决策的方式划分

消费者做出购买决策，主要受文化、社会、个人心理等因素的影响。

（1）个人决策。通常是指消费者个人根据经验和自己掌握的信息所做出的购买决策。做此类购买决策是具有一定的购买行为的常规性，如平时购买的生活日用品，一般是凭自己的购买经验，直接做出购买决策。有时也会遇到一些紧迫的情况，如偶然遇到市场供不应求的产品，消费者此时立即做出购买决策，并采取购买行为。

（2）家庭决策。通常是指重大的购买行动，一般是由家庭成员共同进行商议，综合大家的建议而做出的购买决策。常用于购买耐用的消费品和重要产品，由于消费支出占家庭消费品的比重较大，消费者个人的购买经验不能胜任，就需要家庭成员一起共同商议，共同进行决策。

（3）社会协商式决策。通常是指消费者在购买过程中，通过广告或向销售人员进行咨询以及向其他消费者咨询的方式获取经验，而明确购买决策。

二、消费者购买决策过程

消费者购买决策过程是消费者在各种内外因素和主客观因素影响下形成购买动机、导致购买行为的过程。心理学家认为，消费者购买决策的过程是一个动态发展过程，通常由五个基本步骤所组成，即识别需要、信息收集、筛选分析、购买决策、购后行为，如图 4-2 所示。在现实生活中，消费者并不是在购买每件物品时都要经过这五个步骤，某些购买决策过程可能非常简单，消费者可能跃过某个环节或倒置某个次序。

图 4-2 消费者购买决策过程五个步骤

1. 识别需要

识别需要即消费者受到某种刺激而对客观事物产生的欲望和需求。刺激是因为生命有机体中有某种需要所感到的缺乏或不足而产生不平衡，这种不平衡促使生命有机体采取一种具有某种目的的特别行动。此时，某人的行为直接朝向一种特殊目标，目标一旦达到之后，便可使需要得到满足，身心得到平衡。下次受到刺激时，又会努力完成目标，如此周而复始，便形成刺激的循环。这种刺激来自两个方面：一是来自消费者内部的生理及心理缺乏状态，例如，因饥饿而产生进食的需要，因干渴而产生饮水的需要，因寒冷而产生添衣的需要等；二是来自外部环境刺激，如食物的香气扑鼻，广告的宣传诱导，商品包装的精美设计，时尚领先者的示范作用等。内外部刺激共同作用的结果，也可以引发消费者的某种需要。这一过程即识别需要阶段。

2. 信息收集

消费者在购买目标已经确定的前提下，开始围绕目标广泛收集相关信息，以便寻找满足其消费需要的最佳目标对象。消费者可以从他们所处的环境中获取信息，这里的环境包括广告、售货员、朋友和邻居的口碑相传以及诸如《消费者报告》等公正的信息来源，等等。消费者为获取这种信息而使用的方法有下列三种，每一种方法都与消费者对产品的参与有关。

3. 筛选分析

消费者在信息收集后就会利用新的或已经存在于记忆中的评估来选择产品、服务、商标或最能满足优良购物与消费的商店。消费者要根据自己的经济实力、兴趣爱好及商品的效用满足程度，对购买客体进行认真地分析、评价，对比他们的优缺点，淘汰某些不满意或不信任的产品类型和品牌，然后对所确认的品牌进行价格、质量、售后服务的比较推敲，以便挑选最佳性价比和最大满足度的商品。假如消费者认识到他们所喜爱的品牌价格在上涨，他们会根据价格上涨的动机来判断这个价格变化是否合理。如果他们感到不太合理，就会减少对该产品的购买意愿。

4. 购买决策

当消费者对掌握的商品信息经过分析、评价和筛选之后，就进入决定购买阶段。一般有三种性质的购买决定行为。

(1) 试购。由于消费者没有实际消费经验，难免心存疑虑。为减少风险，购买者常常先购买少量商品试用，如少量的洗涤剂、小瓶的洗发液等，以证实商品是否货真价实。

(2) 重复购买。消费者对于以前购买且产生良好体验的商品会继续购买，这种重复购买行为会减少因决策不当而带来的购买风险，同时增强消费者对产品的忠诚度。

(3) 仿效购买。当消费者因为多种原因难以做出有效决策或对自身决策缺乏信心时，有可能采取从众行为，仿效他人或大多数人的购买选择，以减轻心理压力和避免不良后果。

5. 购后行为

在消费者的购买行动之后，仍然会有一些与消费行为相关的购后行为。在这一过程中，消费者会形成满意或不满意的感觉。消费者满意度是指消费者获得或使用产品（或服务）以后对其总的态度。他会根据自己的感受对产品或服务进行评价，来验证购买决策的正确与否。这里有两种情况：假如所购商品完全符合自己的意愿，甚至比预期的还要好，消费者不仅自己会重复购买，还会积极向他人宣传推荐；相反，假如所购商品不符合其愿望或效用很差，消费者不仅自己不会再购买，还会发泄其购买后的不满情绪，竭力阻止他人购买。这是一个由特定的购买选择以及使用和消费的体验所带来的选择后评价。

【案例】

星巴克为顾客提供超过预期的服务

1971年4月。在美国的西雅图帕克市场，星巴克第一家店正式开业。星巴克从一家小小的咖啡豆零售店成长为一家大型国际咖啡连锁店。星巴克不仅为顾客提供可口的咖啡，而且致力于体验的建立，使顾客购买和享用咖啡的过程非常美好。

星巴克将自己定位为独立于家庭、工作室以外的“第三空间”，星巴克在海外和中国的定位的落脚点是“您的邻居”，是其家庭客厅的延伸、价廉物美的社交场所、工作和家庭之外的第三个最佳去处，而绝非白领阶层的专属。

在星巴克，人们在购买咖啡的同时，也买到了时下在中国非常需要的、超出顾客满意预期的东西：一种体验，一种生活方式。根据不同的口味提供不同的产品，实现一种“专门定制式”的“一对一”服务，真正做到真心实意为顾客着想，正是星巴克充分为顾客提供了超过预期的服务，使顾客获得了更大的满意，也使星巴克得到了快速的发展。

使顾客满意不是最终目的，使顾客的满意超过其预期才是双赢的真谛。

三、影响消费者购买决策过程的因素

影响消费考购买决策过程的因素可以分为几大类：

（一）环境因素

消费者生活在一个复杂的环境中，他们周围的环境因素包括文化、个体影响等。

（1）文化。在消费行为学研究中所提到的文化指的是价值观、思想和一些协助社会成员间沟通、交流、评价等有意义的符号。

（2）社会阶层。指的是在市场细分中，具有相同的价值观、兴趣和行为的个体的总和。

（3）家庭。具有复杂性、角色功能多变性的家庭往往是消费者决策的主要单元。

（4）个体影响。作为消费者，我们在做购买决策时，经常会受到周围和我们有密切联系的人的影响，这就是个体影响。

（5）社会地位。消费者的消费行为随着其社会地位的改变而改变。有时候，这些改变是无规则和不可预测的。比如自己突然被解雇等。有时候，这些变故是可以通过研究来预测的。

（二）刺激因素

人的心理活动与外界刺激有密切关系，刺激量大，心理活动也就大，反之亦然。刺激因素包括：

（1）广告的效应。广告是商品生产和商品交换发展的产物，是市场竞争的重要内容和主要手段之一，也是现代社会及其经济活动的重要组成部分。它不仅对消费考的购买行为产生很大影响，而且对消费者的消费习惯也会产生不同程度的作用。能否刺激消费者的注意，是成功的广告的最基本功能。例如，特大的标题、奇特的文字、惊人的报道、美丽的图片、悦耳的音响等，都能达到这种目的，一般来说，唤起注意的人越多，广告效果就越好。

（2）商品的价格。价格是价值的货币表现，是消费者心理中最敏感的因素。我们应当看到，在当今科技进步和知识爆炸的时代，消费者面对品种繁多、质地各异、五光十色的商品，很难一一分辨他们的内在品质，也很难全面掌握他们的具体性能，当然也就更难真正了解他们的实际价值。因此，在消费者心理上，价格就成为据以衡量商品价值和商品品质的尺度。

（3）商品的包装。商品的包装在现代化市场营销活动中的地位越来越令人瞩目。企业正是靠商品的包装才把成千上万的商品装扮得五彩缤纷，使它们更具有魅力。所以包装的造型要新颖独特，图案要美观大方，色彩要协调鲜明。实践证明，优美的商品包装不仅能从直观上区别商品的性质和用造，更能刺激消费者的购买欲望。

除了上述刺激因素外，还有其他一些因素，比如商品的质量、性能、款式、服务、购买方便与否等，也是消费者的心理刺激因素。

（三）消费者个人及心理因素

消费者个人因素包括：年龄、性别、职业、经济状况和个性因素。其中消费者的心理因素，因为不能直接看到，又被称作黑箱，而刺激因素则由企业出发，然后被输入消费者的黑箱，经过消费者的心理活动过程，变为有关购买的决策输出。消费者的心理因素包括：

（1）动机。任何购买活动总是受一定的动机支配，这种来自于消费者内部的动力反映了消费者在生理上、心理上和感情上的需要。

（2）感觉与知觉。两个具有同样动机的消费者，会因为各自的感觉和知觉不同；而做出不同的购买决策。

（3）学习。学习是一种由经验引起的个人行为相对持久变化的心理过程，是消费者通过任用、练习或观察实践活动逐步获得和积累经验，并根据经验调整购买行为的过程。企业应创造条件，帮助消费者完成学习过程。

（4）信念与态度。消费者在购买和使用商品的过程中形成了信念和态度，这些信念和态度又反过来影响其未来的购买行为，企业最好改变自己的产品以迎合消费者已有的态度，而不是去试图改变消费者的态度。

第三节 消费者的购买行为

一、消费者购买行为概述

（一）购买行为的含义

所谓行为，就是有机体在外界环境的影响和刺激下，所引起的内在的生理和心理反应的外在反应。消费者购买行为就是消费者为了满足自己的物质和精神生活的需要，在某种动机的驱使和支配下发生的购买和使用商品的行为活动。这是人类社会中最具普遍性的一种行为活动。因为，社会生活中，任何人都必须不断消费各种物质生活资料以满足其生理及心理需要。研究消费的购买行为，有助于对消费者进行分类，了解其购买习惯和购买过程，揭示消费者购买行为规律。

（二）消费者购买行为的特征

（1）具有时间特征。人的生物性和大自然的变化规律都影响人类的消费行为，具有明显的时间特征。具体表现为时代性、季节性和节日性。例如，人们在端午节时购买粽子，中秋节时购买月饼，夏天购买T恤，冬天购买羽绒服。

（2）具有周期性的特征。人类的消费历史表明，人类的消费需要、爱好和习惯，在历史发展的长河中常常表现出周期轮回的特征。过去的时尚明天可能又在市场上重新流行，这在服装服饰消费中表现得最为突出。消费行为的这种周期性轮回，周期长短不一，有的周期可能长达几十年，有的可能只有三四年。但是，这种轮回绝不是简单的重复，每一次轮回都有一定的历史背景，而且具有新的内容和新的形式，绝不是简单重复，而是朝螺旋上升的方向发展。这种螺旋式的上升运动，促进了消费水平的提高。

（3）具有相关性特征。消费者对一种商品的消费往往连带着对其他相关商品的需要。这种需要呈连锁式反应，形成“消费链”。人的消费需要不是孤立的，无论是生理需要还是社会需要都是相互联系、相互依存的，一环带动一环。这种需要的相关性决定了消费行为的相关性。例如，某位大四的男生购买了一套西服，买完后发现还要购买领带、衬衫、皮鞋等。

（三）消费者购买行为的类型

根据不同的标准，可将消费者购买行为划分为不同的类型。

1. 根据消费者购买行为的不同态度进行划分

（1）习惯型。这类消费者一般依靠过去的购买经验和消费习惯进行购买。这类消费者基于对某些商品、某些商标、某些商店的信任和好感，喜欢重复购买，并长期惠顾。这种习惯一般不会因年龄变化、环境的变化而改变，不受时尚风气的影响，购买行为表现出很强的目的性。这类消费者在购买商品时当机立断，无需反复挑选。

（2）理智型。这类消费者头脑清醒、理智，善于观察、分析和比较，有较强的信息处理的能力。在购买前，依据自己的经验和知识，广泛搜集信息，对市场行情了如指掌，决策比较谨慎，能够自主地做出购买决策，不受他人和广告宣传的影响。在整个购买活动中以理智支配购买行为。

（3）经济型。这类消费者富有经济头脑，计划性强，对价格比较敏感，选价心理较重，往往以价格的高低作为选购的标准。

（4）随意型。这类消费者购买目的性不强，缺乏消费经验，在购买过程中，比较随意，不苛求、不挑剔，容易接受销售人员的提示和帮助。

（5）冲动型。这类消费者容易受到外界的刺激，心理反应活跃，在商品广告、推销人员和他人影响的刺激下，不去进行广泛的比较分析，以感觉决定商品的购买行为。他们对新产品、时尚商品反应热烈，容易购买。

（6）疑虑型。这类消费者性格内向、言行谨慎、多疑，新产品、包装精美的商品大都不会轻易相信，三思而后行，购买后还会疑心上当受骗。

2. 根据消费者购买目标的选定程度进行划分

（1）确定型。这类消费者在购买之前已经具有了明确的购买目标，对所要购买商品的种类、品牌、价格、性能、规格、数量等都有具体要求，只要商场有货，便会毫不犹豫地购买下来。在现场购买时，这类消费者一般不需要别人过多的介绍、提示和帮助，因为，事先他们已经广泛搜集和分析了信息。

（2）半确定型。这类消费者在购买之前，虽然确定了购买意向和目标，但是这一目标还不具体、明确。在购买过程中，仍然需要对同类商品进行反复比较、判断，直至达到满意才决定购买。现代市场供应越来越丰富多彩，给消费者提供了充分的选择性，甚至常有的消费者产生“挑花了眼”的感觉，难以下定决心，这类消费者最容易受他人影响，一般需要介绍和提示，这类消费者为数众多，是营销服务的重要对象。

3. 不确定型

这类消费者在进入商店、发生购买行为之前，没有任何明确的购买目标。他们只是散步、休闲信步进入商店浏览，这类消费者以女性居多，如果所见所闻能够唤起需要，就可能产生购买的冲动，一旦有了具体的购买目标，大都会发生购买行为。商品的陈列方式、营业人员的态度以及他人的购买都是刺激这类消费者购买的重要因素。

此外，根据消费者在购买现场的情绪反应分为沉静型、温顺型、活泼型、傲慢型和反抗型等类型；还可以根据对商品的认识水平划分为深涉型、浅涉型和无知型。

【案例】

水果店的故事

一条街上有三个水果店。一天，有位老太太来到第一家店里，问：“有李子卖吗?”店主见有生意，马上迎上前说：“老太太，买李子啊? 您看我这李子又大又甜，还刚进回来，新鲜得很呢!”没想到老太太一听，竟扭头走了。店主纳闷着，哎，奇怪啊，我哪里不对得罪老太太了?

老太太接着来到第二家水果店，同样问：“有李子卖吗?”第二位店主马上迎上前说：“老太太，您要买李子啊?”“啊”老太太应道。“我这里李子有酸的，也有甜的，那您是想买酸的还是想买甜的?”“我想买一斤酸李子”老太太买了一斤酸李子就回去了。

第二天，老太太来到第三家水果店，同样问：“有李子卖吗?”第三位店主马上迎上前同样问说：“老太太，您要买李子啊?”“啊”老太太应道；“我这里李子有酸的，也有甜的，那您是想买酸的还是想买甜的?”。“我想买一斤酸李子。”与前一天在第二家店里发生的一幕一样；但第三位店主在给老太太称酸李子时，边聊道：“在我这买李子的人一般都喜欢甜的，可您为什么要买酸的呢?”“哦，最近我儿媳妇怀上孩子啦，特别喜欢吃酸李子。”“哎呀！那要特别恭喜您老人家快要抱孙子了！有您这样会照顾的婆婆可真是您儿媳妇天大的福气啊!”“哪里，怀孕期间当然最要紧的是吃好，胃口好，营养好啊!”“是啊，怀孕期间的营养是非常关键的，不仅要多补充些高蛋白的食物，听说多吃些维生素丰富的水果，生下的宝宝会更聪明些!”“是啊！那吃哪种水果含的维生素更丰富些呢?”“很多书上说猕猴桃含维生素最丰富!”“那你这有猕猴桃卖吗?”“当然有，您看我这进口的猕猴桃个大，汁多，含维生素多，您要不先买一斤回去给您儿媳妇尝尝!”这样，老太太不仅买了一斤李子，还买了一斤进口的猕猴桃，而且以后几乎每隔一两天就要来这家店里买各种水果了。

二、消费者购买行为的影响因素

消费者在实际生活中并不仅仅是购买者和消费者的身份，他可能还是一个储蓄者、投资者，还有许多社会角色，消费者的购买行为必然要受到个人和环境因素的影响与刺激，这直接表现在经济因素、社会文化因素和消费者的心理因素，这些因素共同影响了消费者的行为。

1. 经济因素

这里主要是指消费者的购买力。消费者的收入水平是影响消费者选择购买商品的最根本因素。收入是消费的基础。收入的变化将带来消费者行为的一系列变化。消费者收入直接影响消费者在消费与储蓄之间的选择，影响到消费支出的结构，影响到消费方式的选择。此外，价格、利率、投资渠道都是影响消费者购买行为的理性因素。

2. 社会文化因素

人们生活在一定的社会环境中，自然地理环境首先规定着人们的需要的内容和消费方式。每个社会所形成的文化特征和社会环境，必然影响人们的行为方式。生活在特定文化中的消费者其价值观念、信仰、生活态度、生活方式和生活习惯都带有这种文化环境的特点，并通过消费行为表现出来。社会文化因素影响着人们的价值观念从而影响其消费观念。在不同的文化背景下，由于人们的生活水平、生活方式不同，因而消费方式也有所不同。此外，在不同文化环境下的消费者还表现出不同的消费偏好和消费禁忌。此外，社会阶层、社会群体、家庭都直接决定了消费者的行为。

3. 市场环境因素

商品的供求状况、商品的功能属性、购物环境都是刺激和影响消费者购买行为的客观因素。商品供应紧张，会激发人们的购买欲望。20 世纪 80 年代末，我国在全国范围内出现的商品抢购风说明了这一点；反之，商品供应充裕，消费者则可能处于观望状态，推迟购买行为。商品的功能属性安全可靠，造型优美，能从多方面满足人们的需要，则刺激消费者的购买欲望；反之，如果商品名不符实，有待改进，消费者则推迟购买。购物环境因素对消费者的影响是直接和迅速的，消费者置身于宽敞明亮、色彩柔和、人流集中的购物环境中，会引起愉快的、轻松的情绪，加上营销人员适度的介绍和说服，则容易引起消费者的购买欲望。

4. 心理因素

在其他因素相同的情况下，受不同的心理因素支配，消费者的行为方式会表现出千差万别。消费者的个性特征直接影响消费者的需要、动机和行为方式。消费者千差万别的购买行为，都是以其心理活动为基础的。在购买活动中，消费者的个性特征得到全面的展示，他对商品的认识能力、兴趣、偏好以及在情绪、意志等方面都影响着购买行为。在我们周围，许多家庭的收入水平和人员构成基本相同，但他们的消费方式和消费内容却截然不同，这根本的原因就是他们的心理特征不同。

三、消费者购买行为理论

消费者购买行为是有目的的活动，是个体与环境交互作用的结果，它是有规律可循的。

我们可以从以下几种消费者购买行为理论中，进一步了解消费者行为活动的规律。

（一）习惯养成理论

该理论认为，消费者的购买行为实际上是一种习惯建立与保持的过程。这种理论的主要内容如下：

1. 重复形成兴趣与喜好

习惯养成论认为，消费者对商品的喜好与兴趣是在重复使用该商品的过程中建立起来的。例如，有人做过一个实验，让美国学生重复看完全不认识的汉字，有的字重复看的次数多，有的重复次数少，结果发现，重复次数越多的汉字越为他们所喜欢。这个实验证明，在排除认知过程作用的情况下，商品信息的长期重复接受和商品的长期使用，确实可以导致消费者喜好乃至兴趣的产生。

在日常生活中，重复形成习惯、习惯造成喜好的例子也有很多。如抽烟喝酒的人长时期对某一特定牌子的烟酒感兴趣；女士购买洗发用品时常常选择熟悉的牌子等，都是很好的例子。

2.“刺激—反应”的巩固程度决定购买行为

习惯养成论的心理学基础是条件反射学说，人们的行为总是由刺激所引起的，如果由数次的某种刺激均引起同一种行为（反应），则会在大脑皮层形成某种暂时的神经联系，使这种“刺激—反应（行为）”成为一种相对稳定的模式，成为习惯。如消费者经常购买某种商品，这种购买就会成为一个习惯，建立一个稳固的条件反射，当他再次见到该商品或重新产生对该商品的需要时，就会自然而然地再去购买它。而且“刺激—反应”的强度越大，条件反射建立得越牢固，这种带有某种“定向”性质的购买行为就越容易出现。例如，对于生活在我国北方的广大消费者说来，烧菜用酱油是在长期生活中形成的牢固习惯，所以，一旦酱油用光，便会再去购买，而不会去买别的“虾油”、“蚝油”或者“鱼露”之类；但是，生活在福建省的广大消费者就与此相反，他们的首选商品是“蚝油”和“鱼露”，在没有“蚝油”、“鱼露”时才不得不买酱油。

（二）减少风险理论

所谓风险是指消费者所承受的在购买商品之后可能遭受损失的危险。减少风险理论认为，由于消费者在购买某种商品过程中冒有某种程度的风险，所以，每个消费都尽量回避或减少这种风险。从这个意义上讲，消费者的购买行为就是一种减少风险的行为，减少风险理论的主要内容如下：

消费者在购买时风险程度的大小与购买后造成损失可能性的大小及实际造成损失的大小有关。造成损失的可能性越大，实际造成的损失越大，所冒的风险就越大。

消费者为了避免由于冒险而造成的损失，在做出购买决定时总试图采取一些办法，如购买自己已熟悉的商品；去商业信誉高的商店购买商品；尽可能少买而多试用；购买亲朋好友推荐的商品而非广告宣传的商品；货比三家择优购买；购买同类商品中价格最贵的那种；购买多数人购买的那个品牌的商品；购买有“三包”保证的商品；尽可能多地收集有关目标商品的信息等。消费者在购买某种商品时遭受的损失风险大致有六种类型，即金钱风险、时间风险、身体风险、功能风险、社会风险和心理风险。所以企业在制定营销策略时应设法避免或减少消费者的购买风险。

（三）认知理论

认知理论是近年来比较流行的一种消费行为理论，其核心是把消费行为看成是一个信息处理过程。该理论认为，从消费者接受商品信息开始，至最后购买行为结束，始终与信息的加工和处理直接相关。这个对商品信息的加工、处理过程就是消费者接受、编码、储存、提取和使用商品信息的过程，它包括注意、知觉、记忆、思维、经验、学习等内容。

消费者认知的形成是由引起刺激的情景和自己内心的思维历程所造成的，同样的刺激、同样的情景，对不同的人往往产生不同的效果。具体地讲，当外来的商品信息刺激消费者时，经过消费者的知觉选择过滤，可能被接受，也可能被拒绝；当信息被接收后，消费者亦不一定去注意，如果消费者对此不感兴趣，就会视而不见，听而不闻，从而信息就进不了消费者的记忆。只有当信息被注意后，才能转入短时记忆，这时，消费者就必须认知信息、了解信息，当信息与自己的知识、经验相一致就予以接受，否则就予以拒收。信息一旦被接收，就将转入长时的记忆，以备取用。当消费者面对某种商品信息时，长时的记忆中储存的信息就会与新接受的信息整合起来，形成对该种商品的态度，从而影响购买决定的做出。因此，有的心理学家就提出了“认知决定论”，即消费者心中的认知会决定其是否购买某商品及其后续行动。这一理论指导企业必须尽最大努力确保其产和服务在消费者心目中形成良好的认知。

四、消费者购买行为模式

（一）消费者购买行为的一般模式

由于购买动机、消费方式与习惯的差异，各个消费者的消费行为表现得形形色色，各不相同。尽管如此，在千差万别的消费者行为中，仍然有着某种共同的带有规律性的东西。心理学家在深入研究的基础上，揭示了消费者行为中的共性或规律性，并以模式的方式加以总结描述，这就是消费者行为的一般模式（图 4-3）。

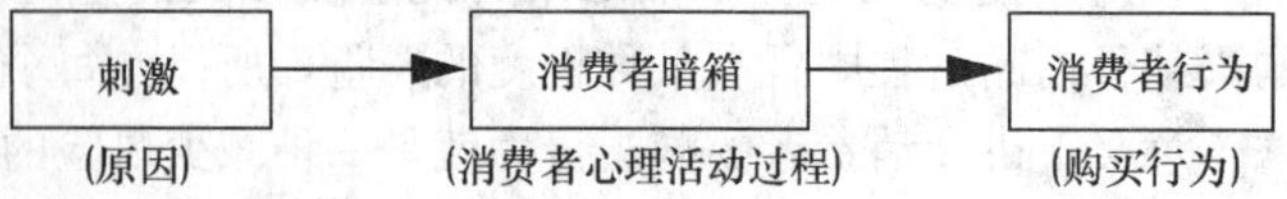

图 4-3　消费者行为的一般模式

上述消费者行为的一般模式表明，所有消费者行为都是因某种刺激而激发产生的。这种刺激既来自外界环境，如产品的质量、款式、服务、广告、社会的政治情况、经济情况、科技水平、地理特点、文化因素，以及个人的年龄、性别、职业、收入、居住条件、家庭结构、社会阶层和参照群体等，也来自消费者内部的生理或心理因素，如生理、心理动机、个性、态度、观念、习惯等。

在各种刺激因素的作用下，消费者经过复杂的心理活动过程，产生购买动机。由于这一过程是在消费者内部自我完成的，因此，许多心理学家称之为“黑箱”或“暗箱”。

在动机的驱使下，消费者进行购买决策，采取购买行动，并进行购买后评价，由此完成了一次完整的购买行为。

(二) 恩格尔—科拉特—布莱克威尔模式

此模式是由恩格尔（Engel）、科特拉（Kollat）和布莱克威尔（Blackwell）三个人于1968年提出，并于1984年修正而成的理论框架，又称为恩格尔模式或EKB模式（图4-4）。整个模式分为四部分：①中枢控制系统，即消费者的心理活动过程；②信息加工；③决策过程；④环境。其重点是从购买决策过程去分析。

EKB模式认为，外界信息在有形和无形因素的作用下，输入中枢控制系统，即对大脑引起、发现、注意、理解、记忆与大脑存储的个人经验、评价标准、态度、个性等进行过滤加工，构成了信息处理程序，并在内心进行研究评估选择，对外部探索即选择评估，产生了决策方案。在整个决策研究评估选择过程，同样要受到环境因素，如收入、文化、家庭、社会阶层等影响。最后产生购买过程，并对购买的商品进行消费体验，得出满意与否的结论。此结论通过反馈又进入了中枢控制系统，形成信息与经验，影响未来的购买行为。

EKB模式认为，消费者的决策程序是由五个步骤构成：

1. 问题认知

当消费者知觉到他的理想状况和目前的实际状况有差异存在时，便产生了问题的认知；问题的认知主要是受到外界与内部的刺激所产生，当消费者认为理想与实际之间有差距时，则问题便产生；问题产生后则整个系统便开始运作，目标也化成了具体的行动。

2. 收集信息

当消费者认知问题存在后，便会去寻求此问题的相关信息；当消费者认知了问题的存在，便会去搜寻相关的信息，信息搜寻又可分为内部搜寻与外部搜寻两种，所谓内部搜寻是指消费者在现有资料或是过去的购买经验中去寻找。当内部搜寻无法满足其需要时，便会转由外部寻找，所谓的外部搜寻，是指消费者通过大众传播媒体、行销人员及亲友等寻找。至于是否要去外面寻找，则必须在知觉的利益与知觉的成本之中作一比较再决定。

3. 方案评估

当消费者收集到所需要的信息后，便可以据此去评估各项可能的方案；方案评估包括：

(1) 评估准则：即消费者用来评估产品之因素或标准，通常以某种属性或规格来表示。评估准则系由个人累积的信息和经验形成，但会受到个人动机的影响。

(2) 信念：即消费者对各方案或品牌在各项评估准则上之评价。

(3) 态度：即消费者结合各方案或品牌在各评估准则上的评价后所产生对各方案或品牌之有利或不利的反应。

(4) 意愿：即消费者选择某一特定方案或品牌的主观几率。

4. 选择方案

当消费者评估了各种可能的方案后，便会选择一个最能解决原始问题的方案并采取购买行动；然而此时仍有可能会因一些无法预测的情况，例如，资金的缺乏、商店的影响等，导致最后所做的选择与当初所预期的不同。

5. 购买结果

当消费并使用了某产品后，可能发生满意或购买认知失调两种结果，并存储于记忆当

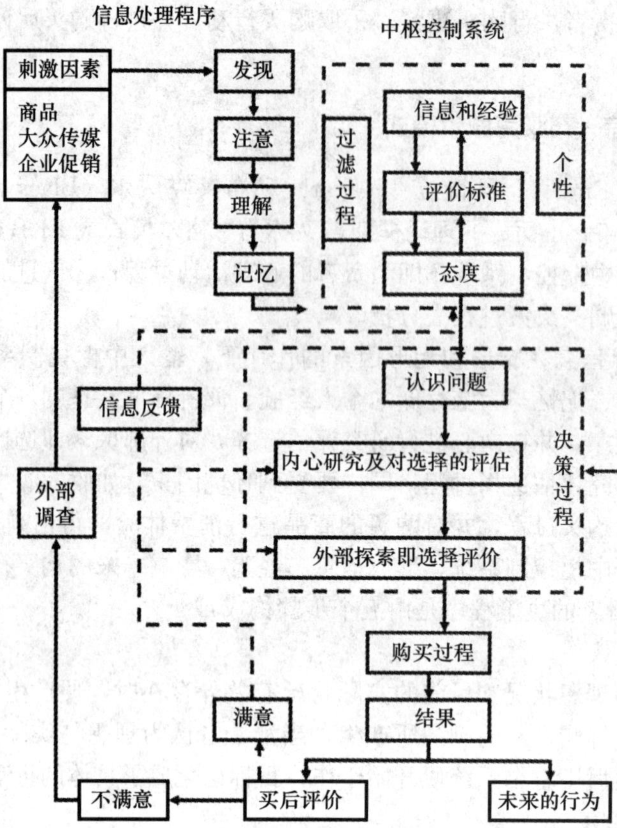

图 4-4 恩格尔—科拉特—布莱克威尔模式

中。当消费者依照前面的购买过程买了某项产品之后，可能发生下面两种情况：满意或不满意。如果消费者所购买的产品无法满足自己预期的需要，便会造成不满意的现象，随之而产生的，便是消费者对产品的抱怨及对品牌忠诚度的降低；如果购买的产品能满足当初自己的期望，则重复购买同一品牌的几率便会增加，进而提升对该品牌的忠诚度。

以上是消费者决策过程中的五个阶段，然而此过程亦可能受到其他因素的影响，诸如：外在的文化、参考群体、家庭的影响以及个人内在的动机、人格形态、人口统计变量等。其中人口统计变量及人格形态二者即是构成消费者之间购买行为差异的主要因素。

【案例】

鲜花一束促成交易

一位名叫松岛恭子的日本妇女，来到某汽车展销店打算买辆轿车。营销员玛丽热情相迎。松岛小姐说："今天是我的生日，我很想买一辆黑白相间的轿车，遗憾的是这里没有……"玛丽忙说："对不起，请稍候。"随即她叫秘书送来一束鲜花，玛丽小姐捧着这束花满面笑容地说："祝您生日快乐。"松岛小姐万万没有想到，自己信口说了一句话，竟然受到如此温馨的祝福。她内心很激动，并将激动转化为行动。她做出了一个重要决策，改变原来买黑白相间的轿车的打算，就在店中买了一辆黄颜色的轿车。

【同步思考】

为什么玛丽送给松岛小姐一束鲜花就会使松岛小姐改变原来的打算?

五、消费者购买过程中的特殊心理反应

消费者在购买过程中会产生某些特殊的心理反应，这对他们的购买行为也有重要的影响。

1. 抢购心理

当某种商品一时供不应求成价格上涨，消费者就会产生心理紧张，担心以后买不到或价格将会继续上涨，因而会出现盲目超量购买。在这种情况下，最好的措施就是保证货源，敞开供应，消除消费者的心理紧张。

2. 待购心理

与抢购心理相反，待购心理是指当商品供应充足或价格下跌时，人们不急于购买，而是希望价格进一步下降；而如果价格一跌再跌，消费者的这种持币待购的心理会更加强烈。因此，对企业来说，选择在什么时候降价或怎么样降价是非常重要的。如果计划不好，反而不利于销售。

3. 从众心理

从众心理就是人们常见的“随大流”现象。有的消费者看到别人争相购买的商品，不管对自己有没有用，也不假思索地跟着购买。一般来说，社会上某些商品或某种款式、颜色等方面的流行，其心理基础就是人们的从众心理。而在销售现场的“随人流”购买，大多是因为一些消费者没有明确的购买目的或是对商品知识不太了解而产生的从众。

4. 逆反心理

逆反心理的直接表现就是“你让我这样，我偏不这样”，在营销活动中，如果营业员非常积极地向消费者推荐某一商品时，消费者可能对营业员的过度热情产生逆反心理而放弃购买的欲望。因此，营业员在介绍商品时，最好同时推荐几种，分别介绍其优缺点，让消费者自行判断、自己取舍。

5. 烦躁心理

消费者在购买过程中，如果等待服务的时间过长，或付款的手续太繁琐，或卖场太拥挤、嘈杂等，就会使消费者焦躁不安，引起消费者的烦躁心理，从而破坏消费者的购物情绪。因此，商场应该尽可能地提供便捷的服务，减少顾客排队等候的时间，改善购物环境。

6. 好奇心理

由于人们具有好奇心，所以新奇的事物容易引起人们的注意。新的售货方式、新的商品陈列以及新的服务项目等都能引起消费者的购买兴趣。因此，销售与服务过程应该不断地推陈出新。

【案例】

最贵的不一定是最好的

有位台湾顾客讲述了他的一番购买经过：

日前我到台北市武昌街一家著名老茶庄买茶叶。虽然我喝茶已有上十年的历史，其实对茶叶的鉴别并不在行，唯一的概念就是“越贵的一定越好”。

一走进店内，就向店东说“：老板，买1斤茶叶，要最贵的。”店东望了一望我，说“：最贵的不一定是最好的，我倒三杯茶请您尝尝。”说完话，他倒了三杯不同的茶请我品尝。然后问我哪一种最合意。结果我告诉他中间那一杯最香。于是我买了中间那一种清茶，每斤800元台币。

店东在结账时告诉我：“贵，并不一定是最好的，我店中的清茶最贵的是每斤1 000元，也就是您品尝的第一杯。茶的好坏要由顾客自己去决定，您认为最合口味，那就是最好的，哪怕每斤只卖500元。”

付完钱走出店外，心想这位店东真绝。我反复思量着最贵的不一定是最好的，顾客“认为最合口味，那就是最好的”。

【同步思考】

1. 你认为茶叶店老板的说法对吗？老板为什么不把最贵的茶叶卖给顾客？

2. 这位顾客面临三种可选茶叶，为什么会接受老板的建议，决定买中间那种价值800元一斤的茶叶？

【小结】

在影响消费者行为的诸多心理因素中，需要和动机占有特殊、重要的地位，与行为有着直接而紧密的联系。这是由于人们的任何消费行为都是有目的的，这些目的或目标的实质是为了满足人们的某种需要或欲望。需要是个体由于缺乏某种生理或心理因素而产生紧张，从而形成与周围环境之间的某种不平衡状态。消费者需要的特征有多样性和差异性、目的性和可诱导性、层次性和发展性、伸缩性和周期性几种。

【思考题】

一、选择题

（1）商品的基本功能是指商品的有用性，即商品能满足人们某种需要的（　　）。

A. 物质属性　　B. 精神属性　　C. 物质精神属性　　D. 生理属性

（2）收集信息阶段是营销部门引导消费实现被动购买的最佳时刻。广告或推销员要采用鲜明对比的手法来展示商品，特别是新产品的特性，以加深购买者的（　　），促使其购买。

A. 记忆　　B. 印象和记忆　　C. 印象　　D. 感觉和记忆

（3）激情阶段是指消费者对商品由于喜欢而引起的一时的强烈购买欲望和（　　），但还不是一定要把商品买到手，因为货架上陈列着许多同类商品可供选择。

A. 热情　　B. 购买愿望　　C. 购买热情　　D. 消费热情

（4）消费者对商品的情绪过程，大体可分为喜欢、激情、（　　）选定4个阶段。

A. 购买　　B. 愿望　　C. 选择　　D. 评估

（5）所谓消费者介入程度的深浅，是指消费者购买商品的（　　）和花费时间、精力的多少。

A 谨慎程度　　B. 喜欢程度　　C. 印象程度　　D. 渴望程度

二、问答题

(1) 需要是什么？马斯洛的需要层次理论是什么？

(2) 动机是什么？人的动机具有哪些功能？举例说明消费者常见的购买动机。

(3) 什么是购买决策？人们的购买决策过程都包括哪些步骤？

(4) 如何解释消费者的购买行为？消费者是如何做出购买行为的？

(5) 消费者对商品基本功能的需要具有哪些特点？

(6) 消费者因购买而遭受到损失风险大致有几种类型？

(7) 为什么购买具有象征性的社会意义呢？

(8) 根据消费者在购买现场的感情反映划分，主要有哪几种类型？

(9) 动机是一种基于需要而由各种刺激引起的心理冲动，其形成要具备的条件有哪些？

【实训四】 买礼物

实训目的：掌握中年女性的消费动机。

实训内容：给自己的母亲或者祖母买一个礼物，不超过10元钱。

实训步骤：

1. 展示礼物。
2. 讲解购买礼物原因，分析接受礼物人的需要动机。
3. 现场推销礼物。

第五章

消费文化与消费心理

知识目标

了解不同的消费文化消费心理特点；
掌握消费群体、消费时尚、消费习俗对消费者心理的影响。

能力目标

能够根据不同的消费文化制定营销策略。

情感目标

培养对不同文化影响下的消费者的兴趣，喜欢各种文化时尚与习俗。

【案例导入】

“土豪金”

2013年的网络热词，“土豪金”一定可以算一个。2013年9月20日，苹果发布手机产品iPhone 5S、iPhone 5C。在Phone 5S上，苹果打破了多年来iPhone只有经典的黑、白两色的传统，加入了香槟金色，之后该颜色在网络上被调侃为“土豪金”。

因为金色的独特性，在苹果公司9月17日当天开放预订时，“土豪金”一小时内便被抢空。预定数小时后，金色版的发货日期就被延长，新预订用户要等到10月份才能发货。“黑色、灰色的5S手机售价6 000元，金色的5S手机售价1万元，不还价。你别看这个价钱高，外边已经炒到了15 000元了。”在苹果北京零售店，一位正在排队购买金色版iPhone 5s的消费者称：“他不在意设备的内部，但金色是中国人喜欢的颜色。”

“土豪”也成了在网络上十分流行的一个词语，原指在旧社会乡里凭借财势横行霸道的坏人，后被网友引入虚拟世界，指一些在网络游戏上舍得花大钱的玩家。

【同步思考】

为什么“土豪金”被如此追捧？反映了哪些人的哪些消费心理？

第一节 不同消费文化的消费心理特征

文化是人类社会的创造性的并经过实践检验的优秀成果的结晶，是社会文明的内在本质。消费文化包括物质消费文化、精神消费文化和生态消费文化，它是社会文化一个极重要的组成部分，是人类在消费领域所创造的优秀成果的结晶，是社会文明的重要内容。政治制度、经济体制、经济发展水平、人们的价值观念、风俗习惯，居民的整体素质等都对消费文化有重要的影响。

消费文化是指消费者的消费价值判断、指导思想、行为准则，以及反映在物质产品上的文化层次和文化趋向的观点。国内消费经济学专家尹世杰教授更是认为“消费文化是人类在消费领域所创造的优秀成果的结晶，是消费文明的内在本质，是社会文明的重要内容”。因此，作为指导消费者行为的一种准则，消费文化就是用来指导、规范和制约某一特定社会成员的行为、消费观念、消费价值观和消费习惯的综合，是文化这个大系统在消费领域的具体表现形式。消费文化应该包括三个方面的内容：消费品、消费观念和消费方式。

消费文化表现出来的特征性，龚志民把它概括为四点：①民族性；②群体性；③诱导性；④层级性。在经济全球化时代，信息传播的快速化使得现代消费文化还表现出一些新的特征，如渗透性、广阔性、多样性、共享性、时尚性、融合性、快速传播性等。消费文化的时尚性，从某种意义上说也预示其易变性和短暂性。经济全球化时代，伴随着新消费品的优越性以及对旧消费品的替代，消费文化总是以一种新鲜、时髦占据主流而被人们所接受、传播。消费文化所呈现的这种时尚性，使消费文化能不断快速更新，增加了消费文化发展的活力。时尚性还使得信息经济时代的消费和消费文化可以超越时空的界限，使消费的选择性增强，有利于促进消费的个性化，使消费文化表现出多样性和个性化。正是消费文化的这种时尚性，使得许多人认为所有时尚的生活方式都是消费文化。

从 20 世纪 90 年代中期开始，我国开始实行一周工作五天的作息制度。国家法定假日为 27 天，制度性休闲时间的增加，大大激发了城市居民参加休闲活动的热情，休闲消费文化也因此在城市广为流行。伴随着社会劳动生产力的提高，西方发达国家休闲时间有了大幅度增加，并在第二次世界大战后步入了“普遍休闲”时代。有人说，当今发达国家的居民现在实行的是三个“38”制度：一周工作 38 小时，一年工作 38 周，一生工作 38 年。由于工作时间大大减少，休闲时间大大增加，休闲也被赋予越来越重要的意义和功能。休闲不再仅仅履行劳动力再生产的功能（恢复体力和精力），还起到了促进个人全面发展的作用，休闲成为时尚。

休闲时尚促进了消费，推动了消费文化的发展，便形成了不同的消费文化心理现象。这些不同的消费文化也是影响消费者心理的重要因素之一，研究不同消费文化对消费者心理的影响，可以帮助企业从文化角度掌握消费者心理发展规律，进而提高营销效率。

【案例】

“赢”销是未来

天猫官方微博公布了2013年“11·11光棍购物狂欢节”支付宝总销售额的最终数据，24个小时，购物狂欢节的支付宝总销售额是191亿元，其中天猫132亿元，淘宝59亿元。

既非过年也非国庆，在传统节假日之外，淘宝“双11”团队硬是凭空拉出了一个“购物狂欢节”，单日销售额191亿元，淘宝天猫绝对是创下了中国电商界的又一奇迹。

不知道从何时起，坐在电脑前等待秒钟指到11月11日零时零分零秒迫不及待地投身于淘宝商城一年一度的“双11购物狂欢节”战斗中成了都市人群中又一个必选动作了，马云带领着他的淘宝军团又一次给世人展示了“互联网改变生活”的巨大力量。

一、不同消费文化的消费心理特点

（一）不同人种消费心理特点

1. 人种分类

人种是指人类在一定的区域内，历史上所形成的、在体质上具有某些共同遗传性状（包括肤色、眼色、发色和发型、身高、面型、头型、鼻型、血型、遗传性疾病等）的人群。通常把全世界的人划分为四个人种：

（1）蒙古利亚人或称黄种人，肤色黄、头发直、脸扁平、鼻扁、鼻孔宽大。

（2）高加索人或称白种人。皮肤白、鼻子高而狭，眼睛颜色和头发类型多种多样。

（3）尼格罗人或称黑种人，皮肤黑、嘴唇厚、鼻子宽、头发卷曲。

（4）澳大利亚人或称棕种人，皮肤棕色或巧克力色，头发棕黑色而卷曲，鼻宽，胡须及体毛发达。

人们通常按肤色、鼻形等体质特征来划分人种，这些特征主要是由于对气候的适应而产生的。造成肤色差异的主要因素即是血管的分布和一定皮肤区域中黑色素的数量。黑色素多的皮肤显黑色，中等的显黄色，很少的显浅色。黑色素有吸收太阳光中的紫外线的能力。生活在横跨赤道的非洲的黑种人和西太平洋赤道附近的棕种人具有深色的皮肤，可使皮肤不至因过多的紫外线照射而受损害。紫外线可以刺激维生素D的产生，因而，深色的皮肤可以防止产生过多的维生素D，而导致维生素D中毒。相反，白种人原先生活在北欧，那里阳光不像赤道附近那么强烈，阳光中的紫外线不会危害身体，而且能刺激必要的维生素D的形成，因而北欧白人皮肤里的色素极少。鼻形也是如此。生活在热带森林的人，鼻孔一般是宽阔的。这里的气候温暖湿润，鼻子的温暖湿润空气的功能不很重要。而生活在高纬度的白人有较长而突的鼻子，可以帮助暖化和湿润进入肺部的空气。黄种人的扁平的脸型和半满的脂肪层能够保护脸部不受冻伤。

2. 人种消费心理特点

据一项美国数量最多的三种移民——西班牙裔、亚裔与非裔美国人的调查指出，黑人收入的2/3用在了房屋、交通和食物上；黑人家庭主妇每天看电视的时间超过10个小时以上，而西班牙裔美国人则看重品牌，而且一旦看中了某个品牌，会形成习惯性消费；亚裔美国人一般重视教育，重节约，但在能显示身份和地位的产品上又比较慷慨等。

不同人种在体形、肤色、发色及瞳孔颜色等方面具有很大的差异，从而对其消费心理和行为产生一定的影响，尤其是在化妆品、服装、鞋帽、手袋、饰物等的颜色选择和搭配上，人种差异更为突出。

二、不同地域消费心理特点

（一）美国人消费心理特点

有一则笑话讲道：有一位中国老太太和美国的老太太在天堂相遇了，美国老太太讲到自己终于在死之前还完了房贷，而中国的老太太讲自己终于在死之前用自己的钱买了一座房子。由此看出不同消费文化的差异性。

美国是一个倡导消费的国家，其 2/3 的 GDP 由消费贡献得来。因此，可以看出，美国人没有什么存钱的观念。因为对于美国人来说，活在当下才是最重要的，而存钱则是一个十分愚蠢的行为。美国政府提倡消费，美国人也更乐意消费。

在美国，大规模的信用卡消费始于 20 世纪 20 年代，当美国工厂生产出大量的汽车、冰箱这些昂贵的耐用消费品时，由于市场的需要，美国进入了信贷消费的世纪，它预示着消费方式的根本变革。

你难以想象到信用卡在美国是何等的发达，几乎每一个人都拥有信用卡，而且还不止一张信用卡。不仅如此，几乎所有的美国大学生都拥有自己的信用卡。这一点，中国的银行监管系统做得好很多，至少学生无法申请信用卡。此后，奥巴马在 2009 年签署了一份禁止向大学生签发信用卡的议案。但是，这似乎有些“亡羊补牢”的味道，那时的信贷市场早已千疮百孔了。

在美国，你很难看到使现金消费的。因此，信用卡成了美国人主流的消费渠道和方式。正是这样一种消费理念和方式，使得美国政府负债累累，赤字攀升，信用预期成了很平常的事情。美国人的贷款消费模式比比皆是，小到日常生活开支，大到学费与购房，全都是通过贷款来消费的。

信用卡消费已经深入美国人的生活。无论是购买汽车、房子这些耐用消费品，还是像吃饭、旅游这些日常生活，刷卡消费都再平常不过，反而，支付现金被视为一种过时的做法。消费者愿意借钱，银行愿意贷款，消费的高涨直接给美国带来了 20 世纪 90 年代的经济繁荣。直到 2007 年次贷危机的爆发，才给借钱消费的方式暂时画上了一个句号。

美国人的消费方式受次贷危机的影响有点复古的味道。美国消费者借钱消费的权利正在被剥夺，从而被迫接受现收现付的消费方式。

（二）当代中国人消费心理特点

消费不仅仅是简单的购物，仔细看看也有很多有趣的现象，也可以看出传统文化的影响，不仅仅是物品有民族特点，连消费心理、消费习惯也是如此。不同的生活环境，不同的文化背景都有不同的性格心理。也就有了不同的消费心理，就会有许多有趣的消费现象。

1. 面子心理

中国的消费者有很强的面子情结，在面子心理的驱动下，中国人的消费会超过甚至大大超过自己的购买或者支付能力。营销人员可以利用消费者的这种面子心理，找到市场、获取溢价、达成销售。

脑白金就是利用了国人在送礼时的面子心理，在城市甚至是广大农村找到了市场；当年的 TCL 凭借在手机上镶嵌宝石，在高端手机市场获取了一席之地，从而获取了溢价收益；终端销售中，店员往往通过夸奖消费者的眼光独到，并且产品如何与消费者相配，让消费者感觉大有脸面，从而达成销售。

2. 从众心理

从众是指个人的观念与行为由于受群体的引导或压力，而趋向于与大多数人相一致的现象。消费者在很多购买决策上，会表现出从众倾向。比如，购物时喜欢到人多的商店；在品牌选择时，偏向那些市场占有率高的品牌；在选择旅游点时，偏向热点城市和热点线路。

以上列举的是从众心理的外在表现，其实在实际工作中，我们还可以主动利用人们的从众心理。比如：现在超市中，业务员在产品陈列时故意留有空位，从而给人以该产品畅销的印象；电脑卖场中，店员往往通过说某种价位以及某种配置今天已经卖出了好多套，从而促使消费者尽快做出销售决策；SP 行业中，在推铃声广告的时候，往往也多见最流行铃声推荐的字眼，最流行也就是目前最多人喜欢，这都是在主动的利用消费者的从众心理。

3. 推崇权威

消费者推崇权威的心理，在消费形态上，多表现为决策的情感成分远远超过理智的成分。这种对权威的推崇往往导致消费者对权威所消费产品无理由的选用，并且进而把消费对象人格化，从而达成产品的畅销。

现实中，营销对消费者推崇权威心理的利用，也比较多见。比如，利用人们对名人或者明星的推崇，所以大量的商家在找明星代言、做广告；IT 行业中，软件公司在成功案例中，都喜欢列举一些大的知名公司的应用；余世维先生有说在自己汽车销售店中，曾经以某某车为某某国家领导人的座车为卖点，从而让该车销售火爆；更大的范围内，很多企业都很期望得到所在行业协会的认可，或者引用专家等行业领袖对自己企业以及产品的正面评价。

4. 爱占便宜

刘春雄先生说过，“便宜”与“占便宜”不一样。价值 50 元的东西，50 元买回来，那叫便宜；价值 100 元的东西，50 元买回来，那叫占便宜。中国人经常讲“物美价廉”，其实，真正的物美价廉几乎是不存在的，都是心理感觉的物美价廉。

他进而说道：消费者不仅想占便宜，还希望“独占”，这给商家有可乘之机。比如，女士在服装市场购物，在消费者不还价就不买的威胁之下，商家经常做出“妥协”：“今天刚开张，图个吉利，按进货价卖给你算了!”“这是最后一件，按清仓价卖给你!”“马上要下班了，一分钱不赚卖给你!”这些话隐含如下信息：只有你一人享受这样的低价，便宜让你一人独占了。面对如此情况，消费者鲜有不成交的。除了独占，另外消费者并不是想买便宜的商品而是想买占便宜的商品，这就是买赠和降价促销的关键差别。

5. 害怕后悔

每一个人在做决定的时候，都会有恐惧感，他生怕做错决定，生怕他花的钱是错误的。按照卢泰宏先生提到的就是购后冲突，所谓购后冲突是指：消费者购买之后出现的怀疑、不安、后悔等不和谐的负面心理情绪，并引发不满的行为。

通常贵重的耐用消费品引发的购后冲突会更严重，为此国美针对消费者的这个心理，说出了“买电器，到国美，花钱不后悔”，并作为国美店的店外销售语。进一步说在销售的过程中，你要不断地提出证明给顾客，让他百分之百地相信你。同时你必须时常问你自己，当顾客在购买我的产品和服务的时候，我要怎样做才能给他百分之百的安全感？

6. 心理价位

任何一类产品都有一个“心理价格”，高于“心理价格”也就超出了大多数用户的预算范围，低于“心理价格”会让用户对产品的品质产生疑问。因此，了解消费者的心理价位，有助于市场人员为产品制定合适的价格，有助于销售人员达成产品的销售。

在IT行业，无论是软件还是硬件设备的销售，如果你了解到你的下限售价高于客户的心理价位，那么下面关键的工作就是拉升客户的心理价位，相反则需要适度提升你的售价；心理价位在终端销售表现就更为明显，以服装销售为例，消费者如果在一番讨价还价之后，如果最后的价格还是高于其心理价位，可能最终还是不会达成交易，甚至消费者在初次探询价格时，如果报价远高于其心理价位，就会懒得再看扭头就走。

7. 炫耀心理

消费者炫耀心理，在消费商品上，多表现为产品带给消费者的心理成分远远超过实用的成分。正是这种炫耀心理，在中国目前并不富裕的情况下，创造了高端市场，同时利用炫耀心理，在国内企业普遍缺乏核心技术的情况下，有助于获取市场，这一点在时尚商品上表现得尤为明显。

为什么这样说呢？女士都钟爱手袋，一些非常有钱的女士为了炫耀其极强的支付能力，往往会买价值几千元甚至上万元的世界名牌手袋。同时国内的TCL和夏新手机，之前在缺乏核心技术的情况下，在与NOKIA和MOTO的竞争中，劣势不是特别明显，其中通过工业设计给手机时尚的外表造型就功不可没。因此，对消费者来说，炫耀重在拥有或者外表。

8. 攀比心理

消费者的攀比心理是基于消费者对自己所处的阶层、身份以及地位的认同，从而选择所在的阶层人群为参照而表现出来的消费行为。相比炫耀心理，消费者的攀比心理更在乎“有”——你有我也有。

MP3、MP4、电子词典的热销并且能形成相当的市场规模，应该说消费者的攀比心理起到推波助澜的作用。很多商品，在购买的前夕，萦绕在消费者脑海中最多的就是，谁谁都有了，我也要去买。在计算机的配置中，也多见学生出于同学们都有的心理，也要求父母为自己购买计算机。对营销人员来说，我们可以利用消费者的攀比心理，出于对其参照群体的对比，有意强调其参照群体的消费来达成销售。

9. 消费支出中重积累和计划性，以家庭为主的购买准则

【案例】

在我国的啤酒消费中黑龙江省是首屈一指的。统计表明：黑龙江省啤酒消费量占全国总消费量的15%，人均啤酒消费量比全国平均水平高出近2倍，在全国特大城市啤酒消费中排名第一，在世界大城市中排名第三，仅次于慕尼黑和巴黎。其中城市居民消费量高于县城居民消费量。

【同步思考】

该消费习惯的主要成因是什么？对营销管理具有什么启示？

三、不同宗教消费心理特点

1. 佛教

佛教是世界三大宗教之一，始于公元前 6 世纪至前 5 世纪，由古印度的迦毗罗卫国净饭王之子——乔达摩悉达多创立的。从公元前 3 世纪始不断向境外传播，我国佛教是在公元 1 世纪时传入的，以后逐渐形成了饮食禁忌；一是不吃荤，"荤"包括一切动物性食品和葱、蒜、韭菜等辛香味食物；二是不饮酒。而南传佛教和西传佛教饮食禁忌较少。

佛教教徒的消费品有：香火、爆竹、专用纸张、佛珠等，还包括茶叶。

2. 基督教

基督都创新于公元 1 世纪，创始人是耶稣，地点在当时罗马帝国统治下的巴勒斯坦地区。基督教在饮食上没有太多禁忌，只是在节日时对饮食有一些规定。

圣诞节：圣诞节是基督教各派信徒纪念耶稣诞辰的日子。为了纪念耶稣的复活，信徒们要举行斋戒，不吃肉食，不用刀叉进食，减少娱乐。复活节是孩子们欢乐的节日，拣拾彩蛋是节日期间重要的活动，用小动物形状做成的巧克力糖果，装点的精美甜点，是节日中的重要食物。

狂欢节：狂欢节源于古代埃及和古希腊的牧神节、神牛节、酒神节，中世纪时渐渐被罗马天主教所接受，成为基督教的节日。现在广泛流传于欧美和大洋洲地区，各国举行的狂欢节日期不同，有的是从元旦开始，有的从圣诞节开始，欧洲、美洲、大洋洲的狂欢节一般是在 2 月 18～20 日举行，巴西的狂欢节一般是在夏末秋初的 2 月 18～20 日举行，整个活动持续 3 天，狂欢节盛大的游行使欢庆的人们沉浸在近乎疯狂的兴奋之中。

情人节：情人节又叫瓦伦丁节，是每年的 2 月 14 日。情人节是年轻的恋人相互表达爱心的时刻，也是享受情侣套餐的日子。

但是基督教徒，一般忌讳 13 这个数字，认为这不吉利，这与基督教的宗教起源有关，传说基督被犹大出卖而被陷害，而犹大恰恰是耶稣的第十三个弟子。另外，"星期五"这个数字之所以不吉利，是因为最后的晚餐是在星期五吃的，另外，亚当与夏娃偷吃禁果也是在星期五。

3. 伊斯兰教

伊斯兰教是一个有一定饮食禁忌的宗教。

伊斯兰教对饮食的禁忌是每个穆斯林必须遵守的教规，是他们的传统生活习惯。世界上所有信仰伊斯兰教的民族都不食猪肉。现在伊斯兰教的饮食规范已成为全世界 10 亿多穆斯林的共同生活习惯，具有民族性和国际性。穆斯林所用的清真食品的特点就在于无猪肉、猪油、死动物肉以及不含酒精或其他致醉致毒等物。

回族日常生活中，忌食的东西较多。除忌食猪肉外，教法中明令的许多食物的禁戒规定也为广大回族所遵守。一般说来，对奇形怪状、污秽不洁、爪利锋锐和性情凶恶的飞禽、猛兽及鱼类，回族都禁食。

禁止抽烟、喝酒、吸毒。烟、酒、毒品，也是回族生活中的一大禁忌。回族在信仰方面，禁止崇拜偶像；在社会行为方面，禁止放高利贷、玩赌等。

由于各宗教的教义严厉，教徒信仰虔诚，所以与宗教信仰有关的消费行为，一般来说，极难被影响、改变。所以从事商品生产与经营的企业必须了解目标市场消费者的宗教信仰，把握各宗教信仰对消费行为的影响。在此基础上生产适当的产品，采取适当的营销方案，否则，可能会失败。

四、时尚消费

时尚作为一种社会心理现象，一直是驱动消费的重大商业元素，能够创造出大市场的商业价值。时尚消费是大众消费中最具生命力、最有情感因素参与的消费形式。而在当今中国，"时尚消费"已经蔚然成风，这对企业和商家来说，无疑是一个空前的机遇，如何从营销情感心理学发生的角度理性地寻找出相应的对策，这是当前营销心理学的一个盲点。针对消费者的这种心理，在设计中，把握住流行的趋势，进行时尚化的设计，毫无疑问能吸引消费者的眼球，赢得商机。

时尚消费是面广量大、人数众多的上座率、收视率、发行量和畅销度的主要支撑力量，谁能受到这部分消费者的欢迎，谁便能获得滚滚的财源。时尚消费大众历来不是铁板一块，其构成十分庞杂，虽然其中不同成分的界线相对模糊和不确定，但是仍可分出一定的层次，分出精粗浅深，分出消费水准较高的层面、中等层面以及有待于进一步开发的那个层面。当前虽然时尚消费中层次不同，特性各异，认真分析起来仍能找出它们的共同特点：

1. 消遣性

人不仅有思想上的自我，也有身体上的自我，一个人自由与否，不但要看他是否能不受限制的思想，还要看他是否能照着自己的喜好随意地穿衣、打扮和恋爱。美容消费、时装消费、文化娱乐消费等呈现关注自我、满足自我个性需求的时尚消费特点。时尚消费中个人情感色彩更加浓厚。商家营销策略必须更加迎合消遣性的特点，才能制定出与时尚消费相吻合的营销方案。

2. 平面性

消费者的消费活动是充满情感体验的生活过程，尤其是时尚消费呈现出的深度情绪性与情感性使他们的消费观念呈现出短、频、快的特点，如服饰文化中，从鞋的变迁可看出时尚消费的平面性、短期性，火箭式、方头式、马靴式、高跟式，风水轮流转，来去一阵风。这种短平快的时尚消费使企业不得不跟上形势，不断地开发出新产品以适应多变的市场需求。

3. 包装性

在中国当代的商业活动中，每一种场合都少不了女性美丽的面孔。车展上宝马汽车，女人被用来美化产品、包装商业环境；身披彩带的时装表演队，定期在公众场合进行公益演出，让老百姓在欣赏女性之美的同时，对企业产生良好的印象，引导时尚消费的潮流。美容消费，呈现出更为直接的包装时尚性。美容院是对女人进行再制作的梦幻工场。当前，再造美女的整形手段可谓五花八门，比如隆鼻及鼻形改造、双眼皮及眼袋割除术、永久无痛脱毛、抽脂减肥、法国特效隆胸等。对时尚消费中的这种特点，营销策划者可以从心境上研究女性消费群体的特点，从激情上找准产品的营销定位点，从热情方面找到营销的路径、方法和手段。

4. 感觉性

时尚消费的最大心理特点就是排斥理性，跟着感觉走的感性消费。广告在时尚消费的系列活动中显得十分活跃和醒目。今天文化传播媒介最突出的变化则在于它加重了人们的欲望、冲动、潜意识等感性心理，而在很大程度上淡化了理性的色彩。例如，广告极其坦率直露地激发消费者的欲望，它所挑起的欲望起码有三个层次。第一层是消费欲望。在时尚消费中，广告是开路先锋，补钙补锌的大幅度宣传、送礼只送脑白金的无休止灌注以及隆胸、抽脂的频频说服等，它们都在刺激着、引领着大众时尚消费欲望。第二层是自然欲望。皮鞋油广告将拥有油光可鉴的皮鞋与拥有少女的青睐相连；口香糖广告将口腔清洁卫生与少女的喜爱相连；洗发露广告则将一头爽滑亮泽的乌发与众多男士的注视相连等，其中的情欲成分是一目了然的。第三层是群体欲望。这是指种族的群体经验经过代代相传成为某种历史积淀的集体无意识。例如，对于健康和幸福的渴望，对于青春和生命的憧憬，对于力量和威望的崇拜，他们以压缩的、抽象的形式镌刻在人们意识深处，成为时尚消费的内在心理动力。时尚消费的以上特点，为营销的心理战术提供了理论依据。时尚消费在相应的营销策划下，引领时尚。消费者购物活动的过程，也是营销人员与消费者交往沟通的过程。营销人员要把握时尚消费的情感走向，自发调节心理状态和控制情绪，做好时尚消费的营销工作。

针对时尚消费的心理特点，产品设计与营销要体现时代性、新奇性、周期性和从众性。

【案例】

根据《香港市场》杂志报道，现时北美洲非常盛行一种“坏孩子装”，这是一些著名时装设计师的杰作。他们的创作原则是：打破一切穿衣规则，不仅错配衫裤，而且不考虑服装质地、面料、花纹和颜色，总之，穿上后会显得杂乱无章，越显得坏孩子装特色。在日本，随着出口主导型经济向内需主导经济的转变，消费时尚也出现了一些变化，比如以前那种崇尚节俭的消费观念淡化，借贷消费行为渐成时尚。一些东京少年喜欢穿肥大宽松衣裤，足登划板，徜徉街头。

【同步思考】

从上面两例，你得到什么启发？你认为消费流行的心理动机是什么？

第二节　消费群体的消费文化

在一定的社会环境中生活的消费者，其购买行为不可避免地要受到其所处的社会环境和各种群体关系的制约和影响。

一、消费者群体的含义与分类

（一）消费者群体的含义

群体是指两个或者两个以上的人通过一定的社会关系结合起来进行共同活动而产生相互作用的集体。一个群体内的成员之间通常存在着某种稳定的联系和心理依附关系。群体应具备以下几个条件：群体成员需以一定纽带联系起来，如血缘、职业等；群体成员之间有认同感；群体成员有共同的目标和持续的相互交往；群体成员有共同的群体意识和规范。

消费者群体是指具有某些共同特征的若干消费者所组成的群体。同一消费者群体中的消费者在消费心理、消费行为、消费习惯等方面都有明显的共同之处，而不同消费者群体成员之间在消费方面存在着多种差异。一般来说，消费者都具有一定的群体意识和归属感，遵守群体的规范和行为准则，承担角色责任，同时也会意识到群体内其他成员的存在，在心理上相互呼应，在行为上相互影响。

消费者群体的形成是内外因素共同作用的结果。内在因素主要有性别、年龄、个性特征、生理方式、兴趣爱好等消费者生理、心理方面的特点；外在因素主要有生活环境、民族、宗教信仰、文化传统、政治背景等社会文化方面的影响。

（二）消费者群体的分类

从消费心理学角度划分，消费者群体可以分为：

1. 正式群体与非正式群体

根据消费者群体组织形式可以划分为正式群体与非正式群体。

（1）正式群体。正式群体具有明确的组织结构、完备的组织章程、确切的活动时间。正式群体中的消费者必须遵守群体的行为准则，严格保证群体活动的规范。例如，职业协会、同业者联谊会、学生党团组织等均属于正式的消费者群体。

（2）非正式群体。非正式群体是指一般规模较小的或没有明确组织结构与章程的消费者群体。例如，几个相交往的朋友、多年的邻居、兴趣小组等，都属于非正式群体。

2. 所属群体与参照群体

根据消费者群体心理归属可以划分为所属群体与参照群体。

（1）所属群体。所属群体是一个人实际归属或参加的群体。该群体可以是正式群体也可以是非正式群体。例如，学校、家庭、消费者维权协会等。

（2）参照群体。参照群体是指消费者做出购买决策时的比较群体。例如，消费者为规避风险，购买商品之前要获取相关商品的知识，若恰好发现群体中的朋友在使用某品牌的同类商品，于是决定购买这一品牌的商品。

【同步思考】

作为消费者，你的参照群体有哪些？他们对你的消费产生了哪些影响？

3. 自觉群体与回避群体

根据消费者群体行为模式可以划分为自觉群体与回避群体。

（1）自觉群体。自觉群体是消费者按照自己的年龄、性别、民族等条件自动将自己归属于某个群体。此类消费者通常会自觉地约束自己的行为使之符合群体的规范。例如，敬业者群体、传统型消费者群体等。

（2）回避群体。回避群体是指个体消费者自己认为与自己完全不符合并极力避免归属的群体。例如，高收入者对低收入者的消费行为，男性消费者对于女性消费行为等都在一定程度上采取回避态度。

【同步思考】

联系实际想一想，除了以上的分类方法外，还有没有其他的消费群体分类方法？

二、消费群体对消费心理的影响

通过对消费群体的分析，可以看到消费者群体对消费心理的影响体现在以下几个方面：群体规范、从众心理、群体一致性、群体规模和群体的凝聚力等。

（一）群体规范

群体规范是群体所确定的行为标准。广义的群体规范包括社会制度、法律、法规、纪律、道德、风俗和信仰等，都是一个社会中多数成员共有的行为模式。群体规范的基本作用是对成员具有比较和评价的作用，它可以为成为提供认知标准和行为准则，还可以作为成员们彼此认同的依据。群体内的规范可能不为局外人所察觉，但置身于其中的成员却能明显地体验到这些规范的存在，并对他们的购买心理与行为产生影响。例如，教师购买服装时，一般不购买过于炫耀的服装，因为过于炫耀地着装不符合教师的行为规范。

（二）从众心理

从众现象在消费领域中是一种比较普遍存在的心理现象。个人的意见、行为与群体不一致时，由于群体的压力，而产生顺从群体规范的倾向，这种现象就是从众。积极从众可以引导消费者创造消费流行，例如，20 世纪 70 年代结婚流行“三转一响”，即手表、自行车、缝纫机和收音机（图 5-1）。消极从众则可能导致消费者盲目攀比，甚至以非法手段达到目的。再如，大学校园中穿名牌、吃高档、抽名烟、赶舞场、览名胜等，无视自己的经济基础，只为面子的消费从众。

图 5-1　70 年代的四大件

（三）群体一致性

群体一致性是指群体中各成员间相互影响、相互吸引的一致程度。消费者为了维持与群体的一致性，会经常对照其他成员的偏好和购买行为，自觉不自觉地选择与群体内其他人一致的品牌和商品。群体一致性往往对消费决策产生重要影响，尤其是在大宗商品或耐用品消费决策方面，群体一致性对消费决策结果的影响更为明显。例如，在家庭购买活动中，对价值昂贵或不常购买的产品，往往由夫妻双方包括已长大的孩子共同做出购买决定；某住宅小区的购房者在入住前都要进行高档装修，某位购房者即使本不打算在装修方面过高投入，结果也会受大多数购房者的影响而进行装饰。

（四）群体规模

群体规模是指构成群体的个体数量。群体人数越多，对个体成员压力越大。例如，消费者一人去购物时，除了有明确目标之外，面对商品往往犹豫不决，而三四个人同时结伴购物时，则容易做出是否购买的决策。群体规模太多，成员之间的直接沟通变得困难时，群体内部产生小团体的可能性相应增大，消费者决策过程受到的影响更多更复杂，其感受到的压力更大。

（五）群体凝聚力

群体凝聚力是指群体成员之间相互吸引并愿意留在群体中的程度。没有凝聚力，一群人不能称之为一个群体。美国社会心理学家沙赫特实证研究表明，群体凝聚力越强，成员越遵守群体规范。在消费活动中，群体凝聚力强，则个体对群体有一定的依赖性，认为群体的意见价值较高，消费者态度的形成受到的干扰就较大。

三、决定消费群体影响力的因素

决定消费者群体影响力的因素主要为消费者的个体特征和消费者的群体特征。

（一）消费者的个体特征

消费者的个体特征表现在四个方面：消费者的经济状况、消费者的职业和地位、消费者的年龄和性别、消费者的性格和自我观念。

1．消费者的经济状况

消费者的经济状况包括消费者的收入、存款与资产、借贷能力等。消费者的经济状况会强烈影响消费者的消费水平和消费范围，并决定其需求层次和购买能力。消费者经济状况较好，就可能产生较高层次的需求，通过购买较高档次的商品，享受较为高级的消费。消费者经济状况较差，则只能优先满足衣食住行等基本生活需求。

2．消费者的职业和地位

不同职业的消费者，对于商品的需求与爱好往往相一致。例如，一个从事教师职业的消费者，一般倾向于购买书报杂志等文化商品。消费者的地位也影响着其对商品的购买。有较高地位的消费者，将会购买能够显示其身份与地位的较高级的商品。

3．消费者的年龄和性别

消费者对商品的需求会随着年龄的增长而变化。例如，在少年儿童期，需要更多的玩具等；而老年则需要更多的保健和延年益寿的商品。不同性别的消费者，其购买行为也有差异。女性消费者喜欢购买时装、首饰和化妆品等，男性消费者较多地购买烟酒类商品。

4．消费者的性格和自我观念

不同性格的消费者具有不同的购买行为。性格通常用刚强或懦弱、热情或孤僻、外向或内向、创新或保守等去描述。外向的消费者在购买中表现出热情大胆自信乐观，而内向的消费者在挑选商品中喜欢自己观察体验，不喜欢明显地炫耀自己购买的商品。消费者的自我观念体现在其购买某一商品，他不只关心商品有什么功能，更重要的是体验商品的个性。例如，音乐爱好的消费者会花几百元甚至几千元买一张音乐会的票，欣赏几小时，感到非常愉快。

【同步思考】

为什么音乐爱好的消费者不惜花几百元甚至几千元买一张门票，欣赏几个小时，但却感到非常愉快？你是否有类似的消费？请详细列举。

（二）消费者的群体特征

消费者的群体特征有家庭因素和社会阶层因素。

1. 家庭因素

家庭是群体的一种重要形式，家庭对消费的影响，主要取决于家庭的结构、家庭生命周期、家庭消费决策等。

（1）家庭的结构。一个家庭的需求和消费会受到家庭成员、人数、年龄、文化结构等因素的影响。例如，新婚夫妇与年幼孩子的已婚夫妇的消费上有一定的差别。家庭结构类型大致可分为三种：三代或更多代人同堂的家庭，即年轻夫妇、他们的子女、他们的父母乃至他们的祖父母组成的家庭；两代人家庭，又称核心型家庭，即夫妇和未成年子女组成的家庭；一对夫妇组成的家庭，又称夫妻型家庭。

（2）家庭生命周期。家庭生命周期指从家庭组建到家庭解体的过程。家庭生命周期结合了收入和基于收入的需求发生变化而发生的家庭组成的变化趋势，一般可分为青年单身、已婚无子女、青年夫妻子女较小、子女长大尚未独立、夫妻年老子女独立、家庭逐步解体六个时期。

①青年单身时期与消费行为。单身青年主要是指已长大成年但尚未结婚者。在这一时期，单身消费者的消费心理多为自我消费观，其消费心理特点是在交往中表现出大方、慷慨和阔绰，呈现出明显的炫耀心理。主要消费身体、智力、成长方面的用品，舍得花大钱满足自己的需求。他们的消费弹性大，稳定性差。因此，这一群体消费者是市场经营者最好的争取对象。

②已婚无子女时期与消费行为。这种家庭主要是指已婚但尚未养育子女的青年夫妻家庭，经济独立，一般无过重负担。这一时期的消费心理多以夫妻为中心消费观，消费较多且带有浪漫色彩，精神消费是这一时期的主流。例如，外出旅游及用于文化、体育等方面的消费。

③青年夫妻子女较小时期与消费行为。这一时期多指自子女出生至上中学时期，其消费心理多以子女为中心的消费观，即以子女的一般生活费和子女的教育、保健为主，教育投资比重逐年增大，夫妻消费多为务实、求实消费。

④子女长大尚未独立时期与消费行为。这一时期的家庭多指子女在大学、中学读书或较早参加工作的家庭，这个时期消费重心不变，日常消费突出求实、求廉心理，而储蓄意识增强是这一时期最明显的特点。

⑤老年夫妻子女独立时期与消费行为。这一时期表现为两种类型：一类是继续以子女甚至下一代子女为消费重点，但实际支出比例已下降；另一类是基本上与子女无过多经济往来，较为重视自身的存在价值，消费趋向于以营养、保健、舒适为标准，更多地体现了自己的消费情趣。

⑥家庭逐步解体时期与消费行为。这一时期的家庭多以夫妻双方一方去世或生活自理能

力极大下降，进而转向对子女的依靠。由于自身生活能力不足，消费行为也随之减低，甚至没有购买能力。消费基本以吃喝保健为主，家用方面消费极低。对于有一定经济能力的老人，这时的嗜好心理往往趋于增强，同时满足这一心理需求，例如，养花、鱼、鸟或读书、画画等。

（3）家庭消费决策。家庭消费决策是指家庭在发挥其消费职能的范围中，从实际出发，确立所要达到的消费目标，选择正确的途径和方法，使预定的目标能够最大限度地实现。家庭成员在家庭消费活动中承担的角色也对消费心理产生一定程度的影响，尤其是购买决策。不同的家庭成员对购买商品具有不同的实际影响力。在一般家庭做出购买决策的过程中，我们通常可看到家庭成员扮演着以下五种主要角色：提议者、影响者、决策者、购买者、使用者。对于不同的商品，家庭成员所发挥的决策作用也不同。例如，家庭食品、日用品、儿童用品、装饰用品等，女性影响力大；五金工具、家用电器、家具等，男性影响力大；点心、糖果、玩具、文体用品等孩子有较大影响力；全家受益的耐用品、旅游方面的支出等，往往共同商议决策。

市场营销者可以根据家庭消费中每一成员在家庭决策中的影响力，有针对性地进行商品促销宣传，制定相应的推销策略，减少盲目促销。

【案例】

孩子在家庭生活中的影响力

随着消费水平不断提高，儿童可以参与做主的项目越来越多，同时也说明了儿童的消费地位的提高。在家庭生活中，有越来越多的儿童成为家庭的中心，父母的权威正在进一步弱化。一家检测机构在对全国 15 个城市青少年进行消费调查后发现，在与自己生活息息相关的吃、穿、用等方面，青少年对父母的影响最大，60.7％的中学生表示，在父母为他们购置运动鞋和休闲服、牛仔衣时，他们有着非常大的影响力或比较有影响力，54.9％的中学生认为他们对父母购买食品有较大影响力。此外，在家庭购置计算机、电视机等花费相对较大的家用电器时，青少年对父母的购买决策也显现出较强的影响力。但在购买化妆品、家庭常用药品、洗衣机、电冰箱等方面，青少年的影响力相对较弱。

（资料来源：晓晖．家庭消费我有影响力．生活时报，2001 年 6 月 19 日）

2. 社会阶层因素

社会阶层是指按照一定的社会标准，如收入、受教育程度、职业、社会地位等，将社会成员划分为若干社会等级。不同社会阶层的消费者由于价值观、消费观、审美观和生活习惯等的不同，形成不同的消费需求和购买行为。

同一阶层的消费者其消费心理具有相似性，如富有阶层的消费者求新求异心理突出，追求高档消费；富裕阶层的消费者追求个性化的消费；温饱阶层的消费者存在着一种立即获得满足感的消费心理，追求经济实惠、物美价廉的商品，主要消费心理倾向在于支持子女教育和储蓄等；贫困阶层的消费者机会将全部收入都用来维持基本生活，表现在求廉求实心理。

不同阶层的消费者由于其收入水平、教育程度和职业等方面存在明显的差异，其消费心理和行为也存在较大差异。主要表现在：

（1）消费观念不同。不同社会阶层的消费者，对商品和品牌的偏好不同，低阶层消费者不会经常光顾购买珠宝首饰。对同一种商品，高阶层的人注重技术是否先进、款式是否时尚、能否引领潮流；低阶层的消费者会关注价格是否低廉、功能能否保障等。

（2）购物方式的不同。不同社会阶层的消费者偏爱不同的购物场所，消费者倾向于到与自己社会地位相一致的商店购物。高阶层消费者特别青睐购物环境优雅、品质和服务上乘的商店，乐于接受新的购物方式；中阶层消费者比较谨慎，对购物环境有较高要求，但也经常在折扣店购物；低阶层消费者对价格比较敏感，多到廉价的地摊或者批发市场。

（3）获取和传播信息的渠道不同。社会阶层不同，喜好的媒体也不同。高阶层消费者喜欢从专业性刊物上或其他大众传播媒介中获得商品信息，而一般低阶层消费者习惯于口碑式人际传播。此外，在商品选择和使用、休闲活动、认知方式、心理感受等方面也存在着差异。

第三节　不同年龄、性别的消费者群体的消费心理

消费者群体是由具有某种共同特征的若干消费者组成。根据多种特征对消费者进行区分，就形成了多个不同的消费者群体。由于年龄的差异，形成了少年儿童消费者群体、青年消费者群体、中年消费者群体和老年消费者群体。由于性别的差异，形成了女性消费者群体和男性消费者群体。研究各个消费者群体的消费心理，根据消费者自身生理及心理特点，有利于企业找准自己的目标市场，从而制定出正确有效的市场营销策略。

一、不同年龄阶段的消费者群体的消费心理

按照年龄指标，消费者可以分为婴幼儿消费者群体（0～3岁）、少年儿童消费者群体（4～18岁）、青年消费者群体（19～35岁）、中年消费者群体（36～55岁）和老年消费者群体（56岁以上）五大类。

由于婴幼儿消费者群体非常特殊，他们是使用者，却不是消费决策者或购买者。所以，以下仅介绍后四类消费者群体。

（一）少年儿童群体的消费心理特征与营销策略

少年儿童消费者群体一般由父母养育和监护，自我意识尚未完全成熟，道德观念有待完善，缺乏自我控制能力，没有独立的经济能力。这部分消费者又可根据年龄特征分为儿童消费者群体和少年消费者群体。

1．儿童消费者群体的消费心理特征

儿童开始了学习，逐渐有了认识能力，意识倾向、意志及情绪等心理现象，还学会了在感知和思维的基础上解决简单的问题。表现在消费活动中有以下几种情况：

（1）消费需求逐渐由本能的生理性需求向有自我意识的社会性需求发展。儿童消费者在婴幼儿时期，消费需求主要表现为生理性的，且纯粹由他人帮助完成。随着年龄的增长，所需购买的消费品在花色、样式上逐渐增加了个人意识，例如，喜欢颜色鲜艳、外观可爱的玩

具（图 5-2）。在消费过程中逐渐形成了对所接触消费品的评价意识，初步形成为自己选择商品确立目标，并逐渐具有表明理由的能力。

（2）从模仿型消费逐渐发展为带有个性特点的消费发展。随着年龄的增长，自我意识不断增强，开始强调与众不同，儿童的消费心理逐渐由模仿性消费心理向按照自己的需求愿望、带有个性特点的消费心理发展，提出自己的购买需求和选择。

（3）消费情绪从很不稳定向稍微稳定发展。儿童的消费多处于感情支配阶段，消费情绪极不稳定。以至于见什么要什么，父母不给买就大哭大闹，且多喜新厌旧，但随着年龄的增长，儿童接触社会环境的机会增多，知识和经验等不断增加，其消费心理逐渐成熟，调节与控制自己情感的能力也在不断增强。

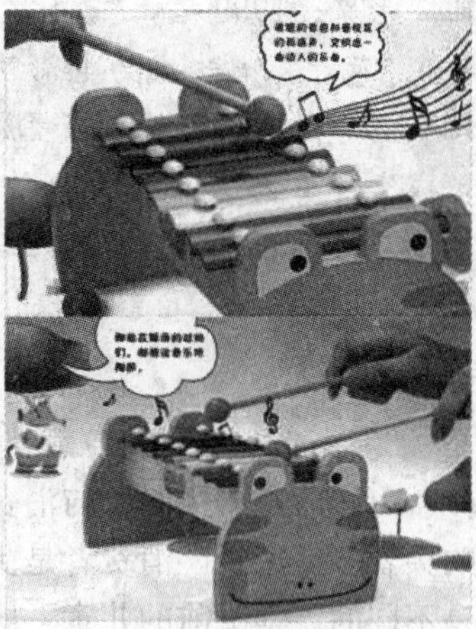

图 5-2 精致的敲击琴

（4）消费行为逐渐从依赖型向独立型发展。儿童的购买能力还没有完全独立，在购买商品时，往往缺少自己的主见，表现出很大的依赖性。随着年龄的增长，便逐步具备了独立购买的能力，向独立型发展。

2. 少年消费者群体的消费心理特征

少年消费者群体生理和心理都有了较大的变化，生理上呈现第二个发育高峰，心理上有了自尊与被尊重的要求。总之，少年期是依赖与独立、成熟与幼稚、自觉与被动交织在一起的时期。在消费心理方面具有以下特征：

（1）有成人感，独立性增强。有成人感，是少年消费者自我意识发展的显著心理特征。他们认为自己已经长大成人，应该有成人的权利与地位。在消费心理方面，希望按自己的意愿行事，不愿意受父母过多的干涉，要求独立购买所喜欢的商品。尽管他们的消费需求倾向和购买行为还不成熟，但却在形成之中。

（2）购买行为趋于稳定。少年消费者，对社会环境的认识不断加深、知识不断丰富、兴趣趋于稳定、鉴别能力逐渐提高。随着购买活动的次数增加，对商品的分析、判断、评价能力逐渐增强，购买行为趋于习惯化、稳定化，购买的倾向性也开始确立。

（3）消费观念开始受社会群体的影响。少年消费者由于参加集体学习、集体活动，接触社会的机会增多，受社会环境的影响逐渐增加，其消费观念和消费爱好由主要受家庭影响逐渐转变为受同学、朋友、老师、明星、书籍及大众传媒等社会因素影响，他们也更乐于接受社会的影响。例如，为了更好地发育，购买运动器材，满足成长性需要的消费比重增加。

【案例】

芭比娃娃：永葆青春的秘密

1959 年 3 月 9 日“芭比娃娃”在美国面市。流行大师安迪·沃霍说，“芭比娃娃”是 20 世纪生活的代表，是美国女性的一个象征，是现代的蒙娜丽莎。“芭比娃娃”是永葆青春的：1964 年，“芭比”进入大学；1975 年，奥林匹克运动员“芭比”首次亮相；1992 年，“芭比”穿上军装，她是应征加入沙漠风暴行动的见习军士，同时，还出现了总统候选人的“芭比”形象；1999年，“芭比”第一次独立行走；2000年，她参加了奥运会游泳比赛；2001年，“芭比”首次成为电影明星，主演动画《芭比与胡桃夹子的梦幻之旅》；2008年，“芭比”电影《芭比与钻石城堡》于9月9日上市；2010年，戴3克拉钻石的“芭比娃娃”，估计成交价高达50万美元（约合人民币334万元）……她的外形历经约500次以上的修正与改良，每年约有100款芭比新装推出，从1995年至今有10亿件以上的衣服被生产出来。今天，“芭比娃娃”已经不仅仅是从前那个形容姣好的布娃娃，她是50多年少女梦想演变的历程。

3. 少年儿童消费与营销心理策略

（1）区别购买对象与消费对象，采用不同促销方式。在少年儿童用品市场中许多商品的购买者多是家长，消费者是少年儿童。在不同年龄阶段，少年儿童的购买心理对家长的影响是不同的。学龄前的儿童一般没有参与购买的可能性。企业在商品的设计、广告诉求、价格制定等应从年轻父母的消费心理出发，商品质量要考虑父母对儿童给予保护、追求安全的心理等；少年儿童有了一定的认识、比较和辨别事物的心理能力，购买活动虽然仍由家长决定，但在儿童用品等的商品选择上，参与购买、表达喜爱与否的心理直接影响着家长的决策。企业对该类商品的生产和销售要充分考虑少年儿童的特点，价格、用途要符合家长的需求，在商品陈列、展示和促销活动中，应特别考虑吸引少年儿童的注意力、刺激他们的购买愿望等。

图 5-3　爸爸去哪儿

（2）改善商品的外观形象，发挥商品的直观形象作用。少年儿童对商品的选择多依赖商品的外观形象。改善商品的外观形象，主要是为了刺激和引导少年儿童的购买心理，促成消费行为。为此，企业要从少年儿童的心理出发，力求书包、文具等儿童用品的造型生动活泼、色彩亮丽鲜明。例如，用动物头像做成牙刷；用儿童喜爱的卡通、人物形象作为服饰图案，如将目前流行的“爸爸去哪儿”的系列图片装饰衣服等，以增强商品的吸引力（图5-3）。

（3）建立商品品牌形象，提高品牌忠诚度。为了使少年儿童加深对商品的印象，通过建立商品品牌形象，使少年儿童成为忠诚的顾客。在市场营销活动中，企业要面向少年儿童，特别是对于商标图案、品名、色彩、广告宣传要针对少年儿童的心理偏好进行设计，使少年儿童好懂易记、热爱喜欢，使他们能够长期保留对企业及商品的良好印象。

（4）注重满足少年儿童消费者的多元化消费。随着生活水平的提高和社会竞争的加剧，消费不断趋向于多元化。商家应不断丰富商品的功能，挖掘市场潜力，满足不同少年儿童的多样化需求。例如，为了使少年儿童增长知识，开阔视野，满足多样化需求，商家可开发书籍、点读机、电子词典、网络课程等。

（二）青年群体的消费心理特征与营销心理策略

青年是指少年向中年过渡时期的人群，处于这一时期的消费者，形成了青年消费者群体。

1. 青年消费者群体的消费心理特点

（1）追求时尚，表现时代。青年人思维活跃、富于幻想，渴求新知、勇于创新，追求新潮、积极向上。这些心理特征反映在消费心理方面即追求新颖与时尚，力图站在时代前列，领导消费新潮流，体现时代特征。他们总是对新产品有极大的兴趣，喜欢更换品牌，体验不同的感受，往往是新产品或新的消费方式的尝试者、追求者和推广者。

（2）追求个性，需求多样。处于青春时期的消费者自我意识逐渐增强。他们追求个性独立，能按照自己的意愿支配收入，购买自己喜爱的商品。这些心理特征反映在消费心理方面就是愿意表现自我个性，非常喜欢个性化的商品，有时还往往把所购买的商品同自己的理想、职业、爱好和时代特性，甚至自己所崇拜的明星和名人等联系在一起，对许多商品有自己的购买模式和品牌依赖。

（3）追求实用，表现成熟。青年消费者的消费倾向从不稳定向稳定过渡，在追求时尚和追求个性的同时，也注重商品的实用性和科学性，要求商品合理适用，货真价实。由于青年人大多具有一定的文化素质，善于从多途径获取商品信息，因而在选择的过程中盲目性较少。这些心理特征反映在消费心理方面即追求实用，在购买动机和购买行为上表现出一定的成熟性。

（4）注重感情，冲动性强。青年消费者思想倾向、志趣爱好等还不完全稳定，行动易受感情支配。上述特征反映在消费活动中，表现为青年消费者易受客观环境的影响，感情变化剧烈，经常发生冲动性购买行为。同时，由于直观地选择商品的习惯使他们往往忽略了综合性选择的必要，款式、颜色、形状和价格等因素都能单独成为其青年消费者的购买理由，这也是冲动性强的一种表现。

2. 青年群体消费与营销心理策略

（1）开发时尚商品，引导消费潮流。青年人学习和接受新事物快，富于好奇心和想象力。企业在产品的开发和设计过程中，要针对青年人的心理特点，注重开发时尚产品，使青年人能迅速接受新产品，引领消费潮流。

（2）注重个性化产品的生产和营销。企业在产品设计和生产中，要改变传统思维方式，要面向青年人开发个性化产品，对于青年人的日常用品，如服装、装饰品、手机等商品的设计、生产和营销过程中，要突出特性，注重个性化的设计，以树立青年消费者的个性形象。

（3）满足多层次的心理需求，激发消费行为。企业开发的各类商品，既要具备实用价值，又要满足青年人的社会交往、自尊、成就感等多层次的心理需求。例如，个性化的产品会使青年人感到自己的与众不同；名牌商品会展现拥有者的成就感和社会地位。通过推出不同形象、不同档次、不同价格水平的商品，满足不同收入水平青年需求，使企业赢得更大的市场。

（4）做好售后工作，推动市场开拓。青年人往往是新产品的尝试者，在购买商品后，就会及时把购买预期与产品性能进行比较。企业在售出后，要收集相应信息，了解顾客的使用情况以及时改进商品。同时，要及时处理好顾客投诉，以积极的态度解决产品中存在的问题，使青年消费者感到满意，进而赞同产品和企业的服务。例如，联想电脑专为联想电脑（Idea 和 Think 品牌）用户建立联想服务官方微信，集技术支持、售后咨询、保养常识、实用技巧等的专业服务，为广大联想用户创建了一种全新的售后服务模式，联想服务官方微信好评如潮。

【同步思考】

你和你周围同学在日常消费过程中的消费心理存在哪些特点？

（三）中年群体的消费心理特征与营销心理策略

中年消费者人数众多，是家庭中购买商品的决策者，其购买的商品既有家庭用品，也有个人、子女、父母的穿着类商品，还有大件耐用消费品。因此，了解、把握中年消费者群体的心理特征，对企业进行正确营销具有重要的意义。

1. 中年群体的消费心理特征

(1) 经验丰富，理智性强。中年消费者生活阅历广，购买经验丰富，多以理智支配自己的行动，感情用事的现象较少。他们注重商品的内在质量、实际效用、价格和外观的统一，从购买欲望形成到实施购买往往经多次分析、比较后才做出理智的判断，尽量使自己的购买行为正确合理。

(2) 量入为出，计划性强。中年消费者是家庭经济的主要承担者，他们既要赡养父母，又要养育子女。在消费上，他们一般奉行量入为出的计划性消费原则，很少出现计划外开支和即兴消费的现象。他们在购物时，往往格外注重产品的价格和实用性，并对与此有关的各项因素，如产品的品牌、质量、用途等进行全面衡量后再做选择。

(3) 注重身份，稳定性强。中年消费者正处于成熟阶段，情绪、行为反应一般比较稳定。他们不像青年那样个性化消费，他们希望以稳重、自尊和有涵养的风度有别于青年。在消费方面，就是不再完全按照自己的兴趣爱好选择商品或消费方式，而是更多地关注他人的看法，与众人保持一致，以维护自己的形象。

2. 中年群体消费与营销心理策略

中年消费者购买能力强、购买活动多、购买商品广。抓住这一消费群体，可采取以下市场营销心理策略。

(1) 注重培育中年消费者成为忠诚顾客。中年消费者在购买家庭日常生活用品时，有一定的消费习惯。生产者和经营者要满足这一消费群体的消费习惯，使其购买行为保持下去。例如，要保证商品的质量、性能、价格等；不要轻易改变本企业长期形成的商品品牌、包装等，照顾到中年消费者的购买习惯。

(2) 在商品的设计上要突出实用性和便利性。中年消费者消费心理稳定，追求商品的实用性和便利性，他们对华而不实的包装、怪异奇特的造型、色彩动感的画面并不看好。企业在设计商品时要充分考虑到商品的结构是否合理，使用是否方便，是否经济耐用、省时省力等。

(3) 促销广告活动要理性化。面对中年消费者开展的广告宣传或现场促销活动要理性化。中年消费者购物多为理性购买，不会轻易受外界环境因素影响和刺激。在广告宣传中，要靠商品的功能和效用打动消费者，通过实在的使用效果、消费者的现身说法等来证明。在现场促销时，营销人员要以冷静的态度、丰富的商品知识客观地介绍商品。

(4) 重视现场服务和售后服务。在开展营销活动时，应根据中年人的消费习惯，客观地推荐商品，提供人情味的服务，例如，提供饮用水、物品保管、休息专区、代为照看小孩等。在商品售出后，中年消费者使用商品后发现问题，多数会直接找经营者解决，而且态度坚定，理由充分。经营者或售后服务者应切实帮他们解决问题、冷静处理、细心服务，赢得中年消费者的信任，使其成为该商品的忠诚顾客。

(四) 老年群体的消费心理特征与营销心理策略

据我国第六次人口普查统计，我国 60 岁及以上人口占全国总人口的 13.26%。我国已进入老龄化社会，开展对老年消费者心理与行为特点的研究是非常重要的。

1. 老年群体的消费心理特征

(1) 消费习惯稳定，消费行为理智。老年消费者积累了多年的消费经验，形成了自身的消费习惯。与年轻人相比，老年人的消费观较为成熟，消费行为理智，冲动性消费和目的不明的盲目消费相对较少。他们不赶时髦，更讲究实惠。

(2) 追求商品实用性。老年消费者购买商品时，首先强调质量可靠、易学易用、方便操作、经济合理、舒适安全。至于商品的品牌、款式、颜色和包装装潢等是其次需要考虑的。

(3) 追求消费便利性。老年消费者购买商品时，追求方便的心理较强，希望购买场所交通方便，商品标价说明清楚，陈列位置和高度适当，便于挑选，购买手续简便，服务热情周到。质量售后服务好的商品能够使老年消费者用得放心、用得舒心，不必为其保养和维修消耗太多精力。

(4) 消费心理补偿性。部分老年消费者在子女长大成人，经济负担减轻之后，产生了较强的补偿心理，在营养保健食品、健身娱乐和旅游观光等方面，与青年人有着相似的消费兴趣，以补偿那些过去未能实现的消费愿望。

(5) 消费需求结构发生变化。随着生理机能的衰退，老年消费更积极关注健康问题，他们的需求结构发生变化，保健食品和医疗保健用品的支出增加，在穿着和其他奢侈品方面的支出大大减少。随着年龄的增加，为了保证以后有足够的医疗支出，他们会增加储蓄等。

2. 老年群体消费与营销心理策略

老年人用品的消费对象是老人，但购买者既可能是老人自己，也可能是晚辈子女或孙子女等，因此，针对老年消费者可采取以下市场营销心理策略：

(1) 开发适合老年人需求的各类商品。老年消费市场广阔，消费潜力大，但目前我国市场上真正适合老年人的商品品种仍显单调，可专为老年消费者生产各种食品和保健品，并直接面向他们销售，挖掘传统产品并赋予时代特色，企业可注重“老字号”及传统商标品牌的宣传，以便更适合老年消费的心理。企业要充分考虑到老年消费者的特殊需要，例如，针对老年消费者血脉不通，冬天特别怕冷的生理特征，推出防冻背心和设计别致的暖脚器等。

(2) 开展老年人及其子女的双重促销。促销活动不但针对老年消费者，还可以针对老年消费者的子女开展。例如，老年人的健身用品、营养品等，不仅可以面向老年人设计广告，还可以面向青年人设计广告，宣传尊老敬老的社会风尚，激发青年人孝敬老人的心理，从而产生购买心理。又如，专门服务于老年人的旅游团，很多情况下也是子女为父母付款等。因此，老年人用品的广告面向青年人，也常能取得较好的销售效果。

(3) 重视开展全方位的良好服务。在销售老年人用品时，可开设老年专柜、老年便利店等，店铺的位置应分布在老年人较为集中的居住区；店铺的设施应尽量减少自动化，增加休息区；店铺的服务应细致周到，有商品知识丰富，热情耐心有亲和力的售货员为老年消费者服务；为行动不便的老人提供上门服务、电话预约购物等，以满足老年消费者的各方面消费需求。

【同步思考】

结合实际，你认为哪些行业目前在老年人领域存在着商机?

二、不同性别消费者群体的消费心理

(一) 女性群体的消费心理与营销心理策略

第六次人口普查资料表明，女性人口65 287万人，占总人口的48.73%。女性消费者不仅数量多，而且在购买中起着特殊的作用。女性消费者是家庭日常消费的主要购买者。

1. 女性群体的消费心理特征

(1) 注重商品的外观形象与情感特征。大多数女性都喜欢逛商场，动人的广告画面、知名的商品品牌、美观的商品包装、温馨的商场环境等直观因素都能激起女性消费者的内在情感，萌发购买欲望，甚至产生冲动性购买行为。

(2) 注重商品的实用性与具体利益。由于女性消费者在家庭中的地位及从事家务劳动的经验体会，使她们在购买日常生活用品时，更关注商品的实际效用，重视商品的使用价值。例如，家庭洗涤剂的喷头设计、多用途的家庭刀具等。她们对家庭收支状况有更深刻的了解，在购买过程中更谨慎仔细，更多地考虑购买物美价廉的商品。

(3) 注重商品的便利性与生活的创造性。在我国，女性的就业率较高，她们既要工作，又要担负家庭的大部分家务，因而对日用消费品和主副食品的方便性要求日益强烈。同时，女性喜欢通过自己创造性的劳动使生活更丰富、家庭更美满，例如，购置新款时装、布置新房间、烹调新菜品、改变新发型等。

(4) 有较强的自我意识和自尊心。女性消费者常常以选择的眼光、购买的内容及购买的标准来评价自己和他人。在自己购物时，希望通过明智的、有效的消费活动来体现自我价值。例如，典型表现就是拿着新买回来的商品让他人猜价钱，当别人猜的价位高于她的实际费用时，则洋溢出得意的表情。在他人购物时，也愿意发表意见，希望自己的意见被采纳。营业员的表情、语调、介绍等，都会影响女性消费者的自尊心，进而影响其购买行为。

(5) 注重商品的细节。女性消费者总希望商品能百分之百地符合自己的心意，她们通常在选购商品时比较细致认真，长时间观察，注重产品在细微处的差别，通俗地讲就是更加“挑剔”。

2. 女性群体消费与营销心理策略

针对女性群体的消费心理特征，可采取以下市场营销心理策略：

(1) 销售环境布置要典雅温馨，具有个性特点。女性消费者在购买家庭装饰品、穿着类商品、化妆品等时，追求美好的心理感觉，因此销售这些商品的环境布置要符合女性消费者心理，使女性消费者能在舒适的环境中浏览商品、追求个性、激发情感，从而产生购买动机。

(2) 女性商品设计要注重细节、体现时尚、方便实用。女性消费者经常使用的一些厨房刀具、小型电器和家庭日常卫生用品等，其生产设计要更简单、方便、实用。女性消费者在消费行为中注重表现自我，对于其常用物品要丰富多样，体现出时代感，符合流行趋势等。

（3）针对女性消费者开展形式多样的促销活动。对女性消费者个人消费和经常购买的商品要进行广告宣传，针对女性心理特点，注重传递商品的实用性、具体利益等信息，传递有关商品的质量、档次、品牌等，要通过商品特色打动女性消费者。

（4）强化销售服务，以满意的服务促进销售。现场促销推广活动要关注女性消费者的情绪变化，营销人员要讲究语言、服务艺术，尊重女性消费者的自尊心、赞美女性消费者的明智选择。现场促销商品时要注意说明理由、允许消费者挑选等，以满意的服务促进销售。

（二）男性群体的消费心理与营销心理策略

第六次人口普查资料表明，男性人口为68 685万人，占总人口的51.27%。男性对商品结构与功能的了解优于女性，他们一般是较为复杂消费品的主要选购者。

1. 男性群体的消费心理特征

（1）购买行为的目的性与理智性。男性消费者通常在需要某商品时才产生购买动机，所以他们购买的目的性很强。另外，男性比女性更善于控制自己的情绪，在购买活动中更理智，特别是购买高档商品时，他们更注重商品的性能、品牌、整体质量及售后服务等。

（2）购买动机形成的迅速性与被动性。男性消费者一般不愿在柜台前长时间挑选，他们一旦做出购买决定会毫不迟疑地实施购买行为。男性消费者由于缺乏相应的购物经验而受到外界因素的影响，如家人、朋友的嘱托等，往往表现出被动的购买动机。

（3）购买过程的独立性与缺乏耐性。男性消费者对熟悉的商品或已经决定购买的商品，他们在购买时表现出更多的自信，不易受外界的影响。与此同时，他们在购买过程中缺乏耐性，表现为对商品挑选不仔细，不愿意讨价还价，不愿意在商店和柜台之间进行比较和衡量。

（4）购买商品的性别特征明显。男性消费者购买的商品具备明显的性别特征。例如，对与烟酒、体育赛事、娱乐产品、科技含量较高的商品等有关的商品特别关注。同时，男性消费者对能显示其权利和地位的商品情有独钟。

2. 男性群体消费与营销心理策略

研究男性群体的消费心理，开发男性用品市场，对企业的发展有重大意义。针对男性消费群体的特点，企业应采取的营销策略有：

（1）注重商品的内在价值与外在价值的统一，以完善的商品吸引男性消费者。

（2）注重商品品牌形象的塑造，做好品牌，巩固品牌的地位。

（3）注重商品信息传播的科学性和完整性，尊重消费者的自我判断。

【同步思考】

有人说女性消费者是“采集者”，男性消费者是“狩猎者”，如何理解？

【小结】

本章主要分析了不同消费文化、不同消费群体及时尚消费与消费行为之间的关系，探讨了消费行为特点与发展规律。随着社会的发展，人们的消费观念不断变换，消费内容越来越丰富多彩，消费流行变化的节奏越来越快，生活方式越来越现代化。企业要研究不同消费群体的心理特点和消费变化趋势，努力推出有吸引力的新产品、新服务项目，让客户不断更新的需求得到更好的满足。

【思考题】

一、材料分析题

20世纪80年代后半期，英国掀起了“绿色消费者运动”然后席卷了欧美各国。这个运动主要就是号召消费者选购有益于环境的产品，从而促使生产者也转向制造有益于环境的产品。这是一种靠消费者来带动生产者，靠消费领域影响生产领域的环境保护运动。这一运动主要在发达国家掀起，许多公民表示愿意在同等条件下或略贵条件下选择购买有益于环境保护的商品。

问题：你认为绿色消费者运动是一种消费文化吗？你觉得做些什么来参与绿色消费者活动呢？

二、问答题

(1) 什么是消费文化？

(2) 中国人的消费心理有什么变化趋势？

(3) 消费时尚的特点有哪些？

(4) 大学生消费心理有什么特点？

【实训五】 废物利用

实训目的：学习做一个绿色消费者。

实训要求：利用自己身边的废旧物品，开展一次手工制作有奖大赛。

实训奖品：一张电影票。

第六章

商品因素与消费心理

知识目标

让学生了解商品名称、商品品牌、商标、商品包装的含义和特征，理解商品名称的心理功能、品牌的消费心理效应、商品包装的作用。

掌握商品命名的心理策略、商品品牌的心理功能、商品包装设计的心理策略。

能力目标

根据消费者心理需求正确开展商品名称、品牌和包装的营销策略。

情感目标

培养对国产品牌的喜爱，并有兴趣研究消费心理学。

【案例导入】

"娃哈哈"名称的由来

今天的娃哈哈，广受大众欢迎。"娃哈哈"这样一个别出心裁而又能赢得消费者好感的商品名称的由来，却鲜为人知。当初，该企业开发的是一种冷门产品——儿童营养液。传统营养液都围绕着素啊、精啊、宝啊之类起名，他们想取一个更有特色的商品名称。

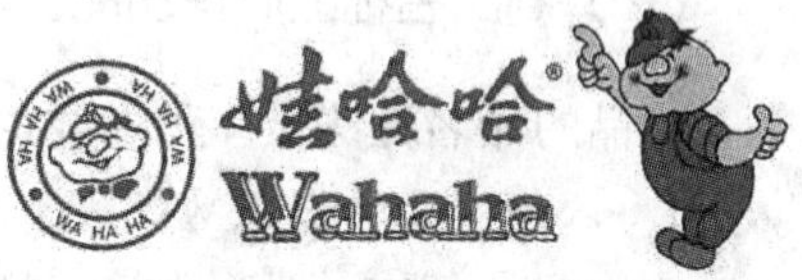

图 6-1　娃哈哈的商标

他们通过新闻媒介，向社会广泛征集商品名称，然后，组织专家对数百个应征名称进行了市场学、社会学、心理学、传播学、语言学等多学科的研究论证。花费了很大的精力，谁也没有留意源自一首新疆民歌的"娃哈哈"三字。厂长宗庆后却独具慧眼地看中了这三个字。他的理由有三：

其一，从发音上看，"娃哈哈"三字中的元音"a"是孩子最早最易发的音，极易模仿且发音响亮、音韵和谐、容易记忆，因而容易被孩子所接受；

其二，从字面上看，"哈哈"是各种肤色的人表达欢笑喜悦之意；

其三，从特色上看，同名儿歌以其特有的欢乐明快的音调和浓烈的民族色彩，唱遍了大江南北，把这样一首广为流传的民族歌曲与产品商标联系了起来。商品名称确定后，又精心设计了活泼可爱的娃娃形象作为商标图案，以达到商标名称和商标形象的有机融合，使消费者乐于熟悉它、想起它、记住它和使用它（图 6-1）。

【同步思考】

你认为商品的名称对消费者的消费行为有影响吗？“娃哈哈”名称成功地运用了哪些心理策略？

一个好的名称，是一个企业、一种产品拥有的一笔永久性的精神财富。一个好的名称能唤起人们的美好联想，刺激消费者的购买欲望，促成消费者的消费行为。因此，根据消费者的心理特点进行商品命名，让消费者从心理上接受、认可企业的商品，是十分有必要的。

第一节　商品名称与消费心理

商品名称是消费心理学研究的一个重要课题。一个好的商品名称，可以迅速吸引消费者的注意，缩短新产品推广的时间，促进商品的销售。

一、商品名称及其心理功能

（一）商品名称的含义

商品名称是指运用语言文字对商品的主要特性概括反映的称号。商品名称是市场营销策略的一部分。消费者在接触商品之前，通常会以自己对特定的名称的理解来判断商品的性质、用途和品质。一个合适的名称会在长期的市场竞争中，确立一个牢固的地位，促使企业可持续发展。

（二）商品名称的心理功能

商品的命名方法虽多种多样，但基本的心理功能主要有以下四个方面：

1. 认知商品的心理功能

因为商品名称一般都直接、概括地反映商品的性能、用途、成分等，所以消费者即使没有看到商品实体，也能顾名思义，初步认知商品。例如，“电饭锅”、“方便面”等。

2. 便于记忆的心理功能

通过音、形、意的有机结合，创造言简意赅、易读易懂的商品名称。消费者听过、看过，才会对商品有深刻的印象、透彻的认识。例如，“鼠标”、“保险柜”等。

图 6-2　掌上明珠家具

3. 诱发情感的心理功能

情感是人们对客观事物的一种态度，会对人的行动产生直接影响。商品名称如能反映不同购买者和使用者的个性心理特征，具有某种情绪色彩和特殊意义，符合消费者某方面的心理需要，就会得到消费者的偏爱，促进消费者购买动机的产生。例如，“长寿面”、“情侣衫”、“掌上明珠家具”（图 6-2）等。

4. 启发联想的心理功能

启发消费者关于商品的美好联想，是商品命名应当具备的一种内在功能。通过商品名称新鲜脱俗，寓意深远，风趣幽默，内容丰富，启发消费者对美好事物的回忆和想象，加深对商品性能的理解。例如，北京的一种风味小吃，用面团炸制，因表面有一道裂纹，故取名“开口笑”，既幽默又形象。再如，“开心果”、“永久牌”自行车等。

【案例】

白兰地和威士忌

据说，在香港曾爆发过一场法国“白兰地”和英国“威士忌”的销售大战。“白兰地”售出 400 余万瓶，“威士忌”却只售出 10 万瓶。论质量和知名度，“威士忌”不比“白兰地”差，为何“威士忌”一败涂地呢？经调查分析，问题出在“威士忌”这个中文译名上。“威士忌”？连威士都忌怕，谁还愿意买呢？再看看“白兰地”，一个多么充满诗情画意、令人喜爱的名字。

（资料来源：李建军. 开店秘典. 北京：团结出版社，2005）

二、商品命名的心理策略

商品命名牵涉到美学、语言学、心理学、民俗学、宗教等诸多因素。商品命名满足消费者心理需求，促使其对商品产生积极的情感。

（一）商品命名的方法

1. 商品效用命名法

这种命名法能直接反映商品的主要性能，帮助消费者迅速了解商品的功效，迎合消费者对商品求实用、实效的心理需求。例如，“防晒霜”、“感冒灵”、“衣领净”、“洗衣机”等。

2. 商品成分命名法

这种命名法通常突出商品的主要成分及材料，可以有效地吸引消费者由名知实，使消费者信任相关商品，便于消费者选定自己实际需要的商品。例如，“板蓝根冲剂”、“八宝粥”、“果粒橙”（图 6-3）、“珍珠霜”之类的命名。

图 6-3 果粒橙

3. 商品产地命名法

根据商品的产地命名法就是用商品出产地或传统商品生产所在地作为商品的名称。例如，“龙井茶”、“茅台酒”、“北京烤鸭”等。这一命名法意在反映商品的历史渊源、天然禀赋，利用消费者对著名产地的仰慕心理，给消费者独特的印象，从而激发消费者的购买欲望。

4. 人名命名法

这种方法是利用历史或现代名人、产品的创始人的名字作为商品的名称。通过借助消费者对名人的崇拜和首创者的崇敬心理，将特定人物和商品相联系，诱发消费者购买商品的积极态度。例如，“东坡肉”、“中山装”、“张小泉剪刀”等。

5. 商品制作命名法

根据商品独特的加工过程或传统工艺作为商品名称。这一命名法能使消费者了解商品制作方法或不寻常的研制过程，提高商品的威信，容易产生货真价实、质量可信的感觉。例如，“烧饼”及220药水（经过220次实验出来的结果）。

6. 商品外形命名法

根据商品的外在形象，突出商品的优美造型和色彩，引起消费者的注意和兴趣，迎合消费者的爱美之心。例如，“宝塔糖”、“黑木耳”、“动物饼干”等。

7. 联想命名法

这种命名法可以按时商品的性能、质量以及美好的祝愿，给消费者留下美好的印象，拉近消费者与商品的距离。例如，“百岁酒”、“千斤顶”、“长寿面”、“双喜”压力锅等。

图6-4　大白兔奶糖

8. 动植物命名法

以人们喜爱的、常见的动植物命名。例如，“熊猫”彩色电视机，“飞鸽”、“凤凰”自行车，“大白兔”奶糖（图6-4），“牡丹”香烟，“水仙”洗衣机等。

9. 以外文译音命名法

这种命名法就是用商品的外文直译为中文的谐音作为商品的名称，以激发消费者的好奇心理，满足求新、求变、求异的需求，也克服了某些外语翻译上的困难。例如，“沙发”、“咖啡”、“夏普”电视机、“索尼”音响等。

商品的命名方法很多。总之，商品名称既要反映商品的特性，又要有强烈的感染力和诱惑力，这样才能引起消费者的注意和联想，满足消费者对商品的某种心理需求，激发其购买欲望。

【同步思考】

请您联系实际想一想，除了以上方法外，还有没其他的命名方法？

（二）商品命名中应注意的问题

要发挥商品名称对消费者购买心理活动的良好影响，在商品命名中应注意：

（1）商品命名要简单、易记、不要故弄玄虚。商品名称应该与商品实体的主要性质和特点相适应。使消费者只要看到或听到商品的名称，无须直观商品实体就能顾名思义，从而有助于消费者的记忆。

（2）商品名称在消费者中已有一定的知名度时，不轻易改名。

（3）商品名称要有较强的亲和力。商品命名尽可能地照顾我国消费者的消费心理和消费习惯。中外合资企业的产品如要打开国内市场时，应尽可能有“中国味”。

(4) 商品名称要避免禁忌。商品的命名要充分考虑文化习俗上的差异，切忌触犯民族信仰等。例如，美国通用汽车公司生产的一种叫“NoVa”牌的汽车，意为“明星”，但在西班牙推销时却无人问津。推销商对此极为困惑，后来才知道，“NoVa”用西班牙语译为“不会走动”，试想消费者愿意花钱买一辆“瘫痪”的汽车吗？

【同步思考】

“芳芳”牌化妆品中“芳”的拼音是“FANG”，英语的意思是毒蛇的毒牙，英国人看了不会有好感，甚至使人感到恐怖。如果该化妆品销售给这些有忌讳的人是否会广受欢迎？为什么？

第二节 商品品牌与消费心理

【案例】

“农夫山泉”的品牌设计

农夫山泉股份有限公司是一家中国大陆的饮用水生产企业，目前拥有四个主要水源基地：浙江千岛湖、长白山天然矿泉水靖宇水源保护区、南水北调中线工程源头丹江口和华南最大国家级森林公园万绿湖，这表达出其拥有优良的水质。而且其“我们只是大自然的搬运工”、“农夫山泉有点甜”的广告语，更是塑造了农夫山泉与众不同的品牌形象（图 6-5）。

图 6-5 农夫山泉

为了使不同企业生产的同类产品彼此区别，商品除了名称之外，还需要有品牌。

一、品牌的内涵

（一）品牌的含义

品牌，俗称产品的牌子，是用以识别某个消费者或某消费人群的产品或服务，并使之同竞争对手的产品或服务相区别的名称、术语、标记、符号或设计及其组合。

在品牌的构成中，通常把可用语言称呼的部分，如单词、字母和数字称为品牌名称；把不可读的非称谓部分叫做品牌标识，品牌标识常常是某种符号、设计、图案等。其中品牌名称是品牌的核心要素，它作为语言符号，是品牌在人际之间进行传播的基础。例如，汉语

“海尔”、拼音“Haier”以及图案海尔小兄弟都是海尔品牌的构成部分（图 6-6）。

图 6-6 海尔品牌的构成部分

一个享有盛名的品牌，是企业的象征，代表着企业产品的质量和信誉，是企业宝贵的无形资产。美国可口可乐公司总裁曾说，“即使公司全部家产付之一炬，世界上任何银行都会愿意为其提供贷款以供重建，因为他们的牌子就代表着滚滚而来的财富。”

（二）商标的含义

商标是指生产者、经营者为使自己的商品或服务与他人的商品或服务相区别，而使用在商品及其包装上或服务标记上的由文字、图形、字母、数字、三维标志和颜色组合，以及上述要素的组合所构成的一种可视性标志。商标是一个法律术语，受法律保护。商标有以下特点：

（1）商标是用于商品或服务上的标记，与商品或服务不能分离。

（2）商标是区别于他人商品或服务的标识，具有显著的区别功能，便于消费者识别。

（3）商标是由文字、图形、字母、数字、三维标志和颜色组合，以及这些要素的组合的可视性标志。

（4）商标具有独占性。使用商标的目的是便于消费者识别。注册商标所有人对其商标具有专用权，受法律保护，未经商标所有人许可，任何人不得擅自使用与该注册商标相同或相近的商标，否则会构成侵犯注册商标权所有人的商标专用权，将承担相应的法律责任。

（5）商标是一种无形资产。商标代表着商标所有人生产或经营的质量信誉、企业的信誉和企业的形象，商标所有人通过商标的创意、设计、申请注册、广告宣传以及使用，使商标具有了价值，也增加了商标的附加值。商标可以有偿转让，须经商标所有权人同意，许可他人使用。

（6）商标是商品信息的载体，是参与市场竞争的工具。生产经营者的竞争就是商品或服务质量与信誉的竞争，商标知名度越高，其商品或服务的竞争力就越强。

【同步思考】

品牌就是商标吗？为什么？

（三）品牌与商标的关系

品牌与商标具有不可分割的密切联系，许多商标就是直接根据品牌设计的。品牌必须使用而无须注册，品牌一经注册即为商标。商标只有注册后方可受法律保护并享有商标专用权，仅注册不使用的商标不是品牌。

品牌与商标经常混淆使用。品牌是一个市场概念，商标是一个法律概念。但两者有本质区别，主要表现在：

（1）从市场的角度来看，品牌积累的是市场利益。

（2）从法律的角度来看，通过商标来保护品牌积累的市场利益。品牌只有转化为商标其积累的市场利益才得到合法的保护。

(3) 从内涵的角度来看，商标是一个品牌或品牌的一部分，它的内涵要小于品牌的内涵。品牌还代表一定文化和个性，而商标是一个标记。

品牌与商标相辅相成，在商品经济中发挥着重要的作用。要想将商品做活、做好、做远、做久、做大，必须把品牌转化为商标，只有获得合法的保护，才能具有一定的美誉度和知名度，才能将品牌延续发展下去。

二、品牌的心理功能

成功品牌的一个重要特征，就是始终如一地将品牌的功能与消费者心理需求结合起来。

（一）识别功能

商品作为一种实物形态，对消费者是最直接的刺激物，能够引起消费者的反应。为了让消费者尽快将一种商品区别于其他同类商品，企业必须精心设计，注意文字精炼、形象生动、构思新颖、画面美观、寓意良好、个性鲜明、适应习俗，打造出自己的品牌，使消费者易识、易记。

（二）形象功能

图 6-7　奥利奥饼干

一个设计出色的品牌与商品有关信息一起，可以通过广告等各种媒介宣传，给消费者以深刻的感受和难忘的印象。有些“品牌忠实性”消费者坚持数年甚至终生使用某一品牌的商品，动摇这种习惯或改变对商品的印象非常不易。反之，若在消费者记忆中留下恶劣印象，也是很难转变的。因此，企业必须注意品牌与商品的名实相符。易记住的商品品牌，一般都会产生畅销商品，例如，奥利奥形象表现出“泡一泡”(图 6-7)。

（三）促销功能

品牌与商标作为企业形象和商品形象在消费者之间交流传播，深入人心，从而形成品牌偏好、相信品牌、忠实老牌等不同类型“认牌购货”的消费行为。例如，美国“堪农毛巾”公司与百货公司合作，将一部分品质完全相同的毛巾加上“堪农”品牌，另一部分则未冠上品牌，在这种情况下进行对比销售。结果显示：第一阶段双方的价格完全相同，“堪农”品牌的销售量为没有品牌的三倍。第二阶段将“堪农”的价格提高 4 美分，则销售量为没有品牌商标的二倍。第三阶段将“堪农”的价格提高 10 美分，销售量才拉平。随着生活水平的提高，人们必然要把物质消费同精神生活紧密结合起来，消费者购买商品时，大多会指定商品品牌。受到消费者欢迎的商品品牌往往在市场上十分畅销。

（四）监督质量功能

品牌和商标是商品生产和销售合法化的证明，尤其是商标一旦注册登记，便立即获得使用专利，受到法律保护，任何人不得假冒货仿造使用。为了维护其品牌的信誉，企业往往不敢随意地以次充好、降低质量。为了保持品牌的声誉，或者创造名牌产品，企业需要长期努力提高产品质量。消费者购买有良好信誉的品牌商品，会有一种放心的安全感，也有利于消费者在同类商品之间进行比较，从而坚定购买信心。消费者还可以根据品牌、商标监督某种商品的质量，发现不符合质量标准的商品可以向相关部门举报。

三、品牌设计的心理策略

一个好的品牌设计必须考虑到商品的特色和消费者的心理，力求将丰富的信息浓缩出精华，最大限度地发挥出商品品牌应有的感召力。为此，可以采取以下策略：

（一）个性鲜明，富有特色

在品牌设计时，要与众不同，应以精巧的构思来突出个性。品牌设计应力求有别于其他同类商品。满足消费者求美、求独特的心理，使之对品牌及商品产生好感。例如，美国著名品牌“耐克”。

（二）容易发音，利于传播

品牌设计要在一瞬间引起消费者的注意，因此要简洁醒目、容易发音、便于传播。例如，“可口可乐”既易发音又易记忆，成为世界上最畅销的饮料品牌。我国的“娃哈哈”等品牌也因其发音朗朗上口，深受大众喜爱，成为著名品牌。

图 6-8　可口可乐品牌设计

（三）新颖别致，暗示属性

品牌设计应力求构思新颖，造型醒目美观，既要有鲜明的特点，与竞争品牌有明显的区别，又要切实反映出企业或产品的特征，起到提示和强化作用。例如，可口可乐的英文商标是由“coca”和“cola”组成，其成分分别是古柯（Coca）的叶子和可拉（Kola）的果实。但翻译成中文“可口可乐”，则直接反映了其满足消费者物质需求和精神需求的特点（图 6-8）。

（四）品牌名称与品牌标识相协调

商品品牌可以沟通消费者与企业的心理联系。品牌名称与品牌标识相互协调、寓意美好、和谐统一，容易加深消费者和社会公众对品牌的认知和记忆。

【案例】

雀巢的品牌设计

“雀巢”（Nestle）是深受消费者熟悉和喜爱的品牌名称。此品牌是以瑞士学者 Henri Nestle 的名字命名的。Nestle 研制了一种将牛奶与麦粉科学地混制而成的婴儿奶麦粉，成功地挽救了一位因母乳不足而营养不良的婴儿的生命。由于 Nestle 的英文含义有“舒适而温暖地安顿下来”、“偎依”等意思，与英文 Nest（雀巢）是同一词根。所以，在中文中译作

“雀巢”。“雀巢”品牌标志是鸟巢图案，这极易让人们联想到待哺的婴儿、慈祥的母亲以及健康营养的雀巢产品。这一“雀巢”名称与“雀巢”图案的紧密结合，互相映衬与协调。

（五）尊重民族，避免忌讳

商品品牌要设计独特，就必须要了解各国的历史文化传统、语言文字、风俗习惯、价值观念、审美情趣等，要力求避免歧义，充分考虑不同的偏好和禁忌，有针对性地设计商品品牌。例如，日本人忌讳荷花，意大利人不喜欢菊花，印度人认为新月是不祥之兆等，使用这些图文的商品品牌，是不会受到有忌讳的人欢迎的。

（六）遵守法律政策规定

各国的商标法中有明文规定不允许注册为商标的事物，例如，国徽、国旗、军旗和国际组织的徽章、缩写等相同或近似的，在品牌设计中要注意不要使用。品牌设计一定要符合各国的法律规定。

【同步思考】

品牌设计的心理策略除以上六大心理策略之外，还有哪些心理策略？

四、品牌的消费心理效应

在现实生活中，品牌与消费活动密切相关。消费者对品牌的熟悉程度影响着他们的购买行为。一个与消费者心理需要不符的、甚至相悖的品牌，会使消费者拒绝对其采取消费行为，而一个形象鲜明、声誉卓著的品牌能吸引消费者对商品的消费指向，促使购买行为。成功品牌的一种重要特征，就是始终将品牌的功能与消费者心理需求结合起来，将品牌信息传递给消费者，在其心理上产生效应。

（一）品牌忠诚

【案例】

“王宝和”品牌的服务创新

清朝乾隆九年（公元1744年）就在绍兴建立的王宝和，历经两个多世纪的发展从绍兴的小酒坊到上海国际知名的餐饮品牌，在“创新”上下功夫贯穿了王宝和品牌发展的整个轨迹。王宝和不断地进行服务创新、逐步提升能级。王宝和的服务创新主要是指把服务提高到“人性化”的层面，从而提升王宝和的服务品牌。王宝和酒家的传统服务项目，主要有送酒上门、为堂吃顾客提供方便等。如今，王宝和酒家仍努力做到优质服务。逢年过节或对情况特殊的顾客，买酒数量多，也实行送货上门。王宝和在蟹宴期间，还可以为宾客剥蟹肉。尤其值得一提的是，热情地为行动不便的残疾人上门烹饪蟹菜。正因为王宝和贯彻了“一切以顾客为关注焦点”的服务理念，不断进行服务创新，所以取得了经济、社会效益双丰收。

（资料来源:http://www.ce.cn/cysc/main/jtfzspsy/shwll/200611/21/t20061121_9519854.shtml）

1. 品牌忠诚的含义

品牌忠诚是指消费者在购买决策中，表现出来对某一个品牌有偏向性的而非随意的行为反应。品牌忠诚反映了消费者内心的品牌态度。如果品牌忠诚度较高，当消费者需要这一类产品时，就会始终如一地购买这一品牌。品牌忠诚并不代表消费者永远购买这一品牌，但至少在考虑购买的各种品牌中。品牌忠诚水平一般有三种程度：品牌认知、品牌偏爱和品牌执著。

品牌认知是消费品牌忠诚程度最轻的形式。品牌认知是在消费者记忆中建立品牌名称与相应产品双向联系的心理活动。例如，提到牛奶，消费者会想到“蒙牛”、“伊利”；提到饮用水，消费者会想到“娃哈哈”、“农夫山泉”等。对大多数消费者而言，品牌认知是选择品牌产品进行消费的基础，提高品牌认知度，就会使消费者购买商品时优先选购自己熟悉的商品品牌。

品牌偏爱是消费者对一种品牌偏爱较深的程度。消费者会明确地喜欢某一品牌，只要能够购买，他会在同类的商品中，选购这一品牌。如果买不到这一特定品牌，消费者可能会接受其替代品牌，而不会花费太多的精力去寻找、购买这一品牌。对于企业而言，只要有相对一批顾客建立了对其特定品牌的偏爱，他们便能够在市场中有效地进行竞争。

品牌执著是品牌忠诚的最高阶段，反映出消费者强烈地偏好某个品牌，不愿接受其他替代品，为了得到这一品牌的产品，愿意花费大量的时间与精力。如果一个执著于某个品牌的消费者，买不到他所执著的品牌，他也坚决不会选择替代品牌的产品。

2. 提高品牌忠诚度的策略

培养消费的品牌忠诚，可以巩固品牌的市场地位，可以凝聚和提升品牌的价值。但是，消费者在某一时期忠诚于某一品牌，并不意味着其永远忠诚与这一品牌。因此，企业必须采取一切可能来培养、维持和加强消费者对品牌的忠诚。企业提高消费者的品牌忠诚可以采取以下策略：

图 6-9　同仁堂商标

（1）人性化地满足消费者的需求。企业要提高品牌忠诚度，赢得消费者的好感和信赖，企业的一切活动要围绕消费者展开，满足消费者的需求。品牌在营销过程中必须摆正短期利益与长远利益的关系，必须忠实地履行自己的义务和所应尽的社会责任，以实际行动和形象赢得消费者的信任和支持。例如，同仁堂（始于 1669 年），其服务宗旨是“修合无人见，存心有天知”。是国内最负盛名的老药铺（图 6-9）。人性化地满足消费者的需要是品牌运营的市场规则，是一个普遍的经营规律，也是提高品牌忠诚度最好的途径。

人性化的满足消费者需求就是要真正了解消费者。既要向消费者提供产品的主要使用价值与功能，也要从消费者的角度出发，切实考虑到消费者的内心世界和潜在需求。例如，美国“吉列”手动刮胡刀的手柄不仅用一圈圈凸纹来增加摩擦力，以防止刮胡刀滑出手而刮破脸，并且还在凸纹上套上一层橡皮让顾客使用时握在手中更贴合皮肤，更舒服，这体现了商品人性化的设计。

（2）不断创新产品。产品的质量是顾客对品牌忠诚的基础。从某种意义上说，消费者对品牌的忠诚也可以说是对其产品质量的忠诚。只有过硬的高质量的产品，才能真正在消费者的心目中树立起“金字招牌”，创新的产品也让消费者感觉到产品的品质在不断提升，才倍受消费者喜爱。例如，格力的空调每年都会有新功能、新技术产品推出，广受大众欢迎；苹果电脑通过有效的设计定位、设计语言和人机界面作业，透过造型、色彩、质感和操作系统设计等元素，形成了清晰的独特的苹果风格，建立和维系了大量的“苹果迷”等。这让人感觉到企业一直在努力提高产品品质，想方设法地树立良好的品牌形象。

（3）提供超值的附加产品和服务。真正做到以消费者为中心，不仅要注意核心产品和有形产品，还要提供更多的附加产品。例如，海尔产品不仅质量卓越，而且还有完善的售后服务。海尔的维修人员不仅准时修好冰箱、空调，顾客还能获得更多，维修人员温暖人心的礼貌问候，自带饮料不喝用户一口水，套塑料鞋套避免用户家里地板污损等，海尔的售后服务正是因为给消费者提供了意想不到的好处，大大提高消费者对品牌的评价与认同度。企业在向消费者提供超值的额外利益时，应注意这些附加的产品和服务应与企业主营的商品有同样的质量要求。

（4）妥善化解品牌危机。品牌是企业最重要的无形资产，一旦企业出现经营危机，通常首先表现出品牌危机。企业品牌危机一旦发生就要遵循承担责任、真诚沟通、速度第一、系统运行、权威证实等原则，化解危机。企业只有通过与消费者保持有效沟通，才能及时了解顾客的需求并有效满足顾客的需求。企业通过建立顾客资料库、定期访问、公共关系、广告等方式，了解顾客的需求并有效满足顾客所需，及时“转危为机”，维持和提高品牌忠诚度。

【同步思考】

假如你是某一个品牌的忠诚顾客，你会将该品牌告知你的亲朋好友和周围的其他顾客吗？为什么？

（二）品牌形象

1. 品牌形象的含义

品牌形象是指存在于人们心理的关于品牌的各要素的图像及概念的集合体。品牌形象主要是品牌知识及人们对品牌的态度。品牌形象内容主要由两方面组成：一方面是有形的内容，另一方面是无形的内容。

品牌形象有形的内容又称为“品牌的功能性”，是指与品牌产品或服务相联系的特征。“品牌的功能性”就是品牌产品或服务能满足消费者使用功能的能力。例如，照相机具有留住人们美好瞬间的能力，电冰箱具有冷藏、保鲜食物的作用等。品牌形象的这一有形内容是最基本的，是生成形象的基础。人们一接触品牌，便能马上将其功能性特征与品牌形象有机结合起来，形成感性的认识。

品牌形象的无形内容主要指品牌的独特魅力，是营销者赋予品牌的，并为消费者所感知和接受的个性特征。品牌形象的内容主要反映了人们的情感，显示了人们的身份、地位、心理等个性化需求。例如，万宝路香烟定位为男子汉香烟，广告一再强调万宝路香烟的男子汉气概，以浑身散发粗犷、豪迈、英雄气概的美国西部牛仔为品牌形象（图 6-10）。

图 6-10　万宝路的品牌形象

人们在选择品牌时，一方面是品牌功能的满足；另一方面是由品牌唤起的联想、情绪、情感的满足。当相同产品竞争时，最能够唤起记忆、联想和情感的品牌就最先被消费者选中。

2. 品牌形象的驱动要素

树立品牌形象的最重要的要素是人们对品牌的联想，简单地说，是一提到某个品牌消费者便会想到一些东西。这种联想使品牌形象与众多要素联系起来，促使品牌形象的建立和发展。

（1）产品或服务自身的形象。产品或服务的功能性本身是构成品牌形象的内容基础。消费者判断产品或服务形象最要的标准就是他们能在多大程度上满足消费者的使用需求，使用需求满足的程度越高，则产品或服务形象越好，在消费者心目中其品牌形象也就越高。

产品或服务的形象从硬性表现形象来看，有价格、速度、功能、耐用性、舒适性、应用等；从软性表现形象来看，可能是青春感、高雅、贵族、珍爱、豪放、体面、魅力等。

（2）产品或服务提供者的形象。产品或服务提供者的形象也是驱动品牌形象的重要因素之一。古语云，"严师出高徒、将门出虎子"，品牌形象的好坏要看其提供者的形象好坏。产品或服务提供者的形象的指标有科技能力、企业规模、资产状况、服务状况、人员素质等。在品牌形象的树立过程中，营销者常利用已有的企业自身的形象。例如，五粮液集团推出一种新品牌酒类时，使用的广告语为"系出名门"，欲借"五粮液"的美好形象驱使新品牌形象的确立。

（3）产品或服务使用者的形象。产品或服务使用者主要是指产品或服务的消费群体。通过使用者的形象反映出品牌形象，其硬性指标有使用者的年龄、职业、收入、受教育程度等，软性指标有生活形态、个性，气质、社会地位等。消费者在选购商品时，会考虑自己的身份和地位，选择购买符合自己社会层次的商品，同时其购买的商品总会体现出其独特的个性偏好。如我们给品牌形象的定位有：高端品牌、奢侈品牌等。可见，产品或服务使用者都是驱动品牌形象的重要因素之一。

以上三个因素对品牌形象的影响在不同的产品特性、文化背景和人文个性等条件下是不一样的，在塑造品牌形象的过程中，应注意分析判断三者是如何影响品牌形象的，从而有针对性地加强其驱动作用。

第三节　商品包装与消费心理

【案例】

"买椟还珠"新解

《韩非子·外储说左上》记载着一则"买椟还珠"的故事：一个郑国人从楚国商人那里买到一只有外饰漂亮香木盒的珍珠，竟然将盒子留下，而将珍珠还给了楚国商人。原因是那只"用桂木、花椒等香料熏染，用珠宝点缀，用美玉装饰，用翠鸟的羽毛修饰边沿"的精美包装盒深深地吸引了他。怪不得，郑人不爱珍宝而爱美椟了。这则故事的本意是讽刺郑人舍本求末的愚蠢行为，但是，今天我们从市场营销的角度来看，"买椟还珠"故事对商品的包装有哪些积极的影响？

在市场经营活动中，商品包装被冠以“无声推销员”的美称，对企业销售和消费者行为发挥着越来越大的影响作用。因此，商品包装要与商品本身的用途和特性相适应，通过视觉刺激引发联想，从而影响人们的购买行为。

一、商品包装及其作用

（一）商品包装的含义

商品包装是指商品流通过程中为了保护商品、方便储运、促进销售，按一定技术方法而采用的容器、材料及其辅助物等的总体名称。商品包装也是指为了达到上述目的而采用的容器、材料和辅助过程中施加一定技术方法等的操作活动。

按照上述定义，在理解商品包装时，应注意它有两层含义：一是静态的含义，是指用来盛放或包裹商品的容器或包装物；二是动态过程的含义，是指对容器或包装进行美化和装饰的一系列动态过程，又称为包装化。这两层含义紧密相关，从不同方面揭示了包装的内涵。

（二）商品包装的作用

商品包装是为保护产品数量和质量的完整性必需的一道工序。商品的包装直接影响到产品的价值与销售，对于绝大多数的商品来说，包装是产品运输、储存、销售不可缺少的必要条件。商品包装的作用主要包括以下几个方面：

1. 保护商品

包装的直接目的是保护商品的内在质量不受损伤，这是最基本的功能。商品从企业到消费者手中这一过程，要经过多次的搬运、装卸和储存，如果没有良好的商品包装，商品必然要受到不同程度的损伤，从而丧失其使用价值和附加价值。消费者见到设计科学、外观完好的包装，也会增加对商品的信任和心理上的安全感。

2. 吸引注意

在超级市场众多的商品中，如果没有营业员的介绍，或者消费者没有明确的购买目标和特定的品牌偏好，那么消费者在购物的过程中，往往会感到茫然无措。因此，那些具有色彩鲜明、构图精美、造型新奇、文字醒目等特征的包装，往往使消费者爱不释手，促成购买。

3. 传递信息

商品包装能使消费者有效地区分不同商品。商品包装上的商品功能、作用、使用方法、注意事项等的表述，能使消费者增长知识，加深对商品的认识；有关商品重量、效能参数、优点特色等的说明，能使消费者在选购商品中进行比较；有关原料成分、加工方式、出厂日期、检验标记等内容，可以消除消费者的疑虑等。

4. 提升价值

商品包装使用不同的原料质感，不同的图文颜色，使商品所包含的象征意义、审美价值等心理功能得以更好地显现。包装的安全便利、复合用途、突出商品，都能从不同角度迎合消费者多方面的心理需要，增加商品的魅力，提升商品的价值。

5. 促进销售

在现代经营中，包装也起到了促进销售的作用。美国当今化工行业中最大的杜邦化学公司曾提出著名的“杜邦定律”：即在消费者购买商品时，有60%的消费者是根据商品的包装装潢而进行购买决策的。因此，设计适应先进的销售方式和消费者乐于接受的商品包装，已经日益为商品生产者和经营者重视。根据消费者的心理需求，可增加商品包装的附加意义的功能促进商品销售。例如，配套包装、礼品包装、系列包装等。

【案例】

“芭蕾”珍珠膏的精致包装

我国江苏生产的“芭蕾”珍珠膏，不仅畅销港澳，而且远销到法国、美国和东南亚一些国家。其原因除了它的内在质量较好外，还在包装上下了功夫。他们把包装的外盒设计成白底色，中间画着一双灵巧的手，托着一颗晶莹醒目的金色珍珠，雍容华丽，十分突出。在把瓶装珍珠膏装入纸盒后，又在瓶盖上面放置一个小巧的泡沫塑料托盘，里面放着一支镶有一颗珍珠的小别针。当你打开纸盒，一支闪闪发光的珍珠别针立刻跳入你的眼帘。这特别能吸引妇女的喜爱。说明书上还写明，如果自用，买50瓶以上，还可以串成一条珍珠项链。“芭蕾”珍珠膏因此名声大振，销售日增（图6-11）。

图6-11　芭蕾珍珠膏

（资料来源：肖涧松. 消费心理学. 北京：高等教育出版社，2011）

二、商品包装设计的心理要求

商品在市场竞争中能使消费者认识，不仅要有高质量的商品实体，还要有感染力的商品包装。因此，对企业来说，合理的设计包装显得很重要。

（一）方便性

商品包装最重要的是从消费者的心理需求出发，考虑到消费者方便观察、携带、使用和保存商品。包装不仅要有利于消费者的日常生活，要有还利于激励消费者连续的购买行为。例如，便于携带的袋装茶叶，以前茶叶包装是包装纸简单包装，或是茶叶筒罐装，不利于人们直接观察外出携带和冲泡。而现在的袋装茶叶包装是将茶叶分别装入小过滤纸袋中，便于消费者携带和使用，因而受到人们的欢迎。

（二）适应性

企业在设计商品包装时，要从研究消费者的消费水平、消费心理等角度考虑，以适应不同消费者的需要。例如，根据消费者不同消费水平，可以设计高中低档次的等级包装、名贵包装、礼品包装、简便包装和复合包装；根据消费者的年龄、性别等，设计突出个性特征的男性化包装、女性化包装、儿童化包装、中青年用品包装和老年人用品包装等。

（三）安全性

消费者有一定的安全需要，是希望所购买商品的外包装更加牢固耐用、安全可靠、循环复用。对于直接食用、服用或使用的商品，对消费者所关心的产品所含的成分进行详细地标注，确保消费者满意放心。例如，标明食品成分或药物疗效、标注药品有无副作用等。

(四) 艺术性和趣味性

商品包装起着“第一印象”的作用。因此，精心设计具有艺术性的和趣味性的包装，可在一定程度上激起消费者的兴趣和购买欲望。例如，娃哈哈公司推出的“爽歪歪”饮品（图 6-12），外形美观，深受儿童喜爱。又如江苏玩具厂生产的长毛绒熊猫玩具，原包装使用普通塑料袋，显得简陋粗糙，出口到国外，每个售价为 0.88 美元。后采用中国传统竹子图案装饰，盒子开了一个天窗，仅此一项，1978 年就多创汇 17 万美元。

图 6-12　爽歪歪

(五) 诱发联想

合适的包装能诱发消费者良好的想象，给消费者以心理暗示，引发消费者的购买需求。同时，包装还有利于显示商品的社会象征性作用，消费者可以通过商品的包装来显示自己的社会地位、身份、威望和经济实力。如德芙的精美包装见图 6-13 所示。

图 6-13　德芙

【同步思考】

什么样的包装能够打动消费者的“心”，赢得消费者的欢迎呢？

三、商品包装设计的心理策略

企业可以通过包装来吸引消费者的注意，诱发消费者的情感和购买欲望。商品包装设计的心理策略主要有以下几种类型：

(一) 按照消费者消费水平设计包装

1. 等级包装

等级包装是指对不同档次或不同质量等级的商品分别使用不同的包装，并在包装材质、风格上力求与商品档次相符。低档包装可以突出商品经济实惠、物美价廉等特点，尽量降低包装成本，以满足低收入消费者的需求；高档包装可以用高档材料、豪华精致包装迎合消费者显示地位、身份等的心理需要。例如，烟酒等商品的简装和精装。

2. 礼品包装

礼品包装是一种专门用于赠送他人礼品而制作的富有情调和美好寓意的包装，通过精美华丽的装饰，不仅可以诱发联想，有特殊的含义，而且还能够增加商品的价值。

3. 特殊包装

特殊包装是一种专门为市场稀缺、用途特殊、价格昂贵的商品所设计的具有较高欣赏价值和专门用途的包装。这种包装设计构思奇特、用料考究、制作精致，既能显示出内装商品的贵重特点，又能激发消费者珍爱的情感。例如，名贵药材、珠宝首饰、艺术藏品等的包装。

4. 简便包装

这是一种成本低廉、构造简单的包装形式，以迎合普通消费者的消费心理。例如，为了降低商品销售价格，一般日用品、低值商品等，就利用塑料袋、纸袋进行简便包装。

（二）按照消费习惯和实用需求心理设计包装

1. 惯用包装

惯用包装是沿用长期以来所形成的并为消费者所熟悉的商品包装。适应消费的消费习惯和传统观念，便于识别和记忆。

2. 分量包装

根据消费者购买和使用习惯，将商品按照一定的数量或重量进行不同的包装。同时，小包装业是企业推广新品的一种方式。例如，饮用水、牛奶等大、中、小号不同分量的包装等。

3. 配套包装

配套包装是针对消费者的使用习惯，把多种有关联的产品配套在一起的包装。通过成套销售，可以方便消费者购买、使用和携带，还可以扩大商品的总销售。例如，五金工具、化妆品（相宜本草配套包装如图 6-14 所示）、家电等商品的配套包装。

图 6-14　相宜本草的配套包装

4. 系列包装

系列包装是指企业将其生产的品质相似、功能相近的商品，设计图案、形状、色彩相同或者相近的包装。

5. 复用包装

复用包装是指原包装的商品用完之后，空的包装可作其他用途，更加贴心实用。这种包装符合我们提倡的绿色环保理念，可以循环利用，大大地节省了资源。企业还可以在包装上印上相关的标识，增强消费者对一系列商品的印象，引导消费者重复购买相关商品。

（三）按照消费者年龄、性别设计包装

1. 少儿用品包装

针对少儿活泼好动、求知欲强等的心理特点，利用生动的形象、鲜艳的色彩、新奇的搭配及趣味性、知识性的画面设计包装，可以吸引少年儿童的注意，激发其购买欲望。

2. 青年用品包装

针对青年人喜欢追求时尚、标新立异等的心理特点，可以设计出新颖、美观和具有流行

性的包装，能引起青年人的好感，从而激发消费行为。

3. 老年用品包装

针对老年人求朴实、庄重、便于携带的心理需求和求使用、更理性等的心理特点，设计具有实用性和传统性的商品包装，可以满足老年人的心理需求，吸引他们重复购买。

4. 男性用品包装

男性用品包装要重点表现出男性粗犷、豪放、刚劲、成熟、稳重等的形象特征，突出实用性和科学性。可采用黑色、深蓝色为主的色调进行包装设计。例如，相宜本草男士洁面膏的产品包装（图 6-15）。

图 6-15　相宜本草男士洁面膏

5. 女性用品包装

女性用品包装要重点突出女性温柔、高雅的形象特点，突出艺术性和流行性。一般采用细腻的造型、优美的线条、鲜艳的色彩、高雅的形象等，以增强商品的女性魅力。

【案例】

金利来的名称由来

近些年来，在国内市场上很有名气的“金利来”产品及商标，其最初的名字并不叫“金利来”，而叫“金狮”。有一次金利来（远东）有限公司的董事长曾宪梓先生将两条上等的“金狮”领带赠送给一个亲戚，结果，人家不高兴地说：“我才不佩戴你的领带了，尽输，尽输，什么都输掉了。”原来，香港话的“狮”与“输”读音相同。于是，曾先生彻夜未眠，绞尽脑汁想出一个万全之策：将“金狮”的英文“Gold Lion”用音译与意译相结合的方法，演变成新的名字，即把 Gold 意译为“金”，“Lion”音译为“利来”，即为“金利来”。

【同步思考】

1. 将“金狮”改为“金利来”的主要原因是什么？
2. 你认为“金利来”这一名称对消费者的消费行为有影响吗？有什么影响？

【小结】

商品的名称、品牌、色彩、外形设计、包装技术等越来越被消费者所重视，并在消费者的购买决策中起着决定性作用。本章系统分析了商品品牌、色彩与包装及其对消费者心理的影响和作用，力图说明只有把商品的名称、品牌、色彩与包装看成是企业营销决策与战略策划的重要组成部分，牢牢把握消费心理及其喜好与变化，企业才能在激烈的市场竞争中立于不败之地。

【思考题】

一、选择题

(1) 商标的心理功能可以归纳为三点，一是提示功能，二是刺激功能，三是（　　）。

A. 传播功能　　B. 宣传功能　　C. 导向功能　　D. 保护功能

(2) 商标是商品的标志，它代表（　　），以区别于竞争者的产品。

A. 交换的性质　　B. 商品的性质　　C. 商品的影响　　D. 商品的特征

(3) 商品命名应力求寓意深远、情趣健康、(　　)，能提高概括商品的特性，从而引起消费者的购买欲望，促进商品的销售。

A. 促进记忆　　B. 便于理解　　C. 便于记忆　　D. 扩大影响

(4) 商品的名称、商标是商品在市场上的外在符号，常常使消费者产生对商品的第一印象，而商品包装是商品的外在形象，对于(　　)、促进销售发挥着重要作用。

A. 帮助顾客　　B. 服务顾客　　C. 刺激顾客　　D. 吸引顾客

(3) 在一些重要的节日、纪念日和旅游中，消费者希望购买某些商品留作纪念。这类商品的包装需要满足消费者长久保存、(　　)的心理要求。

A. 珍惜存放　　B. 短期存放　　C. 存放　　D. 定期存放

二、问答题

(1) 在为商品命名时应注意哪几个方面的心理功能?

(2) 商品命名的心理策略有哪几种?

(3) 包装设计的心理策略有哪些?

(4) 商标设计的心理策略有哪些?

(5) 商品包装的作用有哪些?

【实训六】　导购

实训目的：学会为消费者导购商品，多了解品牌知识。

实训内容：为一对白领新婚夫妻导购新房用品。

实训步骤：

1. 选择品牌，要求 5 万元消费标准。
2. 阐述品牌的优势。
3. 四人一组进行介绍。

第七章

商品价格与消费心理

知识目标

了解价格的基本概念和价格的心理功能，认识消费者的价格知觉及对价格的反应，联系实际掌握价格的主要定价策略。

能力目标

能够运用价格的心理功能和消费者对商品销售市场价格的心理反应提高营销技巧。

情感目标

能够控制对价格波动引起的购买冲动，克服盲目购买，增强理性。

【案例导入】

醉翁之意

珠海九州城里有只 3 000 元港币的打火机。许多观光客听到这个消息，无不为之咋舌。如此昂贵的打火机，该是什么样子呢？于是，九州城又平添了许多慕名前来一睹打火机“风采”的顾客。

这只名曰“星球大战”的打火机看上去极为普通，它真值这个价钱吗？站在柜台前的观光者人人都表示怀疑，就连售货员对此亦未知可否地一笑了之。它被搁置在柜台里很长时间无人问津，但它旁边的 3 元港币一只的打火机却是购者踊跃。许多走出九州城的游客坦诚相告：我原是来看那只“星球大战”的，不想却买了这么多东西。

无独有偶，日本东京都滨松町的一家咖啡屋，竟然推出了 5 000 日元一杯的咖啡，就连一掷千金的豪客也大惊失色。然而消息传开，抱着好奇心理的顾客蜂拥而至，使往常冷冷清清的店堂一下子热闹了，果汁、汽水、大众咖啡等饮料格外畅销。

上述案例表明，商品价格策略对于顾客的消费心理产生影响进而促进企业销售。

第一节　商品价格

一、商品价格

经济学理论认为，价格是商品价值的货币表现，是商品与货币交换比例的指数，是商品经济特有的一个重要经济范畴。而营销心理学有关价格的含义则是指建立在消费者心理基础之上的各种商品价值的货币表现形式。

需求价格弹性是指需求量对价格变动的反应程度，是需求量变化的百分比除以价格变化的百分比。需求量变化率对商品自身价格变化率反应程度的一种度量，等于需求变化率除以价格变化率。需求量变化的百分比除以价格变化的百分比。简而言之就需求价格弹性是指因价格变动而引起的需求量的相应变动率。

二、商品价格的功能

在消费者行为学的研究中，商品价格的功能是指商品价格对消费者心理的影响，以及影响过程中消费者所产生的价格心理现象。消费者在选购商品时，通常把价格与商品的其他要素如质量、品牌、性能等综合起来加以评价，在此基础上决定是否购买。然而，就对消费者的影响而言，价格又有着与其他商品要素不同的心理作用机制。具体表现在以下方面。

（一）衡量尺度的功能

商品价格是商品价值的货币表现，价值高的商品则售价高，价值低的商品则售价低。但商品价值是抽象的，是不能人为计算的。生产商品的个别时间有无数个，而哪个个别时间能成为社会必要劳动时间是通过市场竞争，由供求关系决定的。一般来说商品的成本高，价格相应也高；商品的成本低则价格也低。但企业确定其产品价格时不可能单纯考虑成本因素，还会同时考虑需求水平、竞争状况等其他因素，成本相似的产品其价格可能会有很大的差异。消费者不可能具体了解每种商品的定价工作情况。而是习惯于根据经验把价格与价值及商品质量联系在一起，视价格为价值大小的标志，为商品质量的尺度。消费者普遍认为“一分钱，一分货”，“好货不便宜，便宜没好货”。尽管有些消费者具备一定的营销学知识，会对价格的合理性进行分析，但是以价格水平来衡量商品价值大小与质量高低，仍然是大多数消费者奉行的价格心理准则。

（二）自我比拟的功能

消费者在购买商品的时候还可能因价格而引起某些联想，把价格的高低同个人的情感、愿望、个性特征等联系在一起，进行有意或无意的比拟，以满足个人的某种心理追求。因此，商品价格不仅是价值的衡量尺度，而且具有某种社会心理意义。这种自我比拟主要表现在三个方面：其一是社会地位的比拟。比如有些消费者比较热衷于购买价格昂贵的名牌、高档商品，认为这是自我地位的显示；相反，他们对于低档的大众化商品、折价处理商品不屑一顾，认为购买那些商品有失身份。其二是文化修养的比拟。有些消费者尽管经济收入水平不高，所购买的主要生活用品也多是中、低档次的，但他们对于购买高档乐器、名人字画、书籍、古玩、收藏品等从不计较价格高低，甚至出手非常大方。这是消费者文化修养比拟的结果。通过高价商品的购买，既可以满足实际消费需求，也可以得到心理上的满足。其三是气质、性格、能力等方面的比拟。比如，有些消费者在购物时从不讨价还价，就属于气质的比拟。有些消费者专门设法购买折价处理的商品，则是能力的比拟。需要注意的是，消费者的这种价格比拟有时与实际情况相符，有时可能与实际情况相距甚远，是受社会风气影响所致。

（三）调节需求的功能

商品价格对消费需求具有巨大的影响作用，因此，价格变动可以调节消费需求，或者刺激需求，或者抑制需求。一般来说，价格上升，需求减少；价格下降，需求增加。消费需求的变动方向通常与价格变动的方向相反，但是，价格对需求的调节作用还会受到价格—需求弹性、消费者的心理需求强度和价格心理预期的制约。消费者的心理需求强度越大的商品其价格的灵敏度越高，价格调节的作用也越明显。需求弹性小的商品，结果则相反。如果消费者对某种商品的心理需求越强烈，对该商品的价格变动也就越敏感，价格调节的作用也越突出。对于心理需求较弱的商品，结果则相反。最后，如果消费者对商品价格变动的心理预期是持续较长时期的，就会采取相反的做法。比如，对于降价销售的商品，如果消费者预期将持续看降，消费者不但不会增加购买，反而会减少购买，等待价格跌至最低点时再买。对于提升价格的商品，结果与此相反。也就是说，消费者的价格预期可能对需求产生完全相反的调节作用。

【案例】

成功的秘密

有一位成功的商人，有人问他成功的秘诀是什么？他说他一辈子装聋作哑。

原来是这样。顾客走进他的店里，指着一件商品问：

“这个多少钱？”

“什么啊？”商人手贴着耳朵问。

“这个多少钱!?”

“什么？有多少？”

“是多少钱！”顾客有点对商人恼怒了。

“哦！这个多少钱啊？稍等下！”商人对屋里的人喊：

“老板，这个柜台上的东西多少钱啊？”

里屋传出一阵带着睡意又不耐烦的吼声：

“不是说了么！那里的商品要80块！好了别烦我！”

“哦，这样啊！好的！”商人回过身来对着顾客。

“您也听到了，老板说要50块，不过我给您便宜点40块拿走怎么样？”

顾客暗自窃喜匆匆付过钱后一溜烟就走了。

三、消费者的价格判断

（一）消费者判断价格的途径

1. 与市场上同类商品的价格进行比较

这是最简单、最明了，并且被普遍使用的一种判断商品价格高低的方法。消费者眼见为实，直接权衡价格高低，立即就能决定购买或者放弃购买。

2. 与同一售货场中的不同商品价格进行比较

如一件 1 200 元的便携式 VCD 机，把它摆放在多数是 2 000 元以上商品的精品电器柜台和摆在多数都是 500 元以下商品的小家电柜台，消费者的价格感受和判断是不一样的。多数消费者会认为精品电器柜台标价 1 200 元的便携式 VCD 机便宜，小家电柜台标价 1 200 元的便携式 VCD 机昂贵。

3. 通过商品的外观、品牌、产地、包装、使用特点、使用说明进行比较

价格判断也来自于对商品特性的比较。例如，商品外观是否新潮，品牌知名度如何，产自何地，商品包装是否精良，商品是否易于使用，各种附件说明是否完备，这些都会使消费者产生不同的价格判断。

4. 通过消费者自身的感受体验来判断

消费者在服务产品上多采用这种判断方法。服务是无形的，所以消费者无法通过观察服务本身来判断它的价格，而只能通过接受服务过程中自身的心理体验来衡量它的价格。当然这些体验还来自于服务设施、服务设备、服务人员、场所布局等一切可传达服务特色及优点的有形展示。

（二）影响价格判断的因素

1. 消费者的经济收入

这是影响消费者判断价格的主要因素。比如，同样一条价值 300 元的“鳄鱼”牌皮带，月薪 3 000 元的消费者和月薪 600 元的消费者对价格的感受和判断可能完全不同。就消费者谨慎消费的心理而言，前者会认为价格并不高，而后者恰恰相反。

2. 消费者的价格心理

前面已讨论过的习惯心理、敏感心理、倾向心理、感受心理都会影响消费者在购买商品时的价格判断。例如，电价由原来的 0.35 元/度上升到 0.38 元/度，虽然只是上涨了 3 分钱，但是消费者会认为太贵了，因为它高于消费者的习惯价格，并在短期内会使消费者产生抵触心理。

3. 生产和出售地点

同类商品的生产工艺可能完全相同，但由于产地不同，消费者对价格的判断也不尽相同。这其中存在“原产地效应”。消费者一般认为原产地生产的优质商品所定的高价是合理的，而其他产地的商品若是也定高价，消费者则觉得难以接受。

另外，同样的商品以同样的价格分别在精品店和超市出售，消费者往往感到后者的价格

过高。因为消费者通常对超市商品价格的判断标准较低，而对精品店的判断标准较高。

4. 商品的类别

同一种商品因不同的用途，可划入不同的商品类别。消费者对不同类别的商品评价标准不同，因而对商品价格的感受也不一样。如一块石英手表，既可用来看时间，也可用作装饰品。拥有前一种用途的石英手表属于日用品，后一种属于时尚装饰用品。那么，100 元钱一块的石英手表，对前者来说太贵，对后者来说，消费者则可接受。

5. 消费者对商品需求的紧迫程度

当消费者急需某种商品而又无替代品时，价格即使高些，消费者的感受和判断也会趋于可接受。例如，柯达冲印店的快速冲印，消费者若要在半小时内取到冲印的照片，要收加急费，价格上一般比平常冲印贵出 20%以上。但是即使如此，对于那些急等照片的消费者来说，仍然可以接受。

6. 购买的时间

在一些特定时间内购买某些商品，价格可能高，也可能低。对于季节性的商品，消费者往往会认为打折是应该的，夏天的服装秋天购买，只有是低价才可接受。而另一种情况是，对于具有节日意义的情感性、象征性商品，消费者即使要承受比平时高许多的价格也可接受。例如，情人节购买鲜花的年轻人，大多并不在乎红玫瑰的价格，售价 15 元 1 支的红玫瑰有时比 6 元 1 支的红玫瑰卖得还快。而在平日里，人们只需花两三元钱就能买到一束鲜花。所以情人节又称“男士荷包甜蜜重创日”，浪漫情怀中的消费者是不问价的。

第二节　消费者的价格心理

消费者的价格心理，是指消费者在购买过程中对价格刺激的各种心理反应及其表现。它是由消费者自身的个性心理和对价格的知觉判断共同构成的。消费者的价格判断既受其心理影响，也受到某些客观因素，如销售环境、气氛、地点和商品等因素的影响。价格判断具有主观性和客观性的双重性质。

一、消费者的价格心理特征

（一）习惯性

反复的购买活动会使消费者对某种商品的价格形成大致的概念，这种价格也叫习惯价格。消费者判断频繁购买的商品价格高低时，往往以习惯价格为标准。在习惯价格以内的价格，就认为是合理的、正常的，价格超过上限则认为太贵，价格低于下限会对质量产生怀疑。

（二）敏感性

消费者对商品价格的心理反应程度的强弱与该商品价格变动幅度的大小通常按同方向变化。但违反这种心理变化的情况也经常发生。有些商品即使价格调整幅度很大，消费者也不会产生强烈的心理反应。造成这种差异的原因是消费者对各种商品价格变动的敏感性不同。一般来说，消费者对需要经常购买的日用品价格变动很敏感，对购买次数少的高档消费品价格变动则比较迟钝。

（三）感受性

消费者对商品价格高低的判断不完全以绝对价格为标准，还受其他因素的影响，主要有商品轻重、大小、商标、包装、色彩；商品的使用价值和社会价值；货位摆布、服务方式、售货场所的气氛等。由于刺激因素造成的错觉，有的商品绝对价格相对高一些，消费者会觉得便宜；有的商品绝对价格相对低一些，消费者会觉得很贵。

（四）倾向性

消费者对商品价格的选择倾向或为高价，或为低价。前者多为经济状况较好，怀有求名、显贵动机及炫耀心理的消费者；后者多属经济状况一般，怀有求实惠动机的消费者。

（五）逆反性

价格在诸多消费刺激中具有敏感度高、反应性强、作用效果明显的特点。价格涨落会直接激发或抑制消费者的购买欲望，二者的变动方向通常呈反向高度相关。但是，受某种特殊因素的影响，如市场商品供应短缺引起的心理恐慌，对物价上涨或下降的心理预期，对企业降价销售行为的不信任等，也会引起消费者对价格变动的逆反心理，产生“买涨不买落”、“越涨价越抢购”、“越降价越不买”以及“持币待购”诸如此类的逆反行为和现象。

二、价格变动对消费者的心理和行为的影响

价格变动一般分为两种情况：一种是降低价格；另一种是提高价格。

一般来说，当某种商品的价格上升时，人们会减少对它的购买；当这种商品价格下降时，人们会增加对它的购买。

价格变动会引起需求量的变动，但不同商品的需求量对价格变动的反应程度是不同的。价格变动对生活必需品的需求量的影响比较小，对高档耐用品需求量的影响比较大。

消费者对既定商品的需求，不仅受该商品价格变动的影响，而且受相关商品价格变动的影响。一种商品价格上升，替代品的需求上升，互补品需求下降；一种商品价格下降，替代品的需求下降，互补品需求上升。

简单概括就是：

（1）一般情况下，商品的需求量和商品价格呈反向变化。

（2）商品价格的变动对生活必需品的需求量的影响比较小，对高档耐用品需求量的影响比较大。

（3）替代品之间成同向变化，互补品之间成反向变化。

成熟理性的消费者在关注商品价格变动的同时，要注重商品的核心价值、形式价值和附加价值。消费者不仅仅是为产品的价格而去购买产品，而是在购买商品的使用价值、服务价值以及企业的保证和承诺。

三、消费者心理中的价格阈限

消费者心理中的价格阈限包括绝对价格阈限和差别价格阈限两种。

（一）绝对价格阈限

绝对价格阈限是指消费者心理上所能接受的价格界限。绝对价格阈限可分为上绝对阈限和下绝对阈限。上绝对阈限是指可以被消费者接受的商品的最高价格；下绝对阈限是指可以被消费者接受的商品的最低价格。

消费者觉察两个刺激之间的差别能力是相对的。例如，在绝大部分商场都在提价的情况下，一个商家独自降价的行为就显得特别突出，但是在大家都降价的情况下，一个商家的降价行为所引起的震撼就不会那么大。

（二）差别价格阈限

差别价格阈限是指能够引起消费者差别感觉的两种价格刺激之间的最小强度差。

在有关价格升降幅度与消费者感知的研究中发现，零售商需要削价15%才可能获取成功，较低的价格调整是难以引起顾客察觉的。价格的差别阈限还与商品总价有关，价格越高差别感觉阈限也越高，此时提价的幅度应控制在低于差别阈限的范围内，而降价幅度却应达到或超过差别阈限，以使得消费者可以感觉到前后的变化。比如当国内25寸彩电价格一降再降终于跌破1 000元大关时，曾引发新一轮购买热潮，而今年粮油、煤气涨价幅度还未超过1元就引起市民的强烈感知。由此企业制定产品价格或在广告中需强调价格优势、削价促销时，应首先测出消费者的差别阈限，方可能实现对价格信息的有效传播。

【案例】

低价不好销，高价反抢手

美国亚利桑那州的一家珠宝店，采购到一批漂亮的绿宝石。由于数量较大，店主担心短时间销售不出去，影响资金周转，便决心只求微利，以低价销售。本以为会一抢而光，结果却事与愿违。几天过去，仅销出很少一部分。后来，店老板急着要去外地谈生意，便在临走前匆匆留下一纸手令：我走后若仍销售不出去，可按1/2的价格卖掉。几天后老板返回，见绿宝石销售一空，一问价格，却喜出望外。原来店员把店老板的指令误读成“按1～2倍的价格出售”，他们开始还犹豫不决，就又提价一倍，这才使绿宝石一售而空。

（三）感受性

消费者对商品价格高低的判断不完全以绝对价格为标准，还受其他因素的影响，主要有商品轻重、大小、商标、包装、色彩；商品的使用价值和社会价值；货位摆布、服务方式、售货场所的气氛等。由于刺激因素造成的错觉，有的商品绝对价格相对高一些，消费者会觉得便宜；有的商品绝对价格相对低一些，消费者会觉得很贵。

（四）倾向性

消费者对商品价格的选择倾向或为高价，或为低价。前者多为经济状况较好，怀有求名、显贵动机及炫耀心理的消费者；后者多属经济状况一般，怀有求实惠动机的消费者。

四、商品价格与消费者心理行为的关系

1. 价格是消费者衡量商品价值和品质的直接标准

在消费者对商品品质、性能知之甚少的情况下，主要通过价格判断商品品质。许多人认为价格高表示商品质量好，价格低表明商品品质差，这种心理认识与成本定价方法以及价格构成理论相一致。所以，便宜的价格不一定能促进消费者购买，相反可能会使人们产生对商品品质、性能的怀疑。适中的价格，可以使消费者对商品品质、性能有“放心感”。

2. 价格是消费者社会地位和经济收入的象征

一些人往往把某些高档商品同一定的社会地位、经济收入、文化修养等联系在一起，认为购买高价格的商品，可以显示自己优越的社会地位、丰厚的经济收入和高雅的文化修养，可以博得别人的尊敬，并以此为满足；相反，使用价格便宜的商品，则感到与自己的身份地位不符。

3. 价格直接影响消费者的需要量

一般来说，价格上升会引起需要量下降，抑制消费；价格下降会增加需要量，刺激消费。但也有时情况相反，各种商品价格普遍上升时，会使消费者预期未来价格将继续上升，增加即期需要量；反之，则预期未来价格将继续下降，减少即期需要量，产生“买涨不买落”心理。造成这种情况的原因是消费者的生活经验、经济条件、知觉程度、心理特征等有着不同程度的差异，他们对价格的认识及心理反应千差万别。

五、心理价格及影响因素

1. 产品质量

一般来说，质量越高的商品，消费者的心理价格也越高，质量对使用者心理价格影响的强弱成正比是商品的使用时间的长短。产品无故障使用时间很长，消费者心理价格就很高；如果产品的使用时间很短，消费者的心理价格就很低。质量问题哪怕很小，也会大大降低消费者心理价格。因此企业要提高产品质量，从根本上提高消费者心理价格，要在消费者中建立起高度的质量信任感。

2. 企业声望

企业的声望，对于产品的消费者心理价格有着很重要的影响。一家知名度高，深受消费者信任和喜爱的企业，它的产品往往具有很高的“消费者心理价格”。为了提高企业声望，一些具有名牌产品的企业可将自己的牌子和厂名相联系，这样一旦产品牌子响了，企业也出名了。不外乎是企业要生产质量过硬的产品，并通过各种方法和途径向消费者介绍宣传自己。

3. 销售服务、企业对消费者提供的服务是多方面、多阶段的

不仅售后服务对“消费者心理价格”有着重要的影响，而且售前和售中服务也有很大的影响。企业在商品走俏时，不能放松自己的售后服务，更不能不兑现自己许诺的服务。否则就是在败坏自己的声望，降低“消费者心理价格”。

六、影响消费者对商品价格产生心理反应的主要因素

影响消费者对市场价格产生心理反应的因素有很多，其中主要有五个方面的因素：个人

因素；专家因素；商品本身因素；购物环境因素；社会文化因素。

1. 个人因素

个人因素是影响消费者的最直接、最重要的因素。个人因素包括：消费者个人的消费经验、消费者家庭以及消费者的个性、爱好和兴趣等三个方面。

消费者个人经验往往是自身感官的接受，形成对某种商品某个价位的知觉与判断。消费者多次购买了某种价格高的商品回去使用后发现很好，这就会不断强化他的“价高质高”的判断和认识。当多次购买某种价格低的商品，发现不如意，这同样会增强他的“便宜没好货”的感知。家庭对消费者具有极为深刻的影响，家庭的规模、经济状况也会直接影响消费者对商品价格的判断。

2. 专家因素

专家因素包括两个方面：一是指专职对商品价格进行监测评价的政府官员、经济学家等对商品价格水平及其变化的职业性的感受和判断，它具有理性和准确性的特点。由于专家具有权威性和参照性，对消费者对商品价格的判断和感受影响也比较深远。另一个是消费指导者，消费者在日常生活中总要接受周围一些对商品有经验的人的建议、意见，并常常接受他们的指导，受到他们的影响。

3. 购物环境因素

销售现场包括销售现场周围环境、销售现场环境。装修豪华的商店可能使工薪阶层望而却步，因为消费者认为豪华商场出售的商品价格昂贵。有人曾经做过这样一个对比实验：把某大商场一件价值 2 600 元的名牌西服和地摊上一件价值 500 元西服去掉标签互换，结果到地摊上卖的名牌西服没有卖出去，而地摊上的西服在大商场却以 1 600 块钱卖掉了。

4. 商品本身因素

商品本身因素指的是商品本身的外观、重量、包装、使用特点、使用说明等对消费者对价格的反应产生影响。

5. 社会文化因素

社会文化因素指的是社会群体对商品价格水平及其变化的总体感受和判断。这种感受和判断可以说明商品价格的大体范围以及商品价格所属的群体特征。购买经济适用房的消费者的群体特征与购买豪宅的消费者的群体特征就非常鲜明，他们对房产价格的判断也有比较大的差距。

第三节　价格策略与消费心理

一、商品定价策略

(一) 新产品的定价策略

新产品的定价由于没有同类商品价格可供参照，因此是较为困难的。新产品的订价在保证既收回成本，又获取一定的利润，还应让大多数消费者认为“公平”而能够接受的原则下，常常运用以下策略。

1. 撇油法

这是一种先高后低的价格策略。在新产品进入市场初期，还没有竞争对象和替代物，厂家可能采取较高价格出售，以便获得高额利润和尽快回收新产品的研制、开发投资。随着时间的推移，尤其是竞争对手进入市场后，可以酌情逐步降低价格。这种方法就如从鲜奶中撇取乳油一样，从厚到薄、从精华到一般，俗称“赚头蚀尾”。这种策略通常适用于能更好地满足消费者需要，需求量较大，需求弹性较小，仿制较难的新产品，是针对消费者求新、求奇、好胜等心理的。这种定价法的好处是：单位产品利润大，短时间内即可收回投资，当竞争者跟上来时，企业已获得了丰厚利润。能提高新产品的身价，能使顾客产生质量优良的印象，更有利于吸引求新消费者的注意。可以随时调价，在竞争中处于主动，如销路不理想时，通过降低价格，可以扩大销路。这种定价法的不足是：以高价投入市场，可能会出现产品形象尚未树立，而销售增长缓慢的不利形势；畅销、高价带来的高额利润会诱使大批竞争者进入市场，造成价格猛跌直至无利可图。二战后，美国一家制造商，从阿根廷引进了圆珠笔，最初取名“原子笔”时，成本仅为 50 美分，作为圣诞礼物隆重推出，后经大力宣传，就使小小的商品身价百倍，售价高达 20 美元。以后有了众多竞争者，卖价则下降至 0.7 美元和 0.25 美元。

高利润必然带来激烈竞争，因此想在市场上独占鳌头，必须迅速申请专利，或努力降低成本，以排斥竞争者。产品卖高价，只有消费者接受高价时，才能实现经营者的高利润；而要消费者接受高价，还得创造一系列的条件。因此，采用这种策略必须十分谨慎。

2. 渗透法

与上述方法相反，渗透法是在商品进入市场初期，以较低的价格出售，然后逐步把价格提到一定的高度，又称“蚀头赚尾”。这种方法一般适用于一些低档品、生活必需品、市场已有类似代用品、消费者对价格较为敏感或易于仿制的新产品。是针对消费者求实、求廉、求利等心理的。这种定价策略的初期，使竞争对手感到得益不大，不想积极仿制，待到消费者使用习惯又非用不可、并且找不到类似的代用品时，把价格涨到一定高度。此时，消费者虽有不满，但也只能无可奈何地接受了。这种定价法的优点是：企业以薄利多销迅速吸引大批消费者，在短时期内打开产品销路；对竞争者诱惑不大，可减少竞争，使企业获得并保持较高的市场占有率；可使企业经营稳定，获得长期利润。著名美籍华侨陈嘉庚先生 20 世纪 30 年代曾被誉为世界胶鞋大王。他生产的胶鞋刚问世时价格往往低于成本，直到商品成为名牌时，才逐步把价格提高，最后仍赚了大钱。这种定价法的不足是：新产品开发投资一般较大，要较长时期才能收回。这时期如竞争企业将性能更好的新产品投放市场，企业就会无利可图；采用这种策略，提价时可能会引起消费者的反感和抵制，影响销售和企业信誉。

3. 反向定价法

这是一种先定价格后组织生产的“量入为出”的反向方法。它是以零售价格为依据倒算出新产品成本和其他所需费用的控制范围，而后再去组织生产。这种方法不是以产品订价格，而是依据价格定产品的质量和功能。这种策略一般适用于日用品和技术要求不高的商品，适应大多数消费者的需要。这种方法的优点是：从消费者的实际支付能力和价格心理出发，旨在建立较稳固的产品信誉，增强消费者的购买信心。采用此种方法，企业首先要正确估计消费者对某种商品的价值观念，然后制订价格并预测出在这一价格水平下的需求量，进而估算生产量、投资额及单位成本等。

华侨企业家林昌横，早年他到巴黎继承父业，把当时一个只有6名工人的小厂发展成了法国第二大皮件厂，产品不仅畅销法国，而且还远销德国、瑞士、以色列、非洲等地。他的生财秘诀就是运用反向定价法。林昌横生产的皮带，就是根据法国人的高、中、低收入水平定价的。低档货适合低收入者的需要，价格在50法郎上下，用料是普通牛羊皮，这部分人较多，就多生产些。中等货定在100～300法郎上下。高档货适合高收入者的需要，就在600～800法郎范围内定价，选料精良，有鳄鱼皮、蟒皮等，由于这些人较少，就少生产些。有些独特花色的贵重皮带，定价就不封顶。因为，对有钱的人来说，只要喜欢，价格再高也会购买。这样，既扩大了市场，又能得到较多的赢利。

可见，商品定价必须适宜，恰到好处。若把中低档商品定价过高，一般顾客将不予问津；若将高中档产品定价过低，顾客反而认为质次而不愿购买。因此，定价既要考虑消费者的需要，又要考虑消费者的实际支付能力。

4. 试用法

这是采取包括免费试用样品、附送优待券、配套供应和现金折扣等方法，以减少消费者对新产品的风险心理，鼓励和引导消费者试用，其目的在于培养消费者对厂家、店家的亲近感和对产品的信任感，为今后的购买奠定基础。免费的试用品一般是低值的、需要经常购买的日用商品。因为试用的代价是昂贵的，但它节省了广告费用，又可达到广告的目的。这种订价法在西方比较流行，在我国的企业中也逐渐开始采用。

科学技术突飞猛进，新产品层出不穷。企业在将新产品投放市场时，无论采取何种策略，都是机会与风险共存的。要想成功，还得根据市场信息与产品情况，结合本企业的经营经验，不失时机地做出选择。

（二）心理价格策略

心理价格策略是根据消费者购买心理而实行的各种价格策略的总称。

1. *零头定价法*

这是一种给商品订一个带有零头尾数的非整数价格。这种方法由于不同国家不同地区的消费者具有不同的价格心态和风俗习惯而做法各异。

如美国在5美元以下的价格，末位是9最受欢迎；在5美元以上的价格，末位是95的销售情况最佳。日本多用50、80、90或800、900等订价。我国港澳地区消费者特别喜爱8的末位数定价。

求廉求实是消费者的普遍心态，非整数价格虽然和整数价格很接近，但给予消费者的心理信息却是不同的，如把原来5元的产品价格定为4.90元，可使消费者感到价格便宜或价格下调的感觉。另外，带零头的价格会给消费者造成定价认真、准确的心理反应，增加信任感。某些数字的发音、含意对某些地区或某类消费者群具有特殊的意义，将其巧妙地运用于定价中，可以激发消费者的情感，给予心理上的满足。同时，在定价中也要避免使用消费者忌讳的数字。

2. 整数定价法

这是给商品订整数，不要零头的定价方法。一般说来，适宜于整数定价的商品，是那些高价值的商品、珍贵的礼品以及为了便于计算的小商品等。如把若干种小商品搭配成1元货、10元货等，不仅在销售时减少许多找零钱的麻烦，而且会给购买者造成合算、便宜的感觉，利于促进购买。又比如，美国一家汽车制造商曾公开宣称：要为世界上最富有的人制造一种大型高级豪华轿车，车内有电视机、立体音响设备、视听电话、酒吧和洗澡间等，价格定为整数100万美元。这一昂贵的超高级轿车，引起了世界各地富翁的极大兴趣，公司的订货簿不仅填满了，而且还大有供不应求之势。

3. 声望定价法

一家商店经过多年经营，在消费者心目中有了声望，该商店销售的商品，价格就可以较一般商店稍高。一个工厂生产的商品成为名牌，消费者对它产生了信任感，售价也可以较高，这是声望定价。因消费者在繁华区或大商场购物的荣誉感，边远地区或农村的消费者把到大城市购买商品当作一种享受，这是声望心理的反映。声望定价特别适用于质量不易鉴别的商品。如皮大衣，两家商店都出售，一家声誉高，顾客们会认为，高级商店的高价商品代表着质量好。在有些国家，对于汽车、照相机、手表等商品，采取这种定价方法而取得成功的事例是不胜枚举的。但要注意，绝不是一般商品都可采用的。

4. 招徕定价法

消费者对低于一般市价的商品，容易感兴趣和激起购买欲望。一些销售者往往利用这种心理，有意把几件商品的价格定低，以此吸引消费者来购买商品，借机扩大连带销售，开拓销路。原因在于：前来买“低价商品”的顾客，通常有这样的心理，这件商品便宜，别的商品一定也便宜。于是，就在不知不觉中买了其他的商品。有些商店在节假日或季节更替时，实行“大减价”，也是属此定价法。从几种“低价商品”看，商家不赚钱，甚至赔本，但从总体经济效益看，还是有利的。

（三）折扣价格策略

这类策略是非正式的或一定时间让价的策略。目的是能吸引顾客加大购买量或成为工商企业的长期顾客。在一定时期内能增加销售额，加速资金周转。折扣价格的形式较多，主要有如下几种。

1. 折让定价法

它包括折扣和让价，是一种以降低定价或给予购买者折扣的方法给消费者以某些优惠，达到争取更多顾客的策略。折让价格的功能在于利用价格优惠来刺激和鼓励消费者的大量购买和重复购买。这种优惠方法有：优惠大批量客户，优惠企业或某种商品的老顾客，优惠在新商品试销期带头购买的消费者，优惠在某类商品销售淡季购买的消费者等。

2. 临时定价法

在某些传统节日，重大活动或非常情况下，将商品价格临时调低，以吸引消费者选购。一旦时过境迁，价格仍然恢复原有水平。这种订价，常常符合消费者特殊情境下的心境与情感。如节日期间欢天喜地，商店里此时如九折出售各种商品，消费者会在喜庆气氛中欣然购买。

3. 处理定价法

对积压、滞销商品降低价格出售，如果运用得当，可以促使消费者在求廉求利的心理动机支配下购买商品，从而减少企业损失，加速资金周转。处理价格的降低幅度应适度，过大会引起消费者的怀疑心理，过小会减少消费者的购买兴趣。再者，处理价格不能在短时间内连续降价，否则会加深消费者的疑虑和观望，抑制购买欲望。如某商店曾五折降价出售积压羊毛衫，两位女顾客犹豫多时，最后还是没买。她们认为“这么便宜的东西恐怕一穿就破，别上当”。通常商品折价较少，消费者认为其实用价值尚存，购买风险不大；若折价过多，消费者就会顾虑商品的质量和安全，会动摇购买信心。国外有的经营者说：“防止滞销比处理滞销更重要。”工商企业一旦出现了积压、滞销商品，应该尽早尽快地处理，使损失减少到最小。

二、商品调价的心理策略

商品调价的心理策略包括两个方面，商品降价的心理策略和商品提价的心理策略。在市场经济条件下，价格的调整与变动是商品销售过程中经常发生的事情。不管是降价还是提价，商品的价格调整都是利用了消费者的心理特点，运用价格调整策略提高销售业绩。

（一）商品降价的心理策略

1. 降价的幅度一定要适宜

如果降价的幅度过小，消费者不感兴趣，达不到提高销售的目的；若降幅过大，消费者会怀疑其质量。实践经验证明，商品价格降低10%～30%时，消费者会较为认可。

2. 要准确地选择降价时机

对于时尚商品或新潮商品，进入模仿期时就应降价；对于季节性商品，应当在换季时降价；对于一般商品，进入成熟期时就应降价。

（二）商品提价的心理策略

商品提价虽是一种正常现象，但涨价总会伤害消费者的经济利益，商家必须注意消费者的心理承受能力，认真分析和预测提价后消费者可能引起的心理反应，并采取相应的提价心理策略。

（1）对因商品成本增加而造成的提价，要尽量控制提价幅度，同时改善经营，减少开支，努力让利于民。

（2）如因商品紧缺，供不应求而造成的提价，商家要积极挖掘商品货源，努力减轻消费者负担，尽量降低提价幅度。

（3）属于国家政策需要而提价，一定要多做宣传解释工作，努力消除消费者的不满情绪；同时积极组织好替代商品的货源和经营，更好的满足消费者的需要。

（4）对因进货渠道、进货环节提高成本的原因而提价，要说明原因，提高服务质量，以取得消费者的信任和谅解。

（5）如果纯属于企业为获利而提高售价，应该特别慎重。同时搞好销售服务，改善营销环境，增加服务项目，不要损害了企业的声誉。提价幅度要适当，要让消费者切实感受到物有所值。

【案例】

中国三大名企高技术、低价格取胜

伦敦商学院管理实践教授唐纳苏尔（Donald Sull）日前撰文对中国制造的三大名片——格兰仕、联想、海尔进行了分析。

中国制造其实就是价值为王

“成本很低，但创新速度与营销速度极快，欧美企业比中国制造的成本高得多，但速度却低得多，我们拿什么与中国的格兰仕、联想、海尔竞争！”Donald Sull 对于那些误认为“中国创造远不如日本制造可怕！”的欧美企业家提出了警告：“日本是通过政府做大极少数企业来加强国际竞争力，而中国有一大批企业都是通过自身严酷的磨练才扬威国际，因此，中国创造比日本制造更加可怕！”

“高举低打”成就中国三大名片

Donald Sull 认为中国的可怕就在于像格兰仕、联想、海尔这样的企业不仅局限于家电企业，像服装、家具、化工、石油、通讯等行业，中国也有不少名片企业，中国制造的全面开花远比日本只局限于少数行业称雄来得更恐怖！中国创造的绝招最根本的就是“以超低价将国内对手压制在低端，同时又以高技术将国外对手赶下高端！”

以中国家电的三大名牌为例，联想电脑为全球客户量身定做的低价电脑，比美国的 Dell 电脑和 IBM 电脑领先 6 个月以上，使戴尔的低价直销在中国基本失效；海尔冰箱比同质量的西门子与伊莱克斯价格低得多，同时又比同价格的国内对手具有更好的质量，所以能占领中国冰箱市场的25%以上！格兰仕的成功主要就是靠庞大的专业化生产来降低成本，并将最先进的西方设备拿到中国去生产微波炉，从根本上改变了世界微波炉的产销格局；格兰仕年产微波炉 2 600 万台，全球 90%以上的名牌微波炉实际上都是从格兰仕的生产线上源源不断流向全世界的。

【同步思考】

1. 从上述案例中你得到什么启示？
2. 你认为中国电影票价在定价策略上还应该做出哪些改进？

【小结】

商品的价格心理是消费者对商品价格信号的心理反应。商品价格具有多方面的心理功能。它能衡量商品价值和商品品质，又具有消费自我意识的比拟功能和调节消费需求的功能。

①习惯心理，即消费者根据自己的购买经验，对某些商品的价格反复感知，从而决定是否购买的习惯性反应。②敏感心理，即消费者对价格变动的反应程度。③倾向心里，即消费者在购买过程中对商品价格选择所表现出的倾向。④感受性心理，即消费者对商品价格高低的感知程度。

商品价格的制定要根据不同的营销时期、不同的商品，采取不同的定价策略。在新产品刚投放市场时，可采用先高后低的撇脂定价策略，也可采用先高后低的渗透定价策略，或者采用以价格定产品的满意定价策略。在商品营销过程中，可根据消费者在价格心理上的差异制定不同的定价策略，如整数定价、零数定价、习惯定价、声望定价和折扣定价等策略，使制定的商品价格为消费者所接受。商品价格的调整包括降价和提价。企业在降价时要注意降价幅度，把握降价时机，采用暗调等心理策略；提价时也要注意幅度不能过大，宜采用非直接提价的暗调策略，并做好宣传工作等。

【思考题】

一、选择题

（1）商品的价值是凝结于商品中的（　　），是对商品价格的内在决定因素，其外在形式则由货币表现为某种商品的价格。

A. 社会必要劳动量　　B. 社会劳动量　　C. 必要劳动量　　D. 劳动量

（2）研究价格心理的目的，在于掌握消费者对价格及其变动的心理反应与活动规律，从而制定既符合消费者的心理要求，又能（　　）的合理价格。

A. 增加社会效益　　B. 增加企业效益

C. 降低企业效益　　D. 增加企业效率

（3）商品的价格对商品的需求有巨大影响，价格的高低对需求有（　　）。

A. 促进作用　　B. 调整作用　　C. 调节作用　　D. 必要作用

（4）价格心理是指消费者在购买过程中对价格刺激的各种心理反应及其表现，它是由消费者自身的个性心理和对（　　）共同构成的。

A. 价格的知觉判断　　B. 消费者的知觉判断

C. 客户的知觉判断　　D. 价格的合理判断

二、问答题

（1）影响市场价格的客观因素有哪些？

（2）商品价格的心理功能有哪些？

（3）消费者的价格心理表现有哪些方面？

（4）新产品定价的心理策略有哪些？

（5）影响价格判断的因素有哪些？

【实训七】　月光族变日光族（图 7-1）

【作业】

1. 为自己做一个月的购买记录，分析哪些是冲动购买？

2. 哪些与价格有关？

3. 如何克服购买冲动？

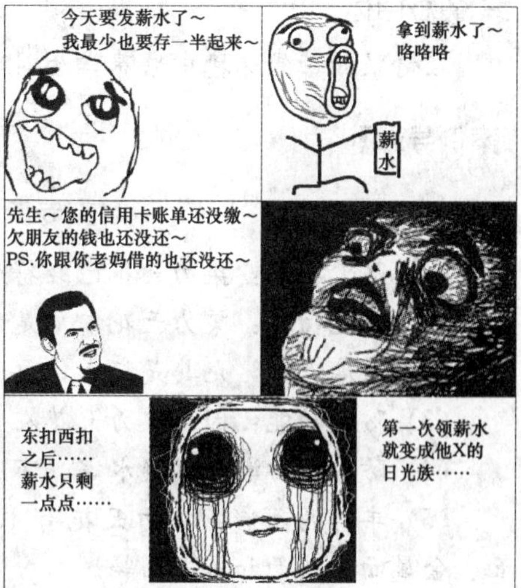

图 7-1　月光族变日光族

（图片来源：百度图片）

第八章

店面店貌与消费心理

知识目标

了解购物环境的概念及作用；

掌握营业场所外部环境与消费心理间的关系；

掌握营业场所内部环境与消费心理间的关系。

能力目标

能运用心理学原理分析店面选址的依据；

能够设计增强消费者购买欲的店容店貌。

情感目标

在舒服的营销环境中培养学生对所学专业的感情，提升职业价值感。

【案例导入】

耐克专卖店的柔力天花的10大特性

(1) 防火功能：柔力天花已经符合多个国家的防火标准。

(2) 节能功能：柔力天花本质是用PVC材料做成的，能大大提高绝缘功能，更能大量减低室内温度流失，尤其是经常需要开启空调的地方。

(3) 防菌功能：因为柔力天花在出厂前已预先混合了一种称为BIO-PRUF的抗菌处理。

(4) 防水、防潮、不凝水露、不脱落、不变色。

(5) 丰富的色彩：柔力天花有100种颜色、8种类型可供选择，如亚光面、光面、绒面、金属面、孔面和透光面等。

(6) 无线的创造性：因为柔力天花是一种软性材料，是根据龙骨的形状来确定它的形状，所以造型比较随意、多样。

(7) 方便安装：可直接安装在墙壁、木方、钢结构、石膏间墙和木间墙上。

(8) 优异的抗老化性能，10年使用保证；柔力专用龙骨分为PVC和铝合金两种材质，柔力软膜的主要构造成分是PVC，柔力扣边也是由PVC和几种特殊添加剂制成的，不会产生裂纹，绝对不会脱色或小片脱落。

(9) 安全环保：柔力天花在环保方面有突出的优势，它完全符合欧洲及国内各项检测标准。

(10) 理想的声学效果：经有关专业院校的相关检测，证明本材料能有效地改进室内音色效果。

【同步思考】

1. 耐克专卖店的室内设计和装修对提高企业的形象有哪些意义？
2. 室内的装修材料与环保有哪些关系？

消费者通常在一定的购物场所或环境中实现购买行为，购物环境的优劣对消费者购买过程的心理感受具有多方面的影响。从心理学的角度看，客观事物给人的第一印象是形式感，人们对事物的认识是由表及里，由感性到理性，逐步认识其本质的过程。在营销活动中，一个好的购物环境能使消费者产生和谐、温馨和愉悦的心理感受，激发消费者购买欲望，进而影响其购买行为。因此，研究购物环境及其对消费心理的影响，是一个重要的问题。

第一节　营业环境概述

一、购物环境的概念

(一) 什么是购物环境

营业环境又称购物环境，是购买行为发生的主要场所。消费者的购物行为通常是在一定的购物环境中实现的。购物环境的优劣对消费者购买过程中的心理感受具有多方面的影响。

购物环境是指消费者实施购买活动的时候各类环境条件与影响因素。就是企业为消费者提供的购买商品的环境。人们所消费的商品主要分为有形的实物商品和无形的劳务性服务商品，购物环境因此也分为两大类：一是提供实物商品的商业营业场所，这类营业场所一般具有固定的地点，比如百货商场、超级市场、仓储式商场等。但随着互联网技术的发展以及现代物流配送系统的完善，非固定场所经营实物商品的网上营业环境也在蓬勃发展。二是提供劳务服务的营业环境，比如旅游、饭店、休闲、文化艺术等消费中的特殊营业环境，这一类营业环境可能拥有相对固定的场所，比如音乐厅、饭店、旅游景点等，也可能没有相对固定的场所，比如信息咨询服务、家政服务等。

随着社会经济的发展，人们对购物环境的认识不仅是商业企业的位置、建筑物、商品陈列和橱窗广告、照明音响等辅助设施诸因素，同时也会从主观意愿上把各种因素综合起来，产生一种心境体验。购物环境的设置要最大限度地方便和吸引消费者，促成消费者的购买行为。

从客观方面来看，购物环境通过其空间、结构、灯光、色彩、人员促销、良好的服务来烘托出一种氛围；从主观方面来看，购物环境则是一定的气氛或情调，使消费者在购物过程中产生一种特殊的心理感受。人们总是使他们的购买行为与明确的场合相适应，或者说在某一个确定的时点上，人们的想法影响着他们要购买的东西和他们的行为。所以心理感受虽然与交易本身没有直接的联系，但是它会影响消费者在购物时的心境和兴趣，进而影响他们的购买行为。

（二）良好购物环境的标准

（1）重视企业形象管理。注意卖场外环境和卖场性质吻合，让消费者觉得这就是他想要去的商店。商店的设计要符合大多数人的审美情趣，使卖场外环境具有亲和力。

（2）重视店前广场和店面建筑对商店内涵和个性的昭示。要让消费者在店外就能分辨这家商店的主题是什么，橱窗的陈列就要具有鲜明感和通透性，商店的招牌要醒目、别致，给人以美的感觉。

（3）充分了解商店所在地区的文化、民风、民俗、历史传统背景，从社会学和心理学的角度，精心策划和创造出一种人文环境，对消费者产生一种亲和力。

（4）合理科学的产品陈列。满足消费者需求，减少消费者寻找、挑选所需的产品和付款时间，比如采用简便的付款取货程序或是安装自动取款机等。

（5）均匀、科学地分布客流，科学、合理地安排时间和空间，为消费者创造安全、适宜的购物氛围。

（6）凡是消费者在购物环境里能想到的各种要求，都尽量以恰当的方式予以满足，比如提供休息的场所、娱乐的场所、就餐的场所、儿童戏耍的场所、干净宽敞的洗手间等。

（7）店面的装饰要高雅，色彩要柔和，并配以音乐，让消费者感到轻松、愉悦。

（8）安全性也是一个必须考虑的因素。防盗、防火、卫生等措施的实施都必不可少。

二、购物环境的作用

购物环境是消费者认知商品，选择商品，接受营业员服务和劝导的重要场所，甚至还是消费者体验消费价值的场所。因此，优雅的购物环境，能使消费者和营销者产生积极的心理效应。具体的作用有以下几点：

（1）消除消费者紧张感，引起消费者的兴趣和注意，有利于提高购买欲望。消费者进入营业环境时，一般会注意到营业环境的外部特征，进入营业环境后，会观察营业环境的内部情况，浏览他们感兴趣的事物，有购买需要的消费者开始寻找、选择商品，或与营销人员进行接触，以获取相关的信息，有些消费者还希望营销人员帮助他们做出选择。由此，消费者的消费行为已经开始了。

（2）能调节营业员的心境和情绪，有利于提高工作效率。理想的营业环境，一方面，它对消费者的感觉器官有着较强的刺激力，使他们在观赏选购商品时，感到优雅、舒适、和谐，始终保持兴致勃勃的情绪，从而促成购买行动，而且在购物或消费之后，还能吸引他们再一次光临这个场所，让他们把满意的体会转告其他顾客，为这个营销单位传播美誉。另一方面，它也能使营业人员的精神饱满、情绪高涨、服务热情，从而提高工作效率和服务质量。

(3) 在好的购物环境中，消费者能产生良好的心境，有利于延长逗留时间，增加产品销售量。在营业环境中，消费者只有实施并完成购买行为，商品从经营者转移到消费者手中，其使用价值才能得以发挥，企业的经营目的才能实现。否则，消费价值和企业的价值都不能实现。消费者在营业环境中的行为与结果，是决定企业经营是否成功的关键。

(4) 在某一方面，购物环境也代表企业形象，优雅的购物环境有利于树立良好的企业形象。受营业环境种种因素的影响，消费者心理行为可能随之改变。有些因素对消费者的影响作用大一些，有些因素的影响作用小一些，有些因素对消费者行为起积极的促进作用，而有些因素会起消极的阻碍作用。所以，营业环境的质量与形象会改变消费者的态度，影响消费者购买后的评价。

第二节　购物环境与消费心理

一、选址与消费心理

无论哪种经营方式，店铺位置的选择都是很重要的，俗话说："要开店，选址是关键。麦当劳、肯德基等连锁经营发展成功的三个首选条件是"选址、选址、选址"，选址决定加盟项目的成败。

(一) 开店选址宏观原则

大量的成功案例证明，在选址问题上，定性的分析更为重要，定性分析是定量分析的前提。在做定性分析时，为它确定几项原则是必要的。

1. 费用原则

企业首先是经济实体，经济利益对于企业无论何时何地都是重要的。建设初期的固定费用，投入运行后的变动费用，产品出售以后的年收入，都与选址有关。

2. 集聚人才原则

人才是企业最宝贵的资源，企业地址选得合适有利于吸引人才。反之，因企业搬迁造成员工生活不便，导致员工流失的事常有发生。

3. 接近用户原则

对于服务业，几乎无一例外都需要遵循这条原则，如银行储蓄所、邮电局、电影院、医院、学校、零售业的所有商店等。许多制造企业也把工厂建到消费市场附近，以降低运费和损耗。

4. 长远发展原则

企业选址是一项带有战略性的经营管理活动，因此要有战略意识。选址工作要考虑到企业生产力的合理布局，要考虑市场的开拓，要有利于获得新技术新思想。在当前世界经济越来越趋于一体化的时代背景下，要考虑如何有利于参与国际间的竞争。

（二）选址微观原则

到底怎样选择旺铺呢？既要有宏观的打算，又要有细节的追求。战略上得具备长远的眼光、广阔的胸怀和过人的魄力——“大选址”，战术上要因地制宜、灵活运用。

1. 取闹避静选商圈

所谓“取闹避静”就是在确定店址时，根据店铺的定位，选择人流密集、商业活动频繁的商圈，避免偏僻的环境。“商圈”即以店铺坐落点为圆心，向外延伸某一距离，以此距离为半径构成的一个圆形消费圈。交通条件、地形和地域风光、顾客各层的活动特点和顾客的收入状况都是决定商圈好坏的因素。

商圈一般分为三类：成熟的中央商务圈、成型的商圈和社区型商圈。第一类是城市的核心商业区域，无论是本市人还是外地人都会去；成型的商圈一般是区域性的商务办公楼或开发区，来购物的一般是生活节奏较快、追逐时尚潮流的年轻人；社区型商圈的主要消费人群则是社区周边居住的消费者。

商圈受各种影响的制约，其形态往往呈不规则形状，但从理论上说，商圈结构的三个层次可以用三个大小不等的同心圆来表示。其关键在于确定各层次的半径距离。以位于居民小区的店铺为例，一般以半径 500 米为主商圈，半径 1 000 米为次商圈，半径 1 500 米为第三商圈，步行所需时间分别为 8、15、20 分钟左右。此外也有来自商圈之外的购买力，如流动购买力、特殊关系购买力等，但所占比重很小。

当然，上述数字是经验数字，具体落实到每一间店铺，则需要第一手的居民调查数据作为修正依据。因为店铺经营业态业种不同，店铺规模大小不一，其商圈半径也会有很大的差别，并不是一成不变的。

2. 成行成市

相关店铺的聚集有助于提高相同目标消费群的关注，人们一想到购买某商品就会自然而然想起这条街，比如北京的西单、王府井等。因此，选择同类服装中知名度较高的品牌比较集中的商业区，消费者的购买目标很明确，既能够提升店铺的形象，又有助于提高店铺人气。

根据城市中环境、商圈、街道要素的不同，客层定位不同，在店铺选址时，要根据客层的定位和品牌的定位确定店铺地址。选址地点要和品牌定位相协调，应该不怕跟着对手一起走，甚至要和对手联合起来。共同合作，创造市场，这在当前“租金太贵”的条件下，不失为一剂变通的良方。

3. 小城市开大店，抢占第一

人们往往容易记住世界上最高的山，很少有人会对第二高的山记忆深刻。“第一原则”在营销中无处不在，如购买去屑洗发水会立刻想到“海飞丝”，这是因为海飞丝在进入中国市场时，第一个推出去屑的概念。又如谈到“九牧王”，就会想到“专业西裤”，这都是“第一原则”与品牌定位紧密结合的成功案例。

二、营业外部环境与消费心理

顾客的购物行为按照消费心理学的观点是“需求”动机的实施过程。由于不同顾客的需求目标、需求标准、购物心理等差异，会表现出各种各样的购物行为，但以下几点对购物环境的要求是大体相同的。

(一) 商店橱窗设计与消费心理

商店橱窗，是在商店沿街的窗户内设立的玻璃橱窗，把所经营的重要商品，按照巧妙的构思设计，通过布景道具和装饰画面的背景衬托，并配合灯光、色彩和文字说明，排列成富有装饰性和整体感的货样群，进行商品介绍和商品宣传的综合性艺术形式。在现代商业活动中，橱窗既是一种重要的广告形式，也是装饰商店店面的重要手段（图 8-1）。

图 8-1 服装店橱窗的设计

（图片来源：http://image.baidu.com/i?tn=baiduimage&ct=201326592&lm=-1&cl=2&nc=1&word=%E6%A9%B1%E7%AA%97&ie=utf-8）

1. 橱窗对消费者购买活动的影响

(1) 激发购买兴趣。精选经营的主营商品进行陈列，并根据消费者的兴趣和季节有所变化，把热门货或新推广的商品摆在橱窗显眼的位置上，不但能给消费者一个经营项目整体良好形象的印象，还能给消费者以新鲜感和亲切感，引起消费者对商店的注意和需求的兴趣。

(2) 促进购买欲望。橱窗的装饰美术、民族风格和时代气息，不但使消费者对商品有一个良好的直观印象，还会引起他们对事物的美好联想，获得精神上的满足，从而促进购买的心理欲望。

(3) 增强购买信心。橱窗用实在的商品组成货样群，如实地介绍商品的效能、用途、使用和保养方法，直接或间接地反映商品的质量可靠、价格合理等特点，不但可以提高消费者选购商品的积极性，还可以带给他们货真价实的感觉，增强购买商品的信心。

2. 橱窗设计的心理学原则

橱窗要起到介绍商品、指导消费、促进销售和宣传教育的作用，首先要引人注目，要讲究视觉效果。从心理学的知觉规律角度看，橱窗设计应遵循的原则是：

(1) 应增强橱窗的刺激性。人们注意程度的大小与刺激强度成正比。凡色彩鲜艳、光度明亮、声音悦耳、标记突出的，刺激性就强，必然会引起更多的注意。

(2) 应加强橱窗的对比度。知觉对象与知觉背景的差别越大，越容易被人们清晰地感知。雪地里的白天鹅，森林中的小松鼠，由于他们本身的一层保护色，所以不容易为人们发觉，相反“鹤立鸡群”、“万绿丛中一点红”，则容易被人们觉察。

(3) 应注意陈列商品的活动性。一般地说，运动的对象，反复出现的对象，都容易引起人们的注意。如夜空中的流星、闪光的霓虹灯广告、电影、十字路口的红绿灯等，都易被人们知觉。

(4) 应注意陈列商品的组合。由于知觉的整体性，往往因为刺激物的不同组合，能对人的知觉造成很大的影响。如橱窗内陈列的商品实物、布置上的文字图画都不能太多太零碎，否则会分散人们的注意力。另外，摆放的地位以视觉中心的位置为最佳，即被众多广告学家尊崇的“黄金分配线”上。

3. 橱窗设计的心理方法

商店橱窗是一种天天与消费者见面的街头艺术，要获得成功的整体效果，不管采用什么样的设计方法，都必须注意适应消费者的心理，满足消费者的各种心理要求，以赢得消费者的喜爱，激发购买欲望，增强购买信心。要发挥橱窗对消费者的心理影响功能，一般可采用下面的方法：

（1）充分显示商品，突出商品，适应消费者的选购心理。在商店里，商品是消费者最关心的视觉对象。大多数消费者看橱窗的目的，往往就是为了观赏、了解和评价橱窗的陈列商品，为选购商品收集有关资料，以便做出决定。因此，商店橱窗设计最重要的心理方法，就是要充分显示商品，突出商品，把商品的主要优良品质或个性特征，清晰地显示给消费者，给选购以方便感。

（2）塑造优美的整体形象，给消费者美的享受。在橱窗陈列中，商品是第一位的，但仅是孤立的商品及随意的堆砌罗列，也是难以吸引消费者的。因此要适应消费者的审美趋势，运用各种艺术处理手段，生动巧妙地布置橱窗。艺术构图与色彩的设计运用，是橱窗设计中举足轻重的环节。橱窗的艺术构思要努力体现一个单纯凝练，新颖独特的构图，橱窗的色彩要清新悦目、统一和谐。具有强烈艺术感染力的商店橱窗不仅可以装点市容、美化商店，而且可以使消费者从中得到美的享受。

（3）利用景物的间接渲染，满足消费者感性的需要。用借景抒情的艺术手法去体现主题，对陈列内容进行间接的描绘和渲染，把商品陈列和环境装饰有机地结合起来，使橱窗陈列具有耐人寻味的形象象征。寓意含蓄的艺术构思能使观赏者联想到美好愉快的意境，满足感情上的需要。

橱窗背景的布置，一般可从商品的名称、性能、产地、原料、用途、使用对象和使用季节等有关方面，挖掘其内在的联系，抓住最能描绘、渲染商品的某个方面进行丰富的想象，创造出诱人的意境。利用景物布置，展示企业的经营实力、传统特色和努力方向展示给消费者，以增强消费者的信任感。此外，为方便选购，吸引顾客，可布置儿童游乐场等设施，创造更佳的购物环境。

（4）要根据季节变化和市场消费形势及时调整商品陈列。商店要运用科学的方法，经常地对商品、市场、消费者进行调查研究，以取得可靠的市场情报和资料，作为及时调整商品陈列的依据。把适销商品、新产品适时地摆在显眼位置上。人是好奇的，新奇的东西对人的刺激性最大，因而最易吸引人的注意，以此来发挥橱窗的促销作用。

（5）虚实结合，启发消费者的联想。橱窗陈列常见的表现手法，是把商品样品与各种装饰物、色彩及相关的景物结合起来，构成完整协调的立体画面，使顾客产生丰富的联想。

总之，橱窗设计要以吸引顾客，刺激购买欲为基本原则，促进顾客的购买行为。

（二）门面装潢的心理分析

1. 门面

商店的门面是一个商店的“脸孔”及构成商店形象的关键部分。它的设计风格对消费者最初主观地判断商店的新旧、优劣、大小等有很大影响。

具有新颖独特风格的门面，带民族特色风格的门面，简洁明快风格的门面，古老庄重风格的门面，凡此种种都会给消费者留下不同的印象。

总之，门面设计，一要满足消费者方便、实用的心理愿望，二要考虑到商店经营的具体商品。如经营日用工业品和生活用品的商店、金银首饰类贵重商品的商店、眼镜钟表文具等特色商店及农副产品、副食品、水产禽蛋类商店的店门大小、装饰及与招牌、橱窗的对比关系，都要有自己的特色。

2. 招牌

商店招牌，是用以识别商店，招徕生意的牌子，就是一家商店的命名。消费者在市场上，往往首先浏览大大小小、各式各样的商店招牌，从中寻找实现自己购买目标或值得游逛的商业服务场所。招牌的好坏对于消费者的心理影响是十分明显的，它往往会影响商店的经营效果。正因为如此，一个具有高度概括力、强烈吸引力的商店牌号，能够有效地刺激消费者的感官，并引起相应的行为。我国商店招牌命名的方法主要有：

(1) 与经营特色或主营商品属性相联系。这种命名方法通常能使消费者易于识别商店的经营范围，引导和方便消费者选购，达到招徕生意的目的。如“大光明眼镜店”“万里皮鞋店”的店名，反映了经营者主营商品是眼镜和皮鞋。

(2) 与服务精神或经商格言相联系。这种命名方法通常能反映经商者文明经商，讲究信誉，全心全意为顾客服务的商业道德和服务精神，使消费者产生信任的心理感觉。如“尜尜亮擦鞋店”令人想到鞋擦的亮，“半分利小吃店”，寓意经营者实行薄利销售的宗旨。

(3) 与历史名人或民间传说相联系。这种命名方法通常能反映经营者的经营历史、服务经验和丰富学识，能使消费者产生浓厚的兴趣和敬重心理。如“陆羽茶叶店”，以撰写我国第一部茶叶专著《茶经》的唐代学者陆羽命名，反映了经营者熟知茶经，具有一定的茶叶经营经验。

(4) 与享受意境或美好愿望相联系。这种命名方法通常能反映经营者乐意为消费者的生活增添乐趣，同时包含对消费者的良好祝愿，引起消费者有益的联想，从而对经营者产生亲切的心理感觉。

(5) 激发消费者的兴趣或好奇心理。感情动机是一种重要的购买动机，好奇心能引起兴趣、渴望、快乐、喜欢、满足等情感，最易诱发消费者购买商品的消费行为。如浙江宁波开明街附近有一家小店的招牌上画了一只小缸、一只白鸭和一条黄狗，来往行人看了无不好奇，进店方知是家汤团店。因原店主名叫江阿狗，经营有方，创出名牌老店，现在的招牌是依原主人名字的谐音而画的。如此新鲜有趣的招牌，常使小店顾客盈门，远近闻名。

(6) 借用国外店名、地名。由于我国实行的经济开放政策，国内人民的生活由封闭型转变为开放型，世界上一些有影响的大公司在中国树起自己的招牌，广揽中国消费者。如“肯德基”、“麦当劳”，由于其独特、新颖的经营管理，在消费者心理上唤起了想尝鲜的欲望。显然，这类企业以其店名符合消费者求新、求变的心理而取胜的做法值得借鉴。

商店招牌设计，应力求言简意赅、清新不俗、易读易记，赋以美感，使之具有较强的吸引力，刺激消费者的思维活动，达到理想的心理要求。但值得提出的是，近些年，不少地方一些怪七怪八的店名也冒了出来，如“帝国娱乐宫”、“夜猫子餐厅”、“魔鬼酒家”等，引起了群众的不满，现已普遍得到了纠正。我们认为商家取名，作为一种文化现象，实际上担负着传播社会主义精神文明的责任，既要群众喜闻乐见，更应拥有格调高尚、健康有益的内涵，那种哗众取宠的怪名是不利于净化社会风气的。

三、商店内部环境与消费心理

商店内部环境，包括总体布局如货架、墙壁、地板、天花板的设计、货场照明等内部装饰，及声响、气味和湿度的调节与控制等相关便利服务内容。商店内部的装饰和商品摆放的位置，都会影响消费者的心理。

在品牌营销时代，卖场不再是简单囤积商品的销售场所，科学的布局设计成为卖场经营发展的关键制约因素。

（一）卖场布置通常涉及以下几个方面

1. 通道动线设计

卖场通道的设计，超市的通道划分为主通道与副通道。主通道是诱导顾客行动的主线，而副通道是指顾客在店内移动的支流。超市内主副通道的设置不是根据顾客的随意走动来设计的，而是根据超市内商品的配置位置与陈列来设计的。良好的通道动线设置，就是引导顾客按设计的自然走向，走向卖场的每一个角落，接触所有商品，使卖场空间得到最有效的利用。以下各项是设置超市内通道时所要遵循的原则。

（1）足够的宽。所谓足够的宽，即要保证顾客提着购物筐或推着购物车，能与同样的顾客并肩而行或顺利地擦肩而过。不同规模超市通道宽度基本设定值如表 8-1：

表 8-1　超市通道宽度设定值表

单层卖场面积	主通道宽度	副通道宽度
300 米^2	1.8 米	1.3 米
1 000 米^2	2.1 米	1.4 米
1 500 米^2	2.7 米	1.5 米
2 500 米^2	3.0 米	1.6 米
6 000 米^2 以上	4.0 米	3.0 米

（2）通透。通道要尽可能避免迷宫式通道，要尽可能地进行笔直的单向通透通道设计。在顾客购物过程中尽可能依货架排列方式，将商品以不重复、顾客不回头走的设计方式布局，避免顾客在购物时产生疲惫感。

（3）少拐角。少拐角处是指拐角尽可能少，即通道途中可拐弯的地方和拐的方向要少。有时需要借助于连续展开不间断的商品陈列线来调节。我们可以看到，大多零售卖场都是以十字线路来设计通道，商品货架笔直整齐的排列于主通道的两端。

（4）没有障碍物。通道是用来诱导顾客购买商品的，通道应避免死角。在通道内不能陈设、摆放一些与陈列商品或特别促销无关的器具或设备，以免阻断卖场的通道，损害购物环境的形象。

（5）强迫购买路线。卖场设计都是入口设计至最高层，出口设计至最低层。顾客经历整个购物过程必定途经整个卖场。

2. 商品陈列设计

有效的商品陈列可以引起消费者的购买欲，并促使其采取购买行动。做好商品陈列必须遵循一些基本原则，包括促销性、陈列点、吸引力、方便性、价格、稳固性等六个方面。

(1) 促销性。陈列必须确实有助于增加店面的销售。努力争取有助于销售的陈列位置。增加促进销售的陈列位置被称为促销位。靠数据说话，(特定位置的陈列前后销售对比记录)主通道堆码促销、TG台促销、收银台促销无疑成为每个供应商希望争夺的聚财宝地。

(2) 吸引力。充分将现有商品集中堆放以凸显气势；正确贴上价格标签；完成陈列工作后，故意拿掉几件商品，一来方便顾客取货，二来造成商品销售良好的迹象；可以运用整堆不规则的陈列法，既可以节省陈列时间，也可以产生特价优惠的意味。

(3) 方便性。商品应陈列于顾客便于取货的位置，争取较好的陈列点，争取使顾客能从不同位置、方向取到商品；保证货架上有80%以上的余货，以方便顾客选购。

(4) 价格。价格要标识清楚，价格标签必须放在醒目的位置。促销POP数字的大小也会影响对顾客的吸引力。促销POP的通常标注促销价格及原价，以前者大，后者小的原则书写。

(5) 稳定性。商品陈列在于帮助销售而不是进行“特技表演”。在做“堆码展示”时，既要考虑一个可以保持吸引力的位置，也要考虑到堆放的稳定性，确保商品陈列的安全性。

3. 气氛布置

卖场通道设计、商品陈列设计都属于硬布置，即此类布置较稳定，不会经常更换，因为这是根据消费习性来的。也有的卖场会定期根据销售情况，对卖场的货架排面进行调整。但由于消费者对卖场的熟悉程度影响到了购物的便利性，所以卖场的整体硬布置调整是不能经常的，但一成不变的购物环境又会使消费者产生疲惫感。为解决这种变与不变的矛盾，卖场通常引入软布置的方法。

卖场软布置包括导视系统和气氛渲染布置。导视系统即卖场内引导顾客购物的视觉引导布置，包括各类功能指示牌。如各商品分区指示，各服务分区指示等，也就是我们通常说的VI系统的一部分。

从销售的直接促进成效来看，气氛渲染布置无疑成为关键点。气氛渲染就是根据不同的销售状态给卖场穿上适合的外衣，从上到下，穿衣戴帽。布置的点位包括卖场大门、卖场上空、促销活动区、促销背景墙、地面、收银区、服务台等。应用的包装形式以软性的可更换的印刷品、广告制品为主。

不管是硬布置还是软渲染，前者强调功能性，后者着重艺术感。大卖场只有将这对孪生姐妹共同重视，协调培育，才能为卖场经营创造最大化的贡献。

(二) 商店内部装饰与消费心理

理想的店内装饰，一方面，可以使消费者在观赏和选购商品的过程中，始终保持积极的情绪，在优雅、舒适和友善的环境气氛里，从容选择，顺利完成购买活动，并留下对商店的良好印象。另一方面，它也能使营业人员精神饱满、情绪稳定、态度热情，从而提高工作效率和服务质量。

店内装饰要适合消费者的心理要求，一般可采取以下方法：

1. 利用照明度诱导购买活动

商店营业厅明亮、柔和的照明，不但可以保护营业员和顾客的视力，缩短顾客的选购时间，加快营业员的售货速度，还有着显著吸引消费者注意力的心理效力。科学地配置、调节商店照明度，是一种较为经济的促销手段。

照明可分为：基本照明、特别照明和装饰照明三大类。基本照明以在天花板上配置荧光灯为主，辅助自然光源不足，起明亮作用。照明光度的强弱，一般要视商店的经营范围和主要销售对象而定。如对呢绒服装、妇女用品之类需要细致挑选的商品，光度要大些；对日用杂货等一般不会太细致挑选的商品，光度可小些。营业厅最里面配置最大光度，营业厅前面和侧面光度次之，营业厅中部光度可稍小些。这样可增加商店空间的有效利用，使商店富有朝气，还可以使消费者的视线本能地转向明亮的里面，吸引他们从外到内把整间商店走遍，保持较大的选购兴趣。特别照明属商店的附加照明，多采用聚光灯、探照灯等，一般视主营商品的特性而定。如珠宝玉器、金银首饰、美术工艺品、手表等贵重、精密商品，就需要特别照明。装饰照明是附加照明，大多采用彩灯、吊灯、落地灯等，主要起一个对商店的美化、商品的宣传、购买气氛的渲染等方面的作用。

2. 利用颜色调配激发积极情绪

在现实生活中，色彩的选择常常是与人们的自身性格、生活经验、爱好、情趣相联系。不同的色彩能引起人们不同的联想，产生不同的心理感受。从我国人民习惯上来说：黑色是严肃、悲哀的象征，也能给人以文雅、庄重的感觉；白色是纯真、洁净的象征，也能给人以恐怖、神圣的感觉；绿色是青春、生命的象征，也能给人以恬静、新鲜的感觉；紫色是高贵、威严的象征，也能给人有神秘、典雅的感觉；红色是热情、喜庆的象征，也能给人以焦躁、危险的感觉；蓝色是智慧、安静的象征，也能给人以寒冷、冷淡的感觉等等。色彩光波的长短，对人的视神经的刺激程度的不同，直接影响着消费者的心理活动，并由此引起情绪的变化。所以，在进行商店内部色彩调配时，应考虑以下因素：

(1) 营业场所的空间状况。不同的色彩会给人不同的空间大小的感觉。由于淡色具有扩展空间、深色具有压缩空间的感觉，所以可利用色彩调配，扬长避短，改变消费者的视觉感受。利用“错觉”扩大营业场所的空间。不同的色彩效果会给人以不同的空间大小感觉。例如，利用镜子的反射，可以扩大营业场所的空间。

(2) 主营商品的色彩。装饰用色彩要有利于突出商品本身的色彩和形象，又要把商品衬托得更加美观、更具吸引力，以刺激购买。例如，主营蔬菜、水果，一般多用米黄色、玫瑰色等色彩装饰，可以突出商品的鲜美。

(3) 季节变化与地区气候。店内装饰的色彩调配要因季节和地区而异，利用色彩的特性，从心理上调节消费者由于气温与自然因素造成的不良情绪。商店内部装饰色彩与气候变化相协调，不但使消费者有亲切、舒服的感觉，还能使消费者产生积极的情绪与联想，促进购买行动。如在严寒季节里，要设法使消费者进店后有温暖如春之感。春天商品色彩要鲜明，夏天商品色彩要活泼，秋天商品色彩要丰富，冬天商品色彩要深沉。每个季节的商品色彩要表现出季节性的特征。

(4) 装饰色彩与灯光照明。有些颜色会吸收光线，而有些则反射光线；颜色愈深，吸收光线愈多，反之亦然。因而要考虑到调配的色彩在不同光线及照明情况下的变化和效果。

【案例】

嘉年华成功的营业环境

嘉年华之所以受到欢迎，因为它不仅仅是孩子们的乐园，也受很多青年和中年人的喜爱。在现代社会中人们压力太大，很多成功人士，并不知道如何在工作以外属于自己的时间里，快乐地休闲。人们需要通过一些方式排解压力，放松心情，狂欢正提供了这样一个方式。它能帮助人们调节紧张的神经，也能帮助社会释放压力。正因中国人缺少狂欢的传统，人们日常的压力得不到释放，嘉年华带给人们的惊喜就更大。

在嘉年华会场，可买的一人多高的可爱的毛绒玩具本身就有着极大的吸引力。而从灯光到音乐，还有身边不断有人在工作人员的欢呼和游客的尖叫声中中奖的现场气氛，使得所有的游客都完全忘记了毛绒玩具的成本和自己为之付出的金钱之间的极度不相符。绝大多数人在付出了数百元的代价后，得到的奖品往往只有几十元的成本。那么，他是通过怎样的经营模式而吸引游客呢?

3. 利用环境设施提高商店声誉

营造商店优美舒适的环境和良好先进的设施，既是消费者和营业员生理上的需要，也是心理上的需要。购物环境设施要达到好的效果，一般应注意调节或控制好商店的气味、音响、空气及店内设施，使之适合人的心理和生理需要。环境对消费者行为的影响作用是不能低估的，它包括：

(1) 气味。商店中的气味直接影响消费者的心理感受，清新芬芳的气味吸引消费者欣然前往；反之，则使人难以忍受，同时心理上引起反感，对其购买活动无疑是起消极作用的。但必须以商店优良的环境卫生作为前提条件。

(2) 音响。音量要适度，音量过高，会使人心情烦躁，注意力分散，引起消费者的反感，不愿留步，也使服务人员降低工作效率，影响服务质量。音量过低，消费者听觉感觉不到，也不能振奋精神。只有和谐的音调、柔和的音色和适中的响度才能令人感到舒适。适当播放一些轻松柔和、优美动听的音乐，可以创造良好的购物环境。

【案例】

背景音乐让小店与众不同

前不久，笔者途经湖北武汉市的一家零售店时，被一阵轻松的佛音吸引。

走进店里，笔者看到了一位老太太，并与其攀谈起来。这位老太太姓杨，正是这家零售店的店主。

“我年龄大了，身体不好，守店的时候喜欢放些这样的音乐来调节心情、舒缓情绪。”杨老太微笑着告诉笔者，“却没想到播放音乐后店铺的生意好了不少!”

杨老太的店铺在街角不起眼的地方，没有豪华的装修，门面窄小，室内光线也不充足。狭小的面积本身就是店铺的一大缺陷，再加上杨老太不擅长管理店铺，商品摆放得没有特色，几乎很难吸引行人。

“以前生意不好，我很着急，守在店里等不到人来光顾，那种心情一般人无法理解。我的店虽然外表不漂亮，但商品品种齐全、价格公道，质量更是没话说，不应该冷冷清清的啊！后来老伴担心我的身体，便给我放一些音乐来舒缓情绪，没想到我的心情好了，生意也好了不少！”

前来购物的王先生告诉笔者，自己住在街后面的小区里。老太太没放音乐时，他对小店完全没有印象。后来有一次他路过店铺时，听见柔柔的音乐从店里传出，便被它的“另类”吸引。他进店后发现小店还不错，商品价格很公道，以后便经常来店里买东西。

另一位消费者陈先生告诉笔者：“这家店铺放的音乐能让人心境平和，听后觉得全身很舒服。”

(3) 空气。保持空气清新宜人，温湿度适中，是极为重要的促销手段。因为清新的空气才能保证消费者产生舒适、愉快的心理感受，延长购物时间。保持清新的空气，一般可以采用多设窗户，经常除尘，添置盆景等办法。条件好的商店，还可以装设中央空调，特别是地下商场必须使用自动通风换气设备，确保空气清新。

(4) 店内设施。有条件的商店在适当的地方设置顾客休息室、饮食服务部、服务处、临时存物处等各种附设场所，这些也是提高商店声誉，满足消费者心理需要的好方法。

据有关商场的经验认为，顾客停留在商场的时间和商品销售额成正比。商店应重视店内装饰，以漂亮、舒适的环境吸引消费者，增大商品销售额，以取得更好的经济效益。与此同时，还必须保证商品质量和提供优质服务，否则，给消费者的印象只能是“金玉其外，败絮其中”。

第三节　商品陈列与消费心理

商品通常是消费者进入商店所最关心的。商品摆放的位置如何，往往影响消费者的心理感受。合理摆布不仅意味着充分展示商品，还能使消费者和营业员都感到便利。

一、商品陈列的一般要求

1. 醒目

陈列的首要目的，就是让消费者能够仔细视察商品，引起消费者购买欲望。因此，陈列商品时，必须便于消费者直接看清楚商品，不仅能看清楚正面，而且能看清楚背面和侧面。同时还必须注意陈列位置的高低度是否活合消费者的视觉要求。

2. 亲切感

只是让顾客透过玻璃来观察商品，消费者就不会产生亲切感。如果能让消费者在选择商品时亲手摸一摸或亲自试穿、试用一下，并能同其他商品进行一下比较，这样就会给顾客以热情亲切的感受。作为社会主义商业的一项原则，所有的商品，都要允许消费者接触、比较、选择和观看，让消费者能够放心地购买商品。

3. 丰盛感

陈列商品数量丰盛的本身，就可以刺激消费者购买的欲望。数量少的东西不容易引人注意，当然也谈不上醒目。消费者都有这样一种心理，愿意从丰富的商品中选择自己认为最好的商品购买。比如说买手表，如果柜台里只放一两只，即使质量很好，顾客购买时也会有所顾虑。所以，在营业厅里必须把商品陈列得尽量丰富多彩些，尽量给顾客创造比较选择的条件。但是，不讲艺术性，过多的堆垒商品也是不好的，因为这种堆垒给消费者带来的印象，只能是这种商品积压了，销不出去了。

4. 吸引力

陈列的商品多了并不见得就能产生吸引力。要想商品陈列具有吸引力，要在陈列艺术方面多动脑筋。我们可以通过商品的花色对比、式样对比、光线对比，以及商品陈列整体造型等方式，来突出商品的美感，使商品陈列具有吸引力。

5. 讲究效果

在研究陈列方法的时候，不能只追求形式上的美，还要讲求实际的陈列效果。

6. 讲究经济核算

陈列是需要费用的。在费用开支方面，必须讲究经济核算。因为不管将商品陈列得怎样漂亮，如果不讲核算，也就失去了“陈列是为了更好的销售”的根本意义。

7. 附加说明

在有的商店，顾客若不向营业员询问，就不知道商品的价格、产地、性能、使用量和使用方法。这不仅给消费者带来了不便，也增加了营业员的工作量。如果给商品加上附加说明，如插上标签、价格表、商品使用说明卡等，这个问题就可以解决。商品的附加说明可以帮助消费者了解商品，认识商品，促成购买动机，节省成文时间。

二、商品橱窗陈列的主要形式

(一) 综合式橱窗陈列

综合陈列橱窗。将许多不相关的商品综合陈列在一个橱窗内，以组成一个完整的橱窗广告。这种橱窗陈列由于商品之间差异较大，设计时一定要谨慎，否则就会给人一种“什锦粥”的感觉。

综合式陈列方法主要有：

(1) 横向橱窗陈列。将商品分组横向陈列，引导顾客从左向右或从右向左顺序观赏。

(2) 纵向橱窗陈列。将商品按照橱窗容量大小，纵向分布几个部分，前后错落有致，便于顾客从上而下依次观赏。

(二) 单元式橱窗陈列

用分格支架将商品分别集中陈列，便于顾客 分类观赏，多用于小商品。

(三) 系统式橱窗陈列

大中型商店橱窗面积较大，可以按照商品的类别、性能、材料、用途等因素分别组合陈列在一个橱窗内。又可具体分为：

(1) 同质同类商品橱窗：同一类型同一质料制成的商品组合陈列，如各种品牌的冰箱、自行车橱窗。

(2) 同质不同类商品橱窗：同一质料不同类别的商品组合陈列。如羊皮鞋、羊皮箱包等组合的羊皮制品橱窗。

(3) 同类不同质商品橱窗：同一类别不同原料制成的商品组合陈列。如杏仁蜜、珍珠霜、胎盘膏组成的化妆品橱窗。

(4) 不同质不同类商品橱窗：把不同类别、不同制品却有相同用途的商品组合陈列橱窗。如网球、乒乓球、排球、棒球组成的运动器材橱窗。

(四) 专题式橱窗陈列

专题橱窗陈列。以一个广告专题为中心；围绕某一特定的事情，组织不同零售店或同一零售店不同类型的商品进行陈列，向媒体受众传输一个诉求主题。例如，节日陈列、绿色食品陈列、丝绸之路陈列等。

这种陈列方式多以一个特定环境或特定事件为中心，把有关商品组合陈列在一个橱窗。又可分为如下几种：

(1) 节日陈列：以庆祝某一个节日为主题组成节日橱窗专题。如中秋节以各式月饼、黄酒等组成的橱窗。圣诞节以圣诞礼品、圣诞老人等组合的橱窗，既突出商品，又渲染了节日的气氛。

(2) 事件陈列：以社会上某项活动为主题，将关联商品组合的橱窗。如大型运动会期间的体育用品橱窗。

(3) 场景陈列：根据商品用途，把有关联性的多种商品在橱窗中设置成特定场景，以诱发顾客的购买行为。如将有关旅游用品设置成一处特定的旅游景点，吸引过往观众的注意力。

(五) 特写式橱窗陈列

特写橱窗陈列。运用不同的艺术形式和处理方法，在一个橱窗内集中介绍某一零售店的产品。例如，单一零售店商品特写陈列和商品模型特写陈列等，这类陈列适用于新产品、特色商品的广告宣传。主要有：

(1) 单一商品特写陈列：在一个橱窗内只陈列一件商品，以重点推销该商品，如只陈列一台电冰箱或一架钢琴。

(2) 商品模型特写陈列：即用商品模型代替实物陈列，多适于体积过大或过小的商品，如汽车模型、香烟模型橱窗，某些易腐商品也适用于模型特写陈列，如水果、海鲜等。

(六) 季节性橱窗陈列

根据季节变化把应季商品集中进行陈列，如冬末春初的羊毛、风衣展示，春末夏初的夏装、凉鞋、草帽展示。这种手法满足了顾客应季购买的心理特点，有利于扩大销售。

商店的橱窗多采用封闭式，以便充分利用背景装饰，管理陈列商品，方便顾客观赏。橱窗规格应与商店整体建筑和店面相适应。

橱窗底部的高度，一般从离地面 80～130 厘米，成人眼睛能看见的高度为好，所以大部分商品可从离地面 60 厘米的地方进行陈列。小型商品从 100 厘米以上的高度陈列。电冰箱、洗衣机、自行车等大 件商品可陈列在离地面 5 厘米高的部位。

零售策划者可根据零售商店规模大小、橱窗结构、商品的特点、消费需求等因素，选择具体的橱窗陈列广告形式。

三、商品陈列的心理要求

（一）摆放高度适宜

消费者走进商店后，一般都会无意识地环视陈列商品，对货架上的商品获得一个初步的印象。因此，商品的摆放，首先就应注意在高度方面与消费者进店后无意识的环视高度相适应。据瑞士塔乃尔教授研究发现，消费者进店后无意识地展望高度为 0.7～1.7 米，上下幅度为 1 米左右，同视线轴大约形成 30 度角上的物品是最容易被人们感受的。因此，按照不同的视角、视线和距离，确定其合适的位置，使消费者能够清晰的、更多的感受到商品形象。此外，商品陈列的数量也会影响消费者的感觉，陈列过多或过少，都会给消费者不良的心理感觉。

（二）适应购买习惯

对品种繁多的商品实行分组摆布时，应按照消费者的购买习惯，并相对固定下来，以便他们寻找、选购。但不同特性的商品，其消费者购买习惯和选择要求也不同，商品摆布陈列也不同。一般可将商品分成四大类进行摆布：

1. 必需商品

这类商品大多数属于人们日常生活必需的功能性商品，价格较低廉，供求弹性不大，交易次数频繁，挑选余地小，一般不需售后服务。如香烟、糖果、肥皂、调味品等。消费者对这类商品的购买要求主要是方便、快速成交，而不愿花较长时间进行比较研究。因此对这类商品摆放位置要明显，便于速购。如商店的底层、主要通道两旁、出入口附近、临街的窗口等最易速购的位置上，最能满足购买者的求速心理。有条件的话，这类商品的摆布应占有较大的陈列面积，把商品的花色品种应有尽有地摆放在方便的位置上。

2. 选购商品

这类商品价格昂贵但波动幅度较大，大多属于能使消费者感觉使之产生快感或美感的商品，如相机、家具、首饰等这类商品，供求弹性较大，交易次数不多，挑选性较强，使用期较长。大多数人在购买这类商品时，都希望获得更多的选择机会，以便对商品的质量、功能、式样、色彩、价格等方面作认真、细致的比较。不仅注意研究商品的物理效用，还更多地权衡商品的心理效用，往往把商品的属性和自身的欲望综合加以反复考虑后，才能做出购买决定。因此应将这类商品摆放在店里较宽敞、光线较充足的位置，才能便于消费者自由地来回观看，让消费者自由接近或触摸，甚至调试商品，并可以停留较长时间进行选购。

3. 特殊商品

这类商品通常是功能独特的或具有高级享受的名贵商品，如录像机、空调器、电冰箱、彩电、工艺精品、照相机、古董文物之类的高档商品，选购的时间长，有些需要售后服务。消费者一般在购买前经反复思考，对商品、商标、商店都有选择，有明确目标后方才行动，购买中愿意花费较多的时间评价、比较。这类商品可摆放在商店的里部或顶层较僻静之处，设立专卖场，环境布置应结合商品特征，显示出高雅、名贵或独特，更能满足消费者的某些心理需要。这类商品切忌摆放混乱和拥挤，让顾客放心选择，满意而归。

4. 即兴商品

这类商品时指消费者原先并未打算购买，只是由于进入商场后看到购物现场的广告或实物时，引起兴趣而临时决定购买的即兴商品。如土特产、装饰品、书画作品等。这类商品可摆放商场入口处或柜台的上层来引起消费者注意。

（三）突出商品的价值和特点

商品摆布要运用各种形式，充分展示商品的优点、性能、用途等个性特征，突出商品的美感和质感，增强对消费者的吸引力和说服力。此外，还要根据季节变化、消费趋向、传统节日等，不断调整更新商品摆布的内容和形式，体现时代感，使消费者愿意经常光顾。如式样新颖的商品，要摆在视觉最易感受的位置；新产品、名牌产品要以最大的展示方式，摆放在显要地段和醒目之处，并用灯光强调其色彩和造型，增强商品的吸引力；家具和床上用品，若按照使用状况摆放，给消费者亲切感和生活实感，刺激购买欲望。

（四）陈列方式灵活

商品陈列有展示式、货架式、悬挂式、柜内式、开放式等多种方式。陈列的方法有醒目陈列法、分类陈列法、敞开陈列法、季节陈列法、重点陈列法、纵向陈列、水平陈列、廉价陈列和高档陈列等。合理地陈列商品可以起到展示商品、刺激销售、方便购买、节约空间、美化购物环境等各种重要作用。

总之，商品摆布给消费者的心理影响是客观存在的，充分利用消费者的感觉器官，采取适合消费者购买心理的商品摆布形式，对促进实际购买行动和美化商店环境，有着很大的现实意义。

【案例】

红叶超级市场

红叶超级市场营业面积260米^2，位于居民聚集的主要街道上，附近有许多各类商场和同类超级市场。营业额和利润虽然还过得去，但是与同等面积的商场相比，还是觉得不理想。通过询问部分顾客，得知顾客认为店内拥挤杂乱，商品质量差档次低。听到这种反映，红叶超市经理感到诧异，因为红叶超市的顾客没有同类超市多，每每看到别的超市人头攒动而本店较为冷清，怎会拥挤呢？本店的商品都是货真价实的，与别的超市相同，怎说质量差档次低呢？经过对红叶超市购物环境的分析，发现了真实原因。原来，红叶超市为了充分利用商场的空间，柜台安放过多，过道太狭窄，购物高峰时期就会造成拥挤，顾客不愿入内，即使入内也不易找到所需的商品，往往是草草转一圈就很快离去；商场灯光暗淡，货架陈旧，墙壁和屋顶多年没有装修，优质商品放在这种背景下也会显得质量差档次低。为了提高竞争力，红叶超市的经理痛下决心，拿出一笔资金对商店购物环境进行彻底改造。对商店的地板、墙壁、照明和屋顶都进行了装修；减少了柜台的数量，加宽了走道，仿照别的超市摆放柜台和商品，以方便顾客找到商品。整修一新开业后，立刻见到了效果，头一个星期的销售额和利润比过去增加了70%。可是随后的销售额和利润又不断下降，半个月后降到了以往的水平，一个月后低于以往的水平。为什么出现这种情况呢？观察发现，有些老顾客不来购物了，增加了一批新顾客，但是新增的顾客没有流失的老顾客多。对部分顾客的调查表明，顾客认为购物环境是比原先好了，商品档次也提高了，但是商品摆放依然不太合理，同时商品价格也提高了，别的商店更便宜些，一批老顾客就到别处购买了。听到这种反映，红叶超市的经理再次感到诧异，因为一般来说，红叶超市装修后商品的价格并未提高，只是调整了商品结构，减少了部分微利商品，增加正常利润和厚利商品，其价格与其他超市相同。究竟怎样才能适应顾客呢？

【小结】

商店外部形象包括：商店的选址，商店周围的建筑特色及建筑物的周围环境、橱窗设计等各种因素。商店要时刻为顾客着想，要千方百计地方便顾客。目前，许多商场销售出现滞销或滑坡，不是经营不善，也不是店址不好，而是缺乏提供方便人们购物、方便人们行动的一些其他服务形式。因此，搞好店面店貌的设计，给消费者一个好的第一印象显得格外重要。

【思考题】

一、选择题

(1) 商店招牌是商店的名称，是顾客借以区别商店的(　　)。

A. 标志　　B. 符号　　C. 名字　　D. 店牌

(2) 商品陈列室商店向顾客展示所经销的商品，所以它必须清新、整齐，突出商品特色，引起消费者的(　　)。

A. 注意　　B. 注意与兴趣　　C. 兴趣　　D. 关注

(3) 原先未打算购买，只因进入商店后看到购物现场的广告介绍或实物商品时，引起兴趣而临时决定购买的商品叫作（　　）。

A. 即使商品　　B. 特殊商品　　C. 即兴商品　　D. 时尚商品

(4) (　　)即通过各种形式，采用烘托对比等手法，突出宣传陈列一种商品。例如，对名特优新产品的宣传，这种陈列形式能给消费者以强烈的印象，取得突出的效果。

A. 一般陈列　　B. 特殊陈列　　C. 特色陈列　　D. 特写陈列

(5) 商业建筑群能够相互影响，相互作用，产生一种规模效应。当消费者在一处购物环境购买商品时，他们可能同时在附近的商业场所浏览、观光，并可能产生购买行为。这样的购买行为就属于建筑群体产生的规模效应，也可称为(　　)。

A. 马太效应　　B. 建筑效应　　C. 相互效应　　D. 购买效应

二、问答题

(1) 商店招牌命名的心理作用有哪些？

(2) 招牌命名的方法主要有哪几种？

(3) 橱窗设计的心理作用有哪些？

(4) 对商场的布置，目前采用的摆设方式有哪几种？

(5) 商品的摆放位置一般要达到哪些心理要求？

【实训八】 参观家乐福

家乐福1999年销售额达789.7多亿美元，居世界第二，欧洲第一。到2000年底，家乐福在国外店铺数已经比沃尔玛国外店铺还多。

一、选址

(1) 开在十字路口。Carrefour（法文意为十字路口）第一家店是1963年开在巴黎南郊一个小镇的十字路口，当时非常火爆，大家都说去十字路口，把店名给忘了。十字路口成为家乐福选址的第一准则。

(2) 3～5公里商圈半径。这是家乐福在西方选址的标准。在中国一般标准是公共汽车8公里以内的车程，时间不超过20分钟。

(3) 聘请专业公司进行市场调研。一般需要分别选两家公司进行销售额测算，两家公司是集团之外的独立公司，以保证预测的科学性和准确性。

(4) 灵活适应不同地理位置的特点。家乐福店可开在地下室，也可开在地上四五层，但最佳为地面一、二层或地下一层和地上一层。家乐福一般只占两层空间，不开三层。

二、组织结构

开店前最重要的工作是选址。开店后有三件事要做，即建立机构、树立经营理念、进行现场管理。

(1) 建立简洁的机构。家乐福店铺由店长负责管理，店长有了，然后指定一个处长负责。另外有值班经理（处长或服务部门科长）。

(2) 树立家乐福特有的经营理念。家乐福经营理念有5条，即一次购足、超低售价、免费停车、自助服务、新鲜品质。具备这5条就是超市，想成功就把这5条做细。超低售价不是每种商品都是超低售价，有的是零毛利，有的则可达15%。超市不是百货店，也不是五星宾馆，但必须提供自助服务条件，为顾客提供便利。不开口说话，就能找到商品和清楚价格。促销品至少有两个价格牌。如果有60%的人问商品，40%的人问价格，这就表明商品陈列有问题。超市没有服务员，只有理货员。

(3) 现场管理。家乐福店铺的现场管理主要表现为巡查管理。①巡视管理。用巡检表控制，可分为好、差和有待改进两个标准。具体项目包括：高价品店房是否上锁、有无开箱、卖场是否缺货、无条形码商品是否放在待加工区、照明浪费否、卫生安全否。②商品部经理每日必做：详细巡查货架；条形码是否与价格相符；商品是否缺货；检查系统报告；促销商品单独订货；依据每月报告制定促销、订货策略；检查价签和说明书；根据总部电脑指导改变陈列面，销售额大的加大陈列面。100个品种不超过3次补货；检查安全和清洁。③细致巡查项目：清洁、缺货与订货、重要商品、促销区、陈列标准，扫描测试，安全等。

三、企业文化

家乐福的企业文化表述如下：①我们的使命：我们所有的努力是为了让顾客满意。我们的零售活动是通过对商品及品质的选择，提供最佳价格来满足顾客的多变需求。我们卖100元，有1.5元退货才满意，有2元退货太高，没有退货表明顾客不满意。第一不缺货，第二便宜。②我们的员工：我们最主要的资产是士气高昂的员工。每一个员工应具有主动积极及分层负责的精神，团结互助的工作态度，为公司整体利润而努力。员工不是成本而是资产，好资产要更新，进行知识培训资产要投入。③我们的资源：我们必须保持简单而明了的理念。为了在竞争中取得优势，最大限度使用它。④我们的目标：国际化。⑤我们的价值：我们需要协调与合作伙伴的关系，来达到双赢，双方如发生矛盾，采取离顾客近的决定。⑥我们的价值观：关注顾客；积极主动；诚实正直；积极决策；参与管理；遵守承诺；树立榜样，团结合作，忠诚信实。

四、防损意识

(1) 日常损失防范措施。①三米原则：每个员工在三米之内就问候顾客，非贼会认为有礼貌，贼会担心而放弃偷窃。②后仓管理：不许有开箱、不许有代用箱；高于商品平均价、高单价商品锁上，并有保安见证。③条码管理：条码调换是造成损失的重要原因。④收银管理：每月允许 40 元以内长短额。⑤磁码原则：纺织品、鞋、CD/VCD、烟、酒都贴磁码。⑥提包控制原则：采取存包制度。提供防盗包，女士随便。

(2) 周期盘点。做出不流动商品报告、负库存报告和进行免费赠品控制（单独控制）。

(3) 审计制度。定期对商场日常营运中的主要环节进行核查。不向店长汇报，向总裁汇报。实际上最大的损耗是由商场制度没有被执行造成的，因此，家乐福每天把空箱登记，进入系统作为当日损耗；每天顾客打翻的瓶子，进入系统作为当日损耗；生鲜食品 1.5%～2%损耗，进入系统作为当日损耗。

【讨论】

1. 家乐福的营业场所内部环境运用了哪些消费心理？
2. 你认为家乐福的服务环境怎样？

第九章

商业广告与消费心理

知识目标

掌握商业广告的定义与心理功能；
了解广告的几个理论；
掌握广告媒体的心理述求。

能力目标

提高用语言做广告的能力；
运用广告的心理作用进行有效营销的技巧。

情感目标

培养欣赏美和表达美的情感与理性。

【案例导入】

某化妆品类型广告，画面是一位年轻母亲与一位年幼儿子的对话。
儿子（童真）：“妈妈，我要娶你做老婆!”
母亲（惊讶）：“什么?”
儿子：“长大以后我要娶你!”
母亲：“那你爸爸呢?”
儿子：“等我长大了，爸爸就老了，妈妈永远不会老。”
说完，电视画面出现一款化妆品说明。

第一节 商业广告的心理功能

一、商业广告的含义

对商业广告的含义，目前有很多不同的阐述。如耐斯特姆（Paul. H. Nystrom）对广告的解释是:“所谓广告，乃对所有顾客，都能使其毫无遗憾地获得满足。”毕学帕（Beshop）则这样解释:“所谓广告，乃通过大众传播，公布广告主的商品及劳务。”里查逊（Richardson）认为:“所谓广告，乃对于可能购买广告商品的消费者，以大家都知道的名称及价格为目的所作的大众传播，简述商品的要点，使消费者铭记于怀。”综上所述，我们将现代商业广告的定义概括为:广告是广告主有计划地通过一定的媒体将商品和劳务信息传递给大众，而起到促进销售作用的一种非人员推销的信息传递方式。这个定义包括以下四层含义:①广告对象是非特定的大多数消费者。②广告内容是主要向大众传递的商品或劳务信息。③广告媒体是通过各种媒体（如报刊、杂志、电台、电视等）来进行的。④广告目的是为了促进商品销售并取得利润。需要说明的是现代商业广告活动不仅仅指商业广告本身，还包含以商业广告为轴心的一系列营销活动。

广告的发展从单纯宣传商品信息、说服消费者购买的广告心理，进而发展到以研究消费者为主体，这一发展趋向导致了消费心理学的问世。如今，在西方国家，广告心理成了消费心理学中的重要内容，并多以广告与消费心理命名，很少单独以广告心理学称谓了。

二、商业广告的心理功能

广告是商品经济的产物，在越来越广泛的市场营销环境中，几乎没有不做广告的商人，也没有不依赖于广告进行的商业活动。生产社会化、商品化越发展，就越需要在人们之间互通信息。由于产销之间在时间和地域上的分离，厂商必须将自己的商品信息传递出去，才能吸引更多的消费者。广告心理功能主要有以下内容:

（一）传播功能

广告将各种信息及时传递给消费者，帮助消费者了解商品和劳务。借助不同的媒体。经营者可以超过时间和空间范围的限制，将信息传递广泛渗透到不同的消费地区和不同的消费者群体。在现代信息社会中，消费者每天自觉或不自觉地接收着各式各样的广告信息。广告通过画面、语言刺激消费者的各种感觉器官，通过新奇、幽默和富有情趣的传播手段引起消费者的注意和兴趣，促使消费者产生联想，接受并记住广告中的信息。

在接收广告信息的过程中，消费者提高了对品牌的意识水平，增加了消费者对品牌的信任感。据日本的一项有关调查证明，经常接触广告的消费者对品牌和新产品的注意度明显高于不接触广告的消费者。同时，随着广告接触频度的增加，消费者对广告商品的信任感也明显增强。对于刚刚投入市场的新产品，由于接触广告了解了产品。消费者对新产品的不信任感明显降低。

（二）诱导功能

广告人通过各种喜闻乐见的形式，激发消费者的购买欲望和动机。广告以情动人、以理服人，诱发消费者的潜在需要和购买欲望，说服消费者，提供购买的理由和根据，增强消费者的购买信心。日本学者研究发现当消费者不持有广告商品时，经常接触广告的人产生购买欲的比例明显大于不接触广告的人;而对于产品持有者来说，这种差异则并不显著。

（三）便利功能

广告通过各种媒体，及时、反复地传播商品信息，便于消费者搜集有关资料，在购买行为之前做好充分的准备，通过信息的广泛搜集和客观处理，做出合理的购买决策，从而节约购买时间，减少购买风险。根据有关调查的结果来看，广告对于消费者的影响力越来越大，至少 1/4 以上的消费者感受到广告的影响力很大和比较大。许多消费者都认为，广告是一种了解产品功能和服务内容的重要信息来源。现代人已经不可能无视广告的存在。

（四）影响态度功能

广告可以促使消费者形成某种态度，或者说服他们改变某种态度。广告的效果越好，越能影响消费者的态度。从而促使他们下决心做出购买决策。消费者在接受广告信息过程中不是被动的，他们会根据自己的知识和经验对信息的可靠性进行真伪鉴别，如果广告的诉求内容和说服方式与消费者的知识和经验相一致，则有助于消费者建立与广告人一致的态度，促使消费者认识到自己存在的潜在需要，从而产生心理上的不平衡，以至下决心购买以达到心理上的平衡。

（五）促销功能

广告是市场营销组合中促销组合的一个重要内容，促销是企业对广告最直接的要求，促销是广告的基本功能。广告通过介绍商品和服务，把有关信息传递给目标市场的消费者，希望消费者引起注意，加深对商品的认识，形成好感并产生兴趣，激发购买欲望，增强购买信心，从而有效地促进商品的销售。像清洁用品、化妆品、家电产品、药品、健身用品、食品、酒类等生活用品的销量与广告的投放量呈正比关系，广告直接影响购买行为。现代广告已经成为极其重要的促销手段。广告是“潜在的推销员”。

（六）教育功能

广告在传递信息时，必须具有科学性和知识性，同时必须符合有关法律的规定，符合社会主义道德风尚，广告可以倡导科学、文明、健康、积极向上的消费观念，可以扩大消费者的知识领域，丰富精神生活，指导生活消费。一项调查显示，消费者的商品知识来源有50.9%出自广告。由此可见，通过广告获取商品知识已经占到各种商品知识来源的一半以上。另外，广告也是了解世界的一个窗口，我们在欣赏风情各异的各国广告时，也了解了各民族的文化、习俗、风土人情。

（七）艺术功能

通过优美的艺术形式传递商品信息，引起受众的美感，从而达到促销目的。一则广告如果具有较高的艺术性和美感，既可以起到促销作用，又能给人带来美的享受。现代广告借助各种艺术表现形式和各种现代设计和传播方式，在语言、音乐、音响、色彩、画面等方面给消费者以充分的感染力，在接受商品信息的同时，也获得了艺术的陶冶。

【案例】 **广告笑话一则**

有个人爬墙出校被校长抓到了，校长问他：“为什么不从校门走?”他说：“美特斯邦威

——不走寻常路。”校长又问他：“这么高的墙怎么翻过去的啊?”他指了指裤子说：“李宁——一切皆有可能!”校长又问他：“翻墙是什么感觉?”他指了指鞋子说：“特步——飞一般的感觉!”

第二天他从正门进学校，校长问他：“怎么不翻墙了?”他说：“安踏——我选择，我喜欢!”

第三天他穿混混装，校长说他：“不能穿混混装!”他说：“穿什么就什么——森马服饰!”

第四天他穿背心上学，校长说：“不能穿背心上学!”他说：“男人简单就好——爱登堡服饰!”校长说：“我要记你大过!”他说：“为什么?”校长说：“动感地带——我的地盘我做主!”

三、商业广告遵循的原则

广告是商品经济的产物。包装的发展程度标志着商品经济的发展水平。商业广告以传达经济信息为主体，能加速流通，扩大销售，沟通商情，推动市场经济的发展。商业广告活动应坚持以下原则：

(一) 真实性

商业广告对企业的生存和发展、对企业的产品销售、对企业的形象和信誉息息相关。商业广告所传达的经济信息和文稿内容必须真实准确。浮夸失实是一种自毁商誉、饮鸩止渴的行为，不仅会损害公众利益，而且会损害企业自身的形象和声誉，进而导致形象危机的产生。形象危机则是置企业于死地的“顽凶”。因此，真实是商业包装的生命。

(二) 思想性

商业广告不仅要以经济效益为目的，而且要以社会效益为依据。因此，商业广告活动要有利于精神文明和物质文明建设，要有利于市场经济的发展，并把思想性作为包装的灵魂，通过健康的审美观、高尚的格调、新颖有趣的表现手法、独特的艺术形式，来吸引消费者，促进商品销售。

(三) 艺术性

商业广告集美术、装潢、摄影、音响、表演造型等艺术于一体，它是一种综合性的实用艺术形式。艺术性是商业包装的魅力。艺术性本身是内容与形式的统一，构图与色彩的统一，绘画与陈列的统一。一则成功的商业广告，必须讲求艺术性与真实性和思想性的完美结合，将有关商品或服务的经济信息与文化作品有机地结合在一起，使受众在娱乐性、趣味性、欣赏性的享受中得以启迪并产生购买行为。

(四) 民族风格

随着社会主义市场经济体制的建立，市民的生活水平和消费方式都将发生变化，商业广告不仅要在商品流通和销售中发挥沟通商情的作用，同时，应形成自身的独特机能，即

"CM 文化"。"CM 文化"也称为消费文化，会因地域文化环境或消费水准的差异，在受众中形成各种各样不同的态度。因此，商业广告活动在着眼于艺术内涵的同时，应着眼于文化内涵，即继承和发扬民族文化遗产，取其精华，去其糟粕，既体现广告民族风格，又体现包装的时代感。只有这样才能起到文化教育渗透作用，从而使受众产生亲近感和认同感。

（五）大众性原则

首先，广告要简单明了、通俗易懂。其次，一切围绕大众，为大众着想，站在大众立场上去思考和行动。最后，广告必须向大众普及知识。广告的大众性是广告产生社会效应的要求，广告不仅仅是广告制作人员或主创人员创意灵感的表现，而且必须将广告置于大众的评价系统氛围中，以社会上大多数或目标市场的大多数的接受度，来评价广告的优与劣。

（六）科学性原则

广告是随着社会、经济和传播技术的发展而产生和发展的，基于市场经济的规律和传播的科学规律而存在。广告工作者必须遵照科学的原理、手段、技术与方法对广告活动进行经营与管理。同时还必须充分运用现代的科学技术与手段，对广告从宏观和微观上进行定性与定量的科学研究，才会使广告事业产生应有的社会效益与经济效益。

第二节　广告理论与广告媒体

一、广告理论

（一）独特的销售主张或销售点——USP 说

USP 是由英文 Unique Selling Proposition or Point 首位字母组成的。它出自于 R·里夫斯（R. Reeves）。这个学说认为，消费者倾向于只记住广告中的一个东西——强有力的主张或概念。因此，就要求广告必须给消费者有一个强烈的主张或许诺。而它则应当是迄今对手所没有的。该学说指出，在消费者心目中，一旦将这种特有的主张或许诺同特定的商标联系在一起，USP 就会给该产品以持久受益的地位。例如，柯达胶卷与富士胶卷，前者的 USP 是富有暖色；而后者的 USP 则是冷色。尽管当今许多胶片也可以做到这些，但是，它们首先占有了这些特性，因而，其他牌号就几乎难以从消费者的心目中将其夺走。实际经验已表明，成功的商标在多少年内是不会有实质上的变化的。可以说，对于 USP 所做的改变也许是广告主的一个最大失误。

USP 学说的基本前提是，视消费者为理性思维者。由此出发，广告则应建立在理性诉求上。具体地说，广告对准目标消费者的需要，提供可以带给他们实惠的许诺。而这种许诺必然要有理由的支持，因为理性思维者会在许诺上发问，为什么会有这样的实惠。USP 的语法程序就是这样：特有的许诺加理由的支持。

在 USP 的一则清洁剂广告上的许诺写道：本商标产品比任何洗涤剂或洗涤粉都更快、更彻底地清洗槽、盆、碗、筷。对此许诺，主妇们自然觉得很好，可是，心中也不免会问：它为什么会更快更彻底呢？该广告指明它含有漂白剂（在主妇们心里，漂白剂与洗洁力是密切相连的）；为表征速度的特性，本化学配料，稍呈暗白，一触水即变活性蓝色。这种色变的速度标志了该商标的清洗作用速度。

在这个学说看来，许诺与理由之间并非严格的科学论证。比如，一种狗食的商标在其广告中许诺：延长寿命。理由是该食品含有骨髓的成分。至于该成分与延寿的关系并无科学的论证，但是，狗爱啃骨头并从中获取骨髓成分。这个行为的本身会推断它对狗有好处。所以，在里夫斯看来，信任与愿望之间的相关远胜过信任与证据之间的关系。

（二）商标意象说

商标意象说（亦称品牌形象说）是由欧集尔云（D. Ogilvy）提出来的。意象区别于真实的东西。它是一组无形的属性，在很大程度上与该商品所固有的特性无关。可用如下味觉试验加以解说：把商标 A 饮料放置在一个奶瓶里；把商标 B 饮料放在另一个奶瓶里。要求品尝者说出它们的差别。他会说：它们的味道是一样的。然后，再给另一种商标的味道，并告诉他们，这是某商标的；接着给同一商标的另一种味道，也告诉说，这是另一种商标的。问他们喜欢哪一种？他们会说，两种饮料是不一样的。其实对同商标的饮料味觉差异是很小的。在这里它们的差异出自味的意象。

欧集尔云正是这样认为，同类产品的许多商标，就其物理属性的差别而言，接受者是难以区别的。广告的作用就是赋予商标不同的联想。正是这些联想给了它们不同的个性。不过，这些联想重要的是要符合目标市场的追求或渴望。

“万宝路”之所以知名，实际上不是它的烟味，也不是该香烟的其他什么内在的特性，而仅仅是该商标意象，具体说，该商标给消费者唤起的是一些综合的极为丰富的联想。它们是虚构的西部地区、到处漂泊的牛仔、自由、独立、大草原、强壮的男子汉等构成的一幅多姿多彩的动感世界。而这些景象正好迎合了许多人的幻想。

欧集尔云把商标意象比喻“化学”作用，而不是装在包装中的“化学制品”。

综上所述，无论 USP 还是商标意象说，两者都在追求对商标的确认。不过 USP 立足于理性的诉求，而商标意象则更多诉求于情感因素。实质上，任何理性诉求都暗含着情感的因素。这不仅表现在，产品提供的实惠给消费者带来的满足会产生积极的情感体验，而且产品的理性诉求往往需要有情绪的激发来补充。比如，雀巢咖啡突出一个“味道好极啦”，这是该广告集中于味觉的 USP，而这种 USP 正是通过一个给人好感的模特儿，以其自然潇洒的神态表达出饮后的无限美味感受，给人以强烈的感染力。

（三）AIDA 说

AIDA 是英文 attention（注意）、interest（兴趣）、desire（欲望）、action（行动）的首位字母组成的。意思是广告作用于视听者的心理历程是：首先引人注意，即从周围对象中指向和集中于特定广告；接着对引起注意的广告发生兴趣；而后产生占有广告产品的愿望；最后导致消费者产生购买该广告产品所诉求的行动。

在 AIDA 基础上，后来又加进了记忆的因素，成了 AIDMA（其中，M 是记忆的英文首位字母)，即注意→兴趣→欲望→记忆→行动。

这种描述出于19世纪末，当时“以卖方为中心”的市场观正处主导地位。因此，它带有这样的倾向：人是可被操纵的一个被动反应的生物。实际上，消费者对环境刺激的反应活动是主动的，也就是说，只有当他有某种需要，才可能在环境中寻找可满足他需要的对象。如果根本没有潜在的需要，广告作用的一系列过程是难以完成的。很容易设想，对于饮料和大碗茶的广告，在人们口干舌燥和不渴的状态下，心理反应是不同的。因此，广告的作用必须建立在符合消费者的需要和动机的基础上。

(四) DAGMAR模型

20世纪60年代，美国科里（R. H. Colley）在题名为测定广告结果所规定的广告目标（DAGMAR）中，将广告作用的心理历程写成如下四个层次：从未觉察到觉察（指的是首先觉察该商标或公司）→了解（理解该产品是什么；它可以为他（她）们做什么）→信念（引起购买该商品的心理意向或愿望）→行动（掏钱买物）。

诺者（E. Rodger）对此作了更细致的描述：从未觉察到觉察→引起兴趣→做出评价→刺激→尝试→重复购买→形成对该商标产品的忠诚。

(五) 广告作用的六阶梯说

20世纪60年代，拉维奇（Lavidge）与斯坦纳（Steiner）提出这个预测广告效果的模型。该模型认为在广告力的作用下，人们经历着一系列的阶梯(图9-1)：

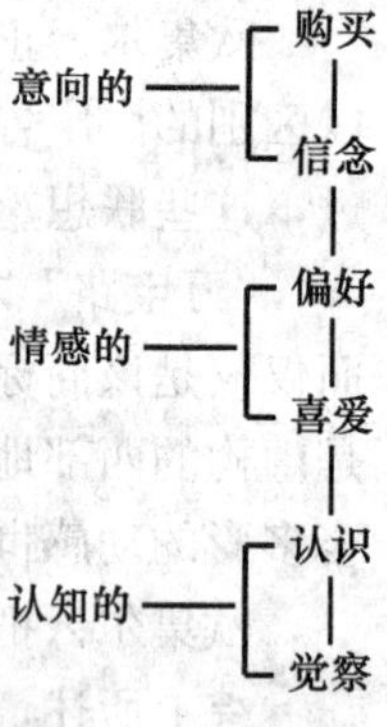

图9-1　六阶梯说

广告影响的这六个阶梯与态度理论的一个三相心理模型是相关联的。后者指的是态度有三个成分，即认知的、情感的和意向的三个成分。在六阶梯中，前两个阶梯（觉察与认识）联系到信息或心理，或智能状态。中间的两阶梯（喜爱与偏好）涉及形成对广告商品的积极态度和感受。最后两阶梯（信念与购买）联系到行动，即购买广告的商品。

该作者指出，在这些阶梯之间并不一定等距。对于某些商品来说，可能存在明显的风险因素，导致更大的心理负担；另一些商品也许凭借商标的忠诚性或其他因素，无须作自觉的决策就购买了。上述的描述是以直线型发展为前提的，也就是说，一步一步顺序发展。但是，广告与消费心理学告诉人们，许多消费者决策并非逻辑过程。他们并不需要去获得必要的全部信息，然后等待感受或评价，再去做出行动。甚至于一些人也无须由广告引起他们信念，仅觉该产品是新潮就足够激发购买了。因此，理性诉求只适合于理性决策者。

二、广告媒体及其特点

广告传递商业信息必须借助于载体。这种载体就是广告媒体。简言之，广告媒体回答的就是“用什么做广告宣传”。

广告媒体是多种多样的。每种媒体各有特点，并且对大众的影响效果也不相同。

(一) 报刊广告

报纸和杂志中的广告，统称报刊广告。它们是印刷广告中最重要的部分，因为，印刷数量多，读者广。它们均以文字和图画为主要视觉刺激（信息的吸收大体为直线式，眼睛扫描从左至右，从上至下运动），不像其他广告媒体，比如电视广告与广播广告那样受时间的限制。观看者可以反复阅读，也易保存。

在通常的情况下，当报刊广告介绍商品信息时，观看者往往先看里面的插图，然后才去阅读文字内容。所以，图画或照片要有吸引力，或者先提出问题，吸引读者去阅读内容。文字内容的阅读，往往读者不一定从第一行读起，而是先停留在那些大字或黑体字上。只是引起他们的兴趣时，再从头读起。这就要求标题醒目、新颖，字体型号选择适当。

美术字的运用，必须有利于内容的理解，防止单纯追求字体美，而造成辨识的困难。此外，版面的安排应当协调，要留出一定的空白。这些都可望在视觉上引起良好的效果。

报纸广告和杂志广告相比较，又有不同。报纸的覆盖面更大，信息传递快，但是，鉴于纸质和印刷工艺上的原因，广告的外观形象不能理想地反映出商品的款式和色彩，势必有损效果。而杂志广告可以有高质量的彩色印刷，在表现力上是报纸难以比拟的，而且有更多的篇幅来传递详尽的信息。这样，既利于理解又便于记忆和保存。杂志专业读者即目标消费者集中，所以，它是做各类专用商品广告的良好媒体。其缺点是影响范围较窄。再者，出版的周期长，经济信息难以及时地传递。

(二) 广播广告

无线电广播播放的广告可传至四面八方，深入到工厂、车间、商店、商场，以及居民家庭、宿舍等，对千百万听众有越来越大的作用。

广播广告以语言、音乐和音响作为要素。语言为其主体，通过它反映出商品的具体信息。这种媒体的广告效果，在很大程度上依赖于听众对其理解的情况。为此，首先力求语言清晰、明了，准确地表达广告内容；在商标品名、生产厂家及销售地址、电话号码等重要内容的播放上，速度应稍慢，并且加以重复，以期增强听觉印象；此外，要求话语中肯、自然，犹如同各位听众单独谈话一样亲切。切忌装腔作势和无边的吹捧，也不宜使用过多的感叹词和插入语。不和谐的音乐和刺耳的音响是容易引起听众反感的。

至于无线电广播广告中的音乐和音响配合，取决于是否有助于更好地表达广告的思想内容。例如，获日本民间电台大会最佳奖的一则广播广告，当播音员广播“SANTORY（三得利酒）的故乡，是在日本酿造威士忌最适当的京都郊外的山崎”时，听众的耳朵里，听到了潺潺的溪流声和小鸟啼鸣声。这种美妙的音响配合，自然而然地诱发收听者想象，京都郊外山崎，山清水秀、鸟语花香的自然风光，有力地烘托出广告标题——“威士忌（美酒）迷恋的地方”。一首好的广告歌曲，亦可能成为一首流行歌曲，为众人所知，为众人所唱。

广播传播迅速，自然是一大长处，但是，声音传播瞬间即逝，又由于无视觉形象，最后留在记忆中的印象就比较淡薄、模糊。消费者因为不可能随意听取，当然就更难巩固了。

(三) 电视广告

电视广告将印刷、绘画、电影、摄影和有声广告融为一体，给收看者以视听同时作用的感觉。这种既能演示商品，又能配以解说词的广告，不但可以介绍商品性能、质量、制作特点、使用方法，而且还能进行现场操作。它的信息吸收方式是串式，即是同时进行而不是阶梯式的。

形式多样，生动活泼，又是电视广告的另一大特色。必要时，可请专家学者作演讲；让时装设计师、工艺美术师介绍服装流行趋势，摆设或装饰艺术；厨师传授和表演菜肴烹饪加工方法；美容师介绍新型化妆品和美容化妆；明星运动员评论体育用品；以及普通消费者谈使用特定广告商品的感想、体会。配合行家们的谈话，同时播放商品样品、图片和照片，既易于理解，又令人可信。

由于电视广告将视、听结合起来，既发挥音响的作用，又发挥视觉形象的作用，因此，可能使表现力达到更加完美的地步。正因为电视广告显示的商品形象比较完整、美观，所以它也更容易引起消费者的商品兴趣和好感。今天，电视日益普及，已经拥有广大的观众，影响面比其他媒体更大。但是，它要求特定的条件和地点，显得适应性不强，且费用亦较高。电视广告同广播广告一样都缺乏保存性，即只有瞬显性。为了弥补，只有求助于重播。

除了上述的报纸广告、杂志广告、广播广告和电视广告而外，其他媒体还有户外与邮递两类。户外媒体包括路牌、招贴、霓虹灯等。它们具有灵活、持续性强的特点，但是，它们无法选择目标消费者，传递的信息也不可能充分。邮递广告主要包括销售信、说明书等。这些是以特定人物、单位为诉求对象，适于推销特种或专门性商品，但是，影响范围很有限，感染力较差。

三、广告对消费行为的作用

现代的市场观认为，在诸多市场要素组成的复杂关系之中，消费者是中心。将消费者置于中心地位有两点理由：一是商品生产以满足消费者需要为宗旨；二是一切市场策略只有符合消费者的行为特点，才可能奏效。

在现实的购买活动中，许多购买者事先也不一定有明确的购买意图和目标，但是，却把东西买下来了。美国一家商场曾做过实地调查，发现在被调查的购买者中，大多数的人事先只有朦胧的欲望（更多地反映潜在需要），只有少部分买主才是在有明确购买计划时购买的。由此可见，有如此众多的具有潜在需要的消费者在等待着诱发他们的购买愿望。而广告正是诱发消费者潜在需求的一个重要手段。

消费者有了一定的需要并注意于某种物品或劳务之后，便产生了如何来满足自己需要的问题。消费者这时便进入到了获得信息的阶段。一般说，消费者首先是回忆自身的经验，从记忆中获取有关商品的信息。但是，记忆中的经验和知识毕竟有限，特别是对于大件贵重物品的知识，更要有求于各种信息源。广告便是提供商品信息的重要途径。台湾地区奥美广告公司关于“消费者对广告的态度与评价”的调查结果显示，认为广告是一种了解产品功能或服务内容的重要消息来源的人数比例，在我国台湾地区为86%，在香港地区为74%，在美国为76%。

1992年，中国科学院心理研究所的科研人员在北京市进行了有关广告对消费心理和行为作用的问题进行了调查，共获得了1 332份有效资料。统计结果如表9-1所列。

表 9-1 消费大众对广告的接触率 %

广告商品类	接触度			
	经常	有时	很少	从不
香波类	37.8	35.2	16.5	9.6
饮料类	33.2	39.7	18.8	8.4
彩电类	37.5	38.1	18.8	5.6
平　均	36.5	37.7	18.0	7.9

将表 9-1 中“经常”与“有时”，“很少”与“从不”分别合并成接触广告与几乎不接触广告两大类，接触广告者占据了 3/4 的比率（包括主动接触与被动接触）。

图 9-2 明显显示，从不接触广告到经常接触广告，想买或想换一台彩电的人数比例，近似于直线性增加。

广告接触度与消费行为的关系，列在表 9-2 与表 9-3 中。

表 9-2 广告接触度与商品拥有量的关系 %

香波类商品	接触度			
	经常	有时	很少	从不
无至 1 瓶	18.4	35.1	51.1	78.2
2 瓶以上	81.6	64.9	48.9	21.8

表 9-3 广告接触度与消费度的关系 %

饮用度	接触度			
	经常	有时	很少	从不
经常	55.1	32.5	10.4	2.1
有时	18.3	59.5	19.2	3.0
很少	11.5	28.3	52.5	7.8
从不	11.7	19.4	26.2	42.7

表 9-2 所列数据显示，对广告商品的拥有量跟广告接触度成正向关系，即拥有 2 瓶以上香波的人数比例，随广告接触频繁而增高；相反，拥有 2 瓶以下香波的人数比例，则依广告接触频繁而减少。

从表 9-3 可以看出，接触饮料广告（包括饮料类与啤酒）多的比接触少的消费者饮用人数多。

以上诸表显示出一个共同的趋向：在购买愿望、商标意识、拥有量和消费量上，接触广告的消费者都比不接触的高，而且，接触经常的比接触少

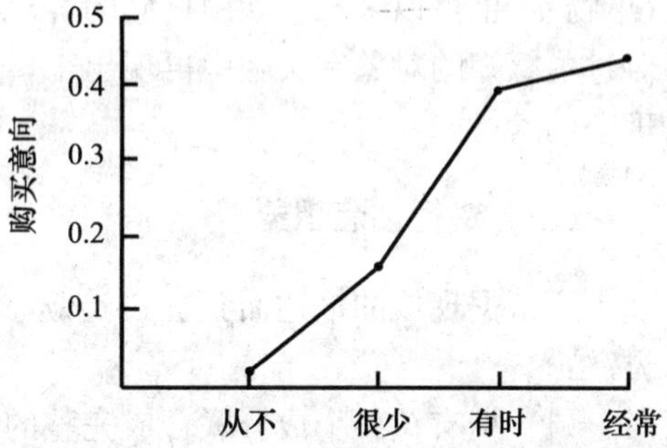

图 9-2 广告接触度与购买意向的关系

的更为明显。

从所述消费行为过程，以及广告对消费心理、消费行为影响的实际调查可以看出，广告对消费者可能发挥的作用有：

（1）唤起消费者潜在需要，诱发购买愿望，进而激发起购买动机。

（2）提供有关商品信息，以使消费者注意到具体的购买物品或劳务。

（3）确认广告的商标，以便选择特定的商标产品。

广告对消费者消费行为过程的这种客观作用，相应地决定了广告心理的基本任务：

（1）广告如何有效地说服消费者购买。

（2）广告如何让消费者快速、准确地接受和记住特定的商品信息。

第三节　商业广告创意的心理策略

一、广告创意心理

任何自觉的活动总是围绕着一定的目的而进行的。创意的首要依据是确定好的主题，它反映了企业对广告的诉求重点，凡是不符合或与广告主题不协调的创意就不是好的广告创意。创意的另一条依据就是符合消费者的心理特点和要求。

（一）针对主体展开想象

无论广告作品创意还是对广告作品的接受，在头脑中都要浮现出许许多多过去感知的对象形象。这些形象的恢复是一种表象活动，在创意活动中，重要的是对这些记忆表象进行加工改造形成新的形象。想象的过程是对过去形成暂时神经联系进行新的结合的一种创造过程。

（二）收集心理素材

任何一部广告作品的创意都是建立在许多具体素材上的，素材可以来自当前的客观对象（事物），也可以来自头脑中存储的客观对象的形象。对当前对象的直接反映是知觉映像，而对过去感知的对象在头脑中再现出来，则称为表象或记忆表象。广告创意就是要收集这些心理上的素材。

（三）进行创造想象

不依据现成的描述而独立创造新形象的过程，称作创造想象。创造新形象有以下三个方法：

（1）把有关各个成分联合成完整的新形象。

（2）把不同对象中部分形象黏合成新形象。

（3）突出对象的某种性质或它与其他对象之间的关系，从而创造出新形象。

(四) 受众再造想象

在现实中人们对于客观存在的但未曾遇到过的那些对象，凭着语言文字的描述或图示，会在脑中有关的表象基础上建立起相应的形象。这种依据语言的描述或图示在人脑中形成相应的新形象过程叫做再造想象。

二、广告诉求心理

广告诉求是指在广告的策划和设计中，通过对人的知觉、情感的刺激和调动，对人们观念、生活方式的影响，以及对厂商、商品特点的宣传，来迎合和诱导人们，以最终激发顾客购买动机的过程。

(一) 广告情感诉求的心理策略

1. 抓住消费者的情感需要

情感诉求要从消费者的心理需要出发，紧紧围绕消费者的情感需要进行诉求，才能产生巨大的感染力和影响力。需要是情绪情感产生的直接基础，若消费者没有类似的需要，任何刺激也无法激发起他的这种情感，在情感广告中，广告刺激必须以消费者的需要为中介才能发挥作用。广告要想打动消费者，必须针对消费者的需要进行诉求，同时，把产品与消费者的需要紧密联系，使消费者一出现类似需要就联想到该产品，这样才能取得良好的促销效果。情感诉求正是诉求产品能够满足消费者的某种需要，以达到使消费者产生共鸣的目的。

2. 增加产品的心理附加值

人类的需要具有多重性，既有物质性需要，也有精神性需要，并且这两类需要常处于交融状态。一方面，物质需要的满足可以带来精神上的愉悦，另一方面，精神上的满足又可以强化物质需要的满足，甚至会代替物质需要的满足。从这种意义上说，产品的质量是基础，附加值是超值。作为物质形态的产品或服务，本来并不具备心理附加值的功能，但适当的广告宣传，会给产品人为地赋予这种附加值，甚至使该产品成为某种意义或形象的象征——购买这类商品时可以获得双重的满足，一方面是物质上的，另一方面是精神上的，这对于有条件购买该产品的消费者会产生极大的吸引力。如“派克钢笔”是身份的象征，“金利来”代表的是成功男人的形象，而“万宝路”则是独立、自由、粗犷、豪放的男子汉的象征。

3. 利用暗示，倡导流行

消费者的购买动机是多种多样的，有时购买者并不一定是使用者，许多产品是用来馈赠亲友的，通过馈赠礼品，表达某种情感，如果某产品正好符合这种愿望，他们就会主动去购买，而较少考虑产品的质量、功效等具体属性。当厂商通过广告传播把购买这种产品变为一种时尚或风气后，消费者就会被这种时尚所牵引，去购买这种产品。例如，“脑白金”广告被称为一种广告现象，“今年过节不收礼，收礼只收脑白金”的广告语被高频度播放后，几乎妇孺皆知，但该广告并没有引起人们的积极情感，甚至引起很多消费者的反感，2002 年被评为中国十大恶俗广告之首。但不可否认，通过暗示，引导消费，该广告在促进销售方面还是比较成功的。

（二）广告理性诉求的心理策略

1. 提供购买理由

理性购买者常常要找到一些合理的理由，才做出购买决定。所以，广告必须把合情理的购买理由提供给消费者。例如，一般工薪者要去高级饭店吃饭，常常是借着某某人生日或其他理由，使这种奢侈变得心安理得。再如中国人一向是以节俭为美德。而雅戈尔西服作为中国名牌西服，其价格是一般西服价格的几倍，一般工薪阶层向往名牌，但下决心购买确实有一个痛苦的过程。雅戈尔针对消费者的这一心理，适时提出“男人应该享受”这一宣传主题，为这些很想购买又舍不得购买的人们提供了一个恰当的理由。

2. 拟定说服的重点

文字广告不可能很长，形象广告呈现的时间亦很短。除了费用的因素外，消费者也不可能花很多的时间与精力去研究某则广告。因此，无论从哪个角度来看，都有必要拟定一个十分明确的说服重点。重点的确定不能是随意的，也不能是一厢情愿式的。它应当是处于几个重要因素的交汇点，并且是这几个因素的有机交融。这些因素是：目标市场消费者的心理特点；目标市场消费者的需求状况；所欲宣传产品的优点与特点。不能契合消费者的心理特点将会使之拒绝接受宣传内容；与现时的需求状况相左难以使之出现购买行为；自身产品的优点与特点未得到彰扬则会出现自己出钱为同行做广告的可悲局面。总之，一则广告不具备这几个因素不行，这几个因素若处于分离状态也不行。当这几个因素同时出现并聚集在同一焦点上时，广告将出现震撼人心的说服力。

3. 论据比论点、论证更重要

不可否认，消费者对厂商有一种天然的怀疑与抗拒心理。因此，厂商的说辞再动人、再有道理，他们也不见得真正相信。“卖瓜的不说瓜苦”这一心理定式无时无刻不在起作用。他们更想看到，也更愿相信的是论据，强有力的论据。有鉴于此，在理性诉求广告中，提供论据比漂亮的说辞更重要也更省力。

在广告中出现的论据可分为两大类，一类是人，另一类是物。人又可以分为两种，一种是本产品所属行业的权威人士，另一种是曾使用过该产品的消费者。虽然现代人崇尚独立与个性，但由于知识爆炸局面的出现使之不可能通晓一切生活方面的知识，他们不得不在某种程度上依赖于权威，这就为利用权威人士作为说服消费者的广告主提供了一个最佳契机。当然，并非任何利用权威的广告都能自动显示出最佳功效，这里面还有一系列的技术性问题应予以高度重视。社会心理学家 W・巴克指出：“如果有一种产品经过一位颇有魅力的人物宣传，那么这是否意味着人人都会跑来购买它呢？事情并非如此……如果人们看到，某人的劝导是出于自己的私利，那么这一信息的说服力就减弱了。”可见，在利用权威人物作理性诉求广告时，无论在形式上还是在内容上，都不能使受众觉察到权威人物“隐蔽的动机”是为了自己的私利或商业目的。如果很好地解决了这一问题，那么说服效果将倍增。消费者的证言具有社会心理学中所说的“自己人效应”，其作用亦不可低估。

相比较而言，以物作为论据比以人作为论据的诉求更具说服力，因为人的证言不管怎么说终究是隔了一层，而物的论据则具有更高的直接性，以物作为论据的形式有，实物演示、实验数据、图表等所有这些演示、数据、图表所反映的内容都必须是真实的、经得起重复实验的。如果消费者所购买的商品与广告中表现的情况相距甚远，厂商的形象将会破坏殆尽，甚至还会带来法律上的纷争。

【案例】

农夫果园，一“摇”三“鸟”

两个身着沙滩装的胖父子在一家饮料店前购买饮料；

看见农夫果园的宣传画上写着一句“农夫果园，喝前摇一摇”；

于是父子举起双手滑稽地扭动着身体，美丽的售货小姐满脸狐疑地看着他俩；

（镜头一转）口播：农夫果园由三种水果调制而成，喝前摇一摇；

（远景）两个继续扭动屁股的父子远走。

第一次看到这支广告时，先是一乐，接着是很兴奋——中国营销界又多了一个伟大的经典概念！

又是养生堂，又是在一个竞争已经十分激烈的行业，又是一个经典营销传播概念，将创造又一个营销奇迹！我们不能不对养生堂的同志们心生敬佩！

统一主打女性消费市场，喊出“多喝多漂亮”的口号，康师傅、健力宝、汇源等也纷纷采用美女路线。康师傅签约梁咏琪为“每日C果汁”摇旗呐喊，健力宝聘请亚洲流行天后滨崎步作为“第五季”的形象代言人，汇源在宣传了一阵子冷灌装以后，邀请时下最红的韩国影星全智贤出任“真鲜橙”的代言人。PET包装的果汁市场，一下子美女如云。

而后来的农夫果园不为女色所惑，出手不凡，又一次运用了差异化策略，以一个动作作为其独特的品牌识别——“摇一摇”。

这是一个伟大的创意。

“摇一摇”是一个绝妙的潜台词。“农夫果园，喝前摇一摇”、“农夫果园由三种水果调制而成，喝前摇一摇”。“摇一摇”最形象直观地暗示消费者它是由三种水果调制而成，摇一摇可以使口味统一；另外，更绝妙的是无声胜有声地传达了果汁含量高——因为我的果汁含量高，摇一摇可以将较浓稠的物质摇匀这样一个概念。“摇一摇”的背后就是“我有货”的潜台词。

在农夫果园打出这句广告词之前，许多果汁饮料甚至口服液的产品包装上均会有这样一排小字：“如有沉淀，为果肉（有效成分）沉淀，摇匀后请放心饮用”。这排小字看似是要消除一种误会，就是——有了沉淀并不是我的产品坏了，摇匀后喝就行了。这其实是一个很好的卖点——它证明产品的果汁含量高。但这样的语言在各种包装上已经有很多年了，从来没有人关注过这只角落里的“丑小鸭”，农夫果园发现了这只白天鹅，并把她打扮一新包装成了明星——一句绝妙的广告语“喝前摇一摇”，变成了一个独特的卖点。

同时，在感性认同上，“摇一摇”使得宣传诉求与同类果汁产品迥然不同，以其独有的趣味性、娱乐性增强消费者的记忆度。

4. 运用双向信息交流，增加可信度

在说服过程中，尤其是在带有浓厚商业性色彩的广告宣传中，可信度一直是困扰着说服者的一个问题。明明自己绝无假话虚言，可消费者就是不相信或半信半疑。如何解决这一矛盾呢？一种可行的方式就是提供双向信息，即在大力彰扬产品优点的同时，也说出产品的一些不足之处。有人曾将同一型号的汽车做了两则广告，一则广告说：“这种汽车的内把手太偏后了一点，用起来不顺手，但除此之外，其他地方都很好。”另一则广告中没有这一条，全部讲优点。结果都相信前一则广告。细加分析，前一则广告的成功乃是由于采用了欲擒故纵的手法。消费者不是具有怀疑心理吗？好的，我先对你的这一心态予以满足，坦诚相告自己产品的不足之处，使你的怀疑感烟消云散，然后再展开正面攻势，这样就可长驱直入，攻占消费者的心理世界。需要指出的是，人是一个高度非线型的系统，任何单一的推论都不能涵盖全部心理现象。并非任何宣传说服都是以提供双向信息为佳。当目标市场消费者文化水准较高时，双向信息为佳，文化水准偏低时，单向信息为佳。此外，当人们原先的认识与宣传者所强调的方向一致时，单向信息有效；而在最初的态度与宣传者的意图相左时，双向宣传的效果比较好。落实到广告宣传中，似乎应遵守这样的准则：新产品及新广告出现之初，可采取双向信息的方式，以打消消费者的怀疑并建立起信赖感。当消费者已经接受了广告的说服宣传，或者是基本上接受了广告宣传，这时就可以运用单向信息对消费者已经建立起来的观点予以强化。

5. 将“硬”广告“软化”

理性广告最忌讳而又最易犯的痼疾是“硬化症”，具体表现为语言呆板，口气生硬，术语过多，还有内容太多造成的“信息溢出”也是常见的毛病。但是，理性诉求广告仍然可以做得亲切动人，即使用通俗易懂的大众语言，陈述简洁明快，多用短句和短的自然段，适当贴切地运用比喻和形象化的方法说明，有时还可逗逗趣。但在理性诉求广告的“软化”过程中，也要牢记理性诉求广告还要用信息唱主角，“软化”的目的是更好地传递信息。

【案例】

舒肤佳——后来居上称雄香皂市场

1992 年 3 月，“舒肤佳”进入中国市场，而早在 1986 年就进入中国市场的“力士”已经牢牢占住香皂市场，后生“舒肤佳”却在短短几年时间里，硬生生地把“力士”从香皂霸主的宝座上拉了下来，根据 2001 年的数据，舒肤佳市场占有率达 41.95%，比位居第二的力士高出 14 个百分点。

舒肤佳的成功自然有很多因素，但关键的一点在于它找到了一个新颖而准确的“除菌”概念。

在中国人刚开始用香皂洗手的时候，舒肤佳就开始了它长达十几年的“教育工作”，要中国人把手真正洗干净——看得见的污渍洗掉了，看不见的细菌你洗掉了吗？

在舒肤佳的营销传播中，以“除菌”为轴心概念，诉求“有效除菌护全家”，并在广告中通过踢球、挤车、扛煤气等场景告诉大家生活中会感染很多细菌，然后用放大镜下的细菌“吓你一跳”。然后，舒肤佳再通过“内含抗菌成分‘迪保肤’”之理性诉求和实验来证明舒肤佳可以让你把手洗“干净”，另外，还通过“中华医学会验证”增强了品牌信任度。

【同步思考】

1. 从上述案例中你得到什么启示？
2. 你认为成功的商业广告有哪些共同的特点。

【小结】

广告是广告主有计划地通过一定的媒体将商品和劳务信息传递给大众，而起到促进销售作用的一种非人员推销的信息传递方式。制作广告应遵循的原则是：真实性、思想性、艺术性、民族性、大众性、科学性。广告对消费者可能发挥的作用有：

（1）唤起消费者潜在需要，诱发购买愿望，进而激发起购买动机。

（2）提供有关商品信息，以使消费者注意到具体的购买物品或劳务。

（3）确认广告的商标，以便选择特定的商标产品。

广告对消费者消费行为过程的这种客观作用，相应地决定了广告心理的基本任务：

（1）广告如何有效地说服消费者购买。

（2）广告如何让消费者快速、准确地接受和记住特定的商品信息。

广告的心理诉求包括情感诉求和理性诉求，是打动消费者心理，促成消费者消费行为的关键所在。

【思考题】

一、选择题

（1）商业广告的诱导功能主要是（　　）。

A. 引起消费者的好奇　　B. 激发消费者的购买欲望

C. 改变消费者的态度　　D. 提供商品知识

（2）商品广告成功的基础在于（　　）。

A. 商品的包装是否新颖　　B. 广告费用是否合理

C. 商品品质是否优质　　D. 能否引起消费者的注意

（3）商业广告最基本的功能是（　　）。

A. 信息功能　　B. 娱乐功能　　C. 促销功能　　D. 说服功能

二、问答题

（1）什么是商业广告？商业广告对消费者心理有哪些影响？

（2）广告创意过程中应注意哪些问题？

（3）广告媒体的选择有哪些原则？

（4）搜集一个你认为最能打动你的广告案例，并进行分析。

【实训九】　为你喜欢的一款商品设计一个广告

第十章 营销沟通服务与消费心理

知识目标

了解消费者对营销人员服务的心理需求；

掌握营业员的接待技巧。

能力目标

能够运用自己的内在热情吸引消费者，给消费者留下好印象；

熟练与消费者的语言沟通；能够化解营销中的矛盾与冲突。

情感目标

提高营业员的自信心。

【案例导入】

海尔的服务理念

1994年3月，青岛一位老太太买了一台海尔空调，在上楼找人帮忙搬运的时候，黑心的出租车司机将空调拉走了。海尔得知此消息后，便免费提供给老太太一台空调，并上门安装；同时要求下属冰箱、冰柜、空调、洗衣机等四个事业部自找服务上的盲区和制定解除用户烦恼的措施。空调事业部从“丢失空调事件”发现，用户在购买空调时存在着自己拉货和找人搬抬等不便因素，于是便完善了服务内容和提出“无搬动服务”理念，也就是用户购买海尔空调时只需交款，以后的所有事情都由空调公司来办，消费者只等享用就是了。

为了保证星级服务的全面落实，海尔还提出了服务的“一、二、三、四模式”，即一个结果——服务圆满；二个理念——带走用户的烦恼，留下海尔的真诚；三个控制——服务投诉率小于10PPM、服务遗漏率小于10PPM、服务不满意率小于10PPM；四个不漏——一个不漏地记录用户反映的问题，一个不漏地处理用户反映的问题，一个不漏地复查处理结果，一个不漏地将处理结果反馈到设计、生产和经营部门。

第一节　营销员沟通与消费心理

一、营销人员素质对消费者的影响

心理学研究表明，仪表也是影响人际关系的一个重要因素。人的仪表包括体态容貌、服饰衣着、站立姿势、风度及言谈举止等。人与人之间初步交往，特别是由于第一印象的作用，仪表因素对人际吸引显得特别重要。随着交往的深入，仪表因素的作用越来越小，吸引力逐渐由外部仪表特征转向内部道德品质和个性特征。而商业交往是短暂的交往，营销人员的仪表会给消费者带来什么样的第一印象，其作用就更加不可忽视了。

（一）营销人员的仪表与消费心理

1. 风度

一个营销人员的容貌与其销售成绩的好坏似乎并没有太大联系。然而，不管什么容貌，都必须有良好的风度。风度是一个人性格、气质、文化水平、道德修养和生活情趣的外化，是人自身所具有的较为稳定的行为习惯的外在表现方式。

风度美是一个人外在美与内在美的总和，是一个人的整体之美。为了增强营销人员风度对消费者的吸引力，对营销人员的仪表必须作一些必要的强制性的明文规定，用统一的服务规范调整他们的仪表，尤其是行为举止。如不准在营业时间里坐着接待顾客；不准看书看报；不准在营业现场吸烟、吃东西、干私活；不准聊天、打闹；不准与顾客顶嘴、争吵等。

在风度美方面，统一着装也是一项普遍采用的措施。

服饰是人们交往过程中留给对方的第一印象，从服饰方面找到和顾客的共同语言是容易也有效果的。在平时的工作中不少的营销员非常专注、强烈地希望顾客认同自己。然而他们却很少主动去认同顾客，忽视了一个最简单的道理：要让事情改变，先改变自己。

一次，营销员大刚到外地出差。火车上，一位女士坐在他的对面，该女士着装大方、简洁、得体。出于职业习惯大刚和那位女士交谈起来。大刚和她聊起了关于服饰搭配的话题。大刚向那位女士请教："你看我个子比较矮，穿什么衣服比较合适呢?"女士告诉大刚："欧版的服装在剪裁方面非常注重收腰和提臀，应该是比较适合的选择。"大刚铭记于心。下车之前两人互相留了电话。

一周之后，两人相约在一个茶楼见面，大刚一改上次西装革履的形象，穿着一身欧版的休闲服出现在女士的面前，让女士眼前一亮。更让她意外的是大刚选的是她喜欢的那个品牌。于是感到非常惊喜和亲切，两人再次聊得很投契。结果那位女士日后成了大刚的顾客。

2. 笑容

微笑虽然只发生在短暂的买卖之时，但留给顾客的记忆却存在久远，一次偶然的惠顾却因该店营销人员的微笑接待而成为常客。可见，微笑不费成本，却带来利润；微笑，是感情的流露，是人与人之间融洽、和谐的表现。营销人员主动笑脸迎客，引人亲近，令人舒服，给人快慰，使顾客“自尊的需要”得到满足，这时顾客就乐意购买你的商品。营销人员要微笑服务，其道理在于创造一个愉快的购物情绪。因此，笑颜常开是营销人员不可缺少的基本功，一副笑脸，一张热面孔，是通过生活的实践获得，可以用训练的办法塑造出来。

3. 性情

营销工作中，营销人员不断地接触各式各样的人，其中有随和的，也有狂妄的，倘若遇上后者有时会遭到冷落、拒绝。在这种情况下，如果是一位性格开朗的推销员，就可能会面带笑容、悠闲自得地应酬，很快地把对方巧妙地引到正常交往上来。

4. 语言

营销人员的语言表达能力，是指在与消费者打交道时运用语言传递信息、进行人际沟通的能力。在营销现场，营销人员所具备的良好语言表达能力，对于创造和谐的营销气氛，促进消费者的购买行为有着重大的影响。因此，这就要求：对顾客必须使用礼貌语言和尊重语言；用明快的语调说话；要诚意而又热情洋溢地与对方说话；说话富有感情；注意说话时间间隔；要聆听对方说话，尤其对消费者提出的意见表现出通情达理的理解态度；不要使用难懂的语言；不要把同一件事絮絮叨叨地说个没完；话题要简明；对不同年龄、性别、个性、职业和需要的消费者，接待语言要有所区别；恰当地使用方言，能给顾客以亲切感。总之，营销人员要发挥语言的魅力，起到争取顾客的作用。

5. 举止

营销人员要具有良好的举止行为和工作作风，以取得用户的信任。营销人员的举止关系到商业企业的销售业绩和形象。营销人员对所售商品小心保护、轻拿轻放；在介绍商品的同时，积极展示商品，有利于刺激消费者的欲望；鼓励顾客试用、操作，能使买卖双方的关系显得更直接、融洽，而不那么生疏和紧张。

（二）营销员必备的心理素质

1. 自信 —— 营销员必备的心理素质

“不是由于有些事情难以做到，我们才失去了自信；而是因为我们失去了自信，所以有些事情才显得难以做到。”

美国当代最伟大的推销员麦克，曾经是一家报社的职员。他刚到报社当广告业务员时，不要薪水，只按广告费抽取佣金。他列出一份名单，准备去拜访一些很特别的客户。

在去拜访这些客户之前，麦克走到公园，把名单上的客户念了100遍，然后对自己说：“在本月之前，你们将向我购买广告版面。”

第一周，他和12个“不可能的”客户中的3人谈成了交易；在第二个星期里，他又成交了5笔交易；到第一个月的月底，12个客户只有一个还不买他的广告。

在第二个月里，麦克没有去拜访新客户，每天早晨，那拒绝买他的广告的客户的商店一开门，他就进去请这个商人作广告，而每天早晨，这位商人却回答说：“不!”每一次，当这位商人说“不”时，麦克假装没听到，然后继续前去拜访，到那个月的最后一天。对麦克已经连着说了30天“不”的商人说：“你已经浪费了一个月的时间来请求我买你的广告，我现在想知道的是，你为何要这样做。”麦克说：“我并没浪费时间，我等于在上学，而你就是我的老师，我一直在训练自己的自信。”这位商人点点头，接着麦克的话说：“我也要向你承认，我也等于在上学，而你就是我的老师。你已经教会了我坚持到底这一课，对我来说，这比金钱更有价值，为了向你表示感激，我要买你的一个广告版面，当作我付给你的学费。

2. 承受拒绝的能力

“成大事者，必须心灵似上帝，行动如乞丐。”

营销员推销，大多数时间是遇到客户的拒绝，这其中有的客户确实不需要。然而，需要的客户，也会因为多种因素拒绝你的推销。国外保险业有一个统计资料，在保险推销中，平均每次访问 6 个客户，才能有一客户购买保险，在目前的中国市场，成功率比这低得多，如果能达到 6∶1 的成功率，市场就火爆的不得了。

营销员应该记住，客户的拒绝，是一种常规的态度，我们不能因为遇到 100 个客户拒绝而灰心，拒绝是接纳的开始。一个客户，可以从冷冰冰的拒绝开始认识你，时间长久之后，就可能成为朋友，所以，没有必要一开始就试图在短时间内说服客户，先要承认对方的拒绝，这时候你应该想到，客户接纳我的时机还没有到，我现在最主要的是接受他的拒绝。但是，我已经把信息传递给了他，以后可以寻找恰当的时机和方式，让客户接纳我，从我的手中购买产品。因此，拒绝是对营销员的考验，不停的拒绝与不停的访问，简单的事情必须重复做。有些营销员当上营销课，以及听过老营销员的经验讲解后，往往会产生一种豪迈的激情，会把营销想象成非常快乐的职业，每天东奔西走，不用坐班，也没人盯着自己，想到走进客户的办公室，客户非常热情地端茶递烟，笑脸相迎，并且大声说：“啊，你来的正好，我们太需要你们的产品了，真是雪中送炭啊！”这一镜头只能发生在营销员的睡梦之中，现实生活中是不可能的，如果大家都那么缺少你的产品，那要营销员去推销干什么？在公司销售部坐着等客户上门就是了。故此，在选择营销这一职业的同时，要对困难有所准备。

营销员必须具备一种顽强的敬业精神，百折不挠，要认定拒绝是不可避免的，不能遇到拒绝一多，就灰心丧气，一蹶不振。失败乃成功之母。要在失败中站立起来，一帆风顺的事在营销行业中是微乎其微的。你要记住：营销员永远是一位孤独的战士，在不断地被人推出门后，还能再次举起手来敲门，也许，机会就在那最后的一敲。

既然拒绝是常事，但是，拒绝并非不可以从中学到东西，比如，我们在遭到拒绝时，不妨做出提问，并且从拒绝的理由中去判断对方为何拒绝，客户说：“仓库大院里还堆着一大堆呢，我们不要。”这时候，你不妨去客户的仓库大院看一看，是不是真的有一大堆。如果没有，则可能是客户的托词，而且很可能他们需要，因为他说的不是“我们用不着、我们不用。”而是说有一大堆搁在那儿。因此，这个客户不能轻易放过，再回去问，客户就可能说，已经订货了，你来晚了。然而，你千万不要以为他们真的已经订货了，这也是想支走你的话，据日本营销公司调查，客户在拒绝推销时，70%的客户都没有什么正当的理由拒绝。而且，2/3 的人都是在说谎。

正确判断拒绝理由，有助于你的成功。只要在这些理由中发现一线希望，也要锲而不舍。在拒绝中，不断给自己打气，并且不影响你去下一家客户的拜访，有一位几十年来成绩一直非常优秀的营销员说：“我每天都给自己计划访问多少客户，随身带着一个本子，把访问过的企业记录下来，把他们拒绝的理由也记录下来，以供回家进行分析。”访问客户的数目是一个硬指标，每天都必须完成自己的计划，绝不能偷懒，或者想：算了，再访问下去也不会有希望。这就是大错特错，也许希望就在下一家。

有些客户，访问的次数多了，彼此都熟悉了，还可能交上朋友。如果你访问 10 次，而该客户一次没有接纳你，并且，用各种各样的谎言拒绝你，客户会本能地在心里生出一点愧意，或者被你的行为所感动，甚至心里会巴不得有一笔生意要给你做，否则，会辜负了你的一片苦心。在营销工作中，人情是一大成功因素，有时候你每次访问一个客户，就相当于一次感情投资，当客户想起要还这笔人情账时，你的幸运就来了。

但是要记住，在营销活动中，你的敌人不是客户，而是你自己，要不断地战胜自我，对自己说：不！我不能后退，我必须往前走，我的成功就在下一次。商场如战场，完全可以把自己想象成一位坚忍不拔的勇士，一次次的闯关，都存在胜利的可能。

没有失败，何来成功？没有拒绝，谈何推销？

3. 人格魅力

“人格的魅力是打动人心最重要的指数。”

假如我们把每一次去见客户，都当作去与初次见面的朋友约会，我们就可以找到一种感觉，那就是彼此见面时，对你产生一种愉快感，感觉到得体，落落大方，甚至感到亲切，并且有谦虚风度，体现出中国传统文化教育的内在美，做生意的成功率就会大大提高。

但是如果我们的友善亲切的面孔仅仅是为生意而“摆出来的”，做营销是一副面孔，平时又是另一副面孔，这对于人来说，是非常残忍的。我们应该把客户真真正正、确确实实地当成能够互相帮助、互通有无、彼此信任的朋友。

西方人做人做生意，讲究进攻性，竞争如狼似虎。但这种形式，也许并不符合中国人的处世哲学，中国传统商人，无论是晋商还是徽商，都是把“仁、义、信”摆在为人为商的首位。生意不成仁义在。我们的前人所处的社会虽然经济不如现在发达，商业生存空间也不如现在广大，但是知道为商之道，不求一时一地，一朝一夕之急功近利，总是能够展示出儒家风范，这种传统作风，源远流长。今天虽然进入知识经济时代，也不能以为好的传统就必须扔掉。事实上，我们不能离开中华大地这块土壤，也割离不了传统文化。

从西方传进中国的营销学，多为教人如何取媚客户，围绕着生意的成功这个主题设计营销方略，这不失为一种短期的营销行为，但搞得不好，就会在圈子内把名声搞坏，被人认为只是一个金钱的奴隶，而不是朋友，一个品德高尚的商人。古往今来，成功的商人，都能完成个人品德修养，成为一个济世助人，福荫乡土的人物。

在商业圈，有时候是竞争对手，在商场上杀得头破血流，但在商战之外仍可以做朋友，在现代社会，朋友是一笔无形资产，是最有效用的第一生产力。因此，一些声誉好的商人，他们的身边朋友就多，朋友多声誉也会更好。商人应该像孔雀爱护自己的羽毛那样爱护自己的声誉、信用。因此，古代商人讲仁，为人处世以仁为本，以义待人，讲究信誉，同样在现代社会，信誉几乎是营销员的生命。很难想象一个信用记录不良的人，能够把生意做大，能够成为一个成功的伟大的推销员。

一个行业的营销队伍是由每一个个体的人组成的，由每一个个体构成营销系统整体素质，我们当然不愿听到社会上说“营销业的人缺乏真诚”诸如此类的活，基于个人的人生幸福诉求，我们当然更愿意从工作到生活，都展示出良好的修养与情境。

如此，不论是我们今天做营销，还是将来做老板，注意个人修养和道德完善，是出自于个人所需，一个源于本人的真实的修养，是远远比做秀式的文明表现更能赢得尊重，被社会所接纳。现在我们去向那些身经百战的老营销讨教，他们居然对过去的时光很怀念：啊，当年我们交下了很多朋友啊。他们竟然把营销说得这么简单，但事实上，从事营销行业的人，哪一个没一本深刻的历史账呢？只是他们悟到了“省者全无”的境地，心情淡泊而已。

【案例】

乔·吉拉德的故事

乔·吉拉德被誉为世界上最伟大的推销员，他在十五年中卖出13 001辆汽车，并创下一年卖出1 425辆（平均每天4辆）的记录，这个成绩被收入《吉尼斯世界大全》。那么你想知道他推销的秘密吗？他讲述过这样一个故事：

记得曾经有一次一位中年妇女走进我的展销厅，说她想在这儿看着车打发一会儿时间。闲谈中，她告诉我她想买一辆白色的福特车，就像她表姐开的那辆，但对面福特车行的推销员让她过一个小时后再去，所以她就来这儿看看。她还说这是她送给自己的生日礼物："今天是我55岁生日。"

"生日快乐！夫人。"我一边说，一边请她进来随便看看，接着出去交代了一下，然后回来对她说："夫人，您喜欢白色车，既然您现在有时间，我给您介绍一下我们的双门式轿车——也是白色的。"

我们正谈着，女秘书走了进来，递给我一打玫瑰花。我把花送给那位妇女："祝您长寿！尊敬的夫人。"

显然她很受感动，眼眶都湿了。"已经很久没人给我送礼物了。"她说，"刚才那位福特推销员一定是看我开了部旧车，以为我买不起新车，我刚要看车他却说要去收一笔款，于是我就上这儿来等他。其实我只是想要一辆白色车而已，只不过表姐的车是福特，所以我也想买福特。现在想想，不买福特也一样。"

最后她在我这儿买了一辆雪佛莱，并开了一张全额支票，其实从头到尾我的言语中都没有劝她放弃福特而买雪佛莱的词句。只是因为她在这里感到受了重视，于是放弃了原来的打算，转而选择了我的产品。

第二节　营销人员与消费者的沟通

【案例】

某日，有几位客人在客房里吃西瓜，桌面上、地毯上吐的到处是瓜子。一位客房服务员看到这个情况，就连忙拿了两个盘子，走过去对客人说："真对不起，不知道您几位在吃西瓜，我早应该送两个盘子过来。"说着就去收拾桌面上和地毯上的瓜子。客人见这位服务员不仅没有指责他们，还这样热情周到地为他们提供服务，都觉得很不好意思，连忙作自我批评："真是对不起，给你添麻烦！我们自己来收拾吧。"最后，这位服务员对客人说："请各位不要客气，有什么事，尽管找我！"

这位服务员就不是用训斥的方式，而是用"为客人提供服务的方式"教育了客人。

一、掌握与消费者的沟通技巧

（一）重视沟通语言的使用

沟通缺失或沟通不当，是影响酒店总台及其他服务部门服务质量的重要因素。主动、规范的沟通语言，是提高酒店总台接待质量及酒店服务质量的重要途径。下面这一案例很好地说明了这一点。

【案例】

平均每个月我有8次机会面对前台接待员，但仍有很多前台接待员只集中精神在他们面前的电脑工作：记录客人资料及制作房卡等，这一来便忽略了与客人之间的接触及服务行业的核心宗旨——殷勤好客的服务态度接待客人。但同时也有大部分酒店管理者明白酒店服务其实就是一种与客人沟通的学问及技巧，他们培训及指导所有接触客人的员工如何成为主人。从“主人”的角度来看，服务员应主动与客人沟通，服务员应先开口与客人打招呼。我所遇见过的“主人”他们都会主动与我打招呼，然后再说“请问先生贵姓”，而不会直接说“住宿登记吗?”

很多时候，当我在前台登记完毕后，我会发觉自己变成房间号码。譬如“305号房需要多几包咖啡”或者“701号房需要多几条浴巾”。作为“主人”而言，他们会很有礼貌地回答客人及确保完成所有要求。譬如说“甘乃迪先生，我们会马上把毛巾送到您的房间，感谢您致电客房部。”在我入住无数最佳的酒店当中，十次中肯定有一次房间内会有一些问题，然后维修工人到来，毫无表情地看着我，然后说：“排水沟塞了吗?”然后我便点一下头就说“是的，排水沟塞了”然后对话就此结束。

（二）重视对客人的“心理服务”

酒店为客人提供“双重服务”，即“功能服务”和“心理服务”。功能服务满足消费者的实际需要，而“心理服务”就是除了满足消费者的实际需要以外，还要能使消费者得到一种“经历”。从某种意义上讲，客人就是花钱“买经历”的消费者。客人在酒店的经历，其中一个重要的组成部分，就是他们在这里所经历的人际交往，特别是他们与酒店服务人员之间的交往。这种交往，常常对客人能否产生轻松愉快的心情，能否带走美好的回忆，起着决定性的作用。所以，作为前厅服务员，只要能让客人经历轻松愉快的人际交往，就是为客人提供了优质的“心理服务”，就是生产了优质的“经历产品”。

总而言之，酒店员工如果只会对客人微笑，而不能为客人解决实际问题，当然不行，但如果只能为客人解决实际问题，而不懂得要有人情味儿，也不可能赢得客人的满意。

（三）对客人不仅要斯文和彬彬有礼，而且要做到“谦恭”、“殷勤”

斯文和彬彬有礼，只能防止和避免客人“不满意”，而只有“谦恭”和“殷勤”才能真正赢得客人的“满意”。所谓“殷勤”，就是对待客人要热情周到，笑脸相迎，问寒问暖；而要做到“谦恭”，就不仅意味着不能去和客人“比高低、争输赢”，而且要有意识地把“出风头的机会”全都让给客人。如果说酒店是一座“舞台”，服务员就应自觉地去让客人“唱主角”，而自己则“唱配角”。

(四) 对待客人，要“善解人意”

要给客人以亲切感，除了要做“感情上的富有者”以外，还必须“善解人意”，即能够通过察言观色，正确判断客人的处境和心情，并能根据客人的处境和心情，对客人做出适当的语言和行为反应。

(五)“反”话“正”说，不得对客人说“NO”

将反话正说，就是要讲究语言艺术，特别是掌握说“不”的艺术，要尽可能用“肯定”的语气，去表示“否定”的意思。比如，可以用“您可以到那边去吸烟”，代替“您不能在这里吸烟”；“请稍等，您的房间马上就收拾好”，代替“对不起，您的房间还没有收拾好”。在必须说“NO”时，也要多向客人解释，避免用钢铁般生硬冰冷的“NO”字一口回绝客人。

二、营销员与消费者沟通的忌讳

销售人员在与顾客沟通中，沟通要有艺术、说话要有技巧，能管好自己的口、用好自己的嘴，知道什么话该说，什么话不该说，这样才有助于销售的成功。

与客户沟通要有所忌讳，销售人员若能避免这些忌讳的出现，则会大大提高与顾客沟通的成功率，促使交易的达成。

1. 忌争辩

销售员在与顾客沟通时，我们是来推销产品的，不是来参加辩论会的，要知道与顾客争辩解决不了任何问题，只会招致顾客的反感。

2. 忌质问

营销员与顾客沟通时，要理解并尊重顾客的思想与观点，要知道人各有志不能强求，他买你的产品，说明他有钱并有需求；他不买你的产品，说明他有原因，切不可采取质问的方式与顾客谈话。对待客户，要进行换位思考，不要一味地看到客户拒绝就质问的口气和顾客说话。在进行销售技巧培训时都有强调这一点。

3. 忌命令

营销员在与顾客交谈时，微笑要展露一点，态度要和蔼一点，说话要轻声一点，语气要柔和一点，要采取征询、协商或者请教的口气与顾客交流，切不可采取命令和批示的口吻与人交谈。

4. 忌炫耀

顾客沟通谈到自己时，要实事求是地介绍自己，稍加赞美即可，万万不可忘乎所以、得意忘形地自吹自擂、自我炫耀自己的出身、学识、财富、地位以及业绩和收入等等。这样就会人为地造成双方的隔阂和距离。要知道人与人之间，脑袋与脑袋是最近的；而口袋与口袋却是最远的，如果在您一而再再而三地炫耀自己的收入，对方就会感到，你向我推销产品是来挣钱的，而不是来为我提供服务的。

5. 忌直白

营销员要掌握与人沟通的艺术，顾客成千上万、千差万别，有各个阶层、各个方面的群体，他们的知识和见解上都不尽相同。我们在与其沟通时，如果发现他在认识上有不妥的地方，也不要直截了当地指出，说他这也不是？那也不对？一般的人最忌讳在众人面前丢脸、难堪，俗语道："打人不打脸，揭人不揭短"，要忌讳直白。

6. 忌批评

我们在与顾客沟通时，如果发现他身上有些缺点，我们也不要当面批评和教育他，更不要大声地指责他。要知道批评与指责解决不了任何问题，只会招致对方的怨恨与反感。与人交谈要多用感谢词、赞美语；要多言赞美，少说批评，要掌握赞美的尺度和批评的分寸，要巧妙批评，旁敲侧击。

7. 忌专业

在销售产品时，一定不要用专业术语，因为各个行业都有一定特殊性，专业术语固然可以突显出你非常职业，但如果客户不能理解，在他的感觉里与欺骗没有什么区别。

8. 忌独白

与顾客谈话，就是与客户沟通思想的过程，这种沟通是双向的。不但我们自己要说，同时也要鼓励对方讲话，通过他的说话，我们可以了解顾客个人基本情况，如：工作、收入、喜好、投资、配偶、子女、家庭情况等，双向沟通是了解对方有效的工具，切忌营销员一个人在唱独角戏，个人独白。

9. 忌冷谈

与顾客谈话，态度一定要热情，语言一定要真诚，言谈举止都要流露出真情实感，要热情奔放、情真意切。在谈话中，冷淡必然带来冷场，冷场必定带来业务泡汤，要忌讳冷淡。

10. 忌生硬

营销员在与顾客说话时，声音要洪亮、语言要优美，要抑扬顿挫、节奏鲜明，语音有厚有薄；语速有快有慢；语调有高有低；语气有重有轻。要有声有色，有张有弛，声情并茂，生动活泼。

我们要切忌说话没有高低、快慢之分，没有节奏与停顿，生硬呆板，没有朝气与活力。

三、营销人员与消费者购买心理的沟通

（一）消费者购买商品的心理活动

优质服务是建立在对消费者购买过程心理充分认识的基础上的，营销人员要正确地进行营销服务沟通。由于营销人员与消费者是作为买卖双方存在的，所以在接触过程中，因信息沟通的渠道不同、具有的知识经验不同、价值观念的不同和切身利益的不同等原因，他们之间在沟通过程中会相互作用和彼此影响，不可避免的产生冲突。无论什么原因，如果处理不当，都会增加偏见，激化对立情绪，这样既不利于企业营销的进行，也不利于消费者购买行为的实现。

1. 商店外貌感受阶段

消费者进入商店后，通常会有意无意地环视商店的门面、橱窗、商品及营业员的仪表风

貌等，初步感受商店的外貌，产生第一印象。

2. 认知商品阶段

消费者环视商品的过程中，把注意力集中在某种商品上，便是对此商品发生兴趣。

3. 观察了解阶段

消费者认知目标商品后，为了进一步了解此种商品，往往会有系统的观察，或向营销人员咨询了解。

4. 产生欲望阶段

随着对商品的逐步认识，可能激起消费者的购买欲望。

5. 比较评价阶段

购买欲望产生后，消费者要对可供选择的同类商品从各个方面进行权衡、鉴别和比较，并根据消费者的购买能力和商品的因素，从而缩小挑选的范围。

6. 确立信心阶段

通过比较评价，消费者确认目标商品符合自己的要求，从而对商品产生信任，因此坚定购买信心，做出购买决定。

7. 采取行动阶段

把购买决心变为实际行动，向营销人员传递对商品的态度，进行实际行动，完成购买行为。

8. 购后感受阶段

商品使用后，消费者要根据自己的感受和期望进行评价，主要是论证自己的购买决策是否正确。其感受无论是满意或不满意，都会将信心传递给其他周围的人群，影响他们的购买行为。

（二）营销人员适应消费者购买心理状态的服务方法

营销人员心理活动贯穿于接待服务全过程，影响到每一个步骤的进行和转换。适应消费者购买心理的服务方法服务人员与消费者有效的心理沟通应做好的几方面工作：

1. 迎客

迎客即迎接消费者，就是售前待机，是消费者光临柜台前的准备阶段。其基本要求是随时准备，主动迎客。售前接待准备工作是决定商品销售的第一步，是接待服务的一个重要方面。营销人员要达到该阶段的基本要求，就必须做到以下几点：站在合适的位置上；有良好的站立姿态；态度自然明朗，热情诚恳；注意力集中。

2. 接触

接触，即接近消费者和招呼。销售人员主动接近消费者打招呼是接待的开始，如果这一步骤成功，那么柜台的接待成功了一半。其基本要求是把握时机，热情接待。打招呼的语音要热情诚恳，但不宜过多，才能给消费者一个良好的印象。接近消费者打招呼的关键是要注意把握时机，最佳时机应该处于消费者购买活动中“兴趣”到“联想”两个阶段之间。根据柜台接待购买实践的经验，有以下六个时机可供参考：当消费者长期注视某种商品时；当消费者突然停住脚步时；当消费者好像在寻找什么商品时；当消费者抬起头，将视线从商品转向营销人员时；当消费者触摸或对比商品时；当消费者直接和营销人员的目光相对时。

在柜台接待中，还应考虑消费者的不同的性别、年龄、态度、个性、职业以及商品的特点与价值等因素。在一般情况下，男性、中老年消费者，不大容易产生紧张心理，可适当早些接触；女性则可稍迟些，尤其是不常购物的中年女性易产生紧张心理。

3. 拿递

拿递，即拿取商品。拿递商品既要讲究方法，又要掌握技术，其基本要求是：主动拿取、迅速准确。为此必须做到：把握时机；动作敏捷；轻拿轻放；显示特点；按需取货。

4. 展示

展示，即展现商品进行亮相，也就是营销人员将商品的全貌、性能和特点展现出来，便于消费者对商品进行鉴别挑选。展示的基本要求是掌握技巧，展示全貌。商品从柜台里、货架上取出来进行展示，是“商品说话”的宣传方式。不同的商品要采取不同的方法和技巧，掌握不同的时机，才能有好的效果。营销人员主动展示商品，有利于顾客正确认识商品，消除一些不必要的顾虑和误解，激发消费者购买欲望，促使其成交。

5. 介绍

介绍，即推荐商品，就是营销人员向消费者推荐介绍商品促进销售，是指导消费的一个重要手段。介绍商品的基本要求是实事求是，态度诚恳。为此必须做到：实事求是，维护消费者利益；因人而异，尊重消费者；态度诚恳，语言准确鲜明；介绍商品要和展示商品结合起来。当顾客对产品产生联想时，他就会有“想拥有”此产品的想法。但有的顾客在此时会产生疑虑“这个产品对我来说是最好的吗?”或“这台产品的功能特点是真的吗？有没有更好的?”等微妙的影响，而使得他虽然有很强烈的购买欲望，却不会立即决定购买这个产品。营销人员必须适时地强调拥有此产品会带来的利益，并充满信心的建议顾客购买该产品，促进顾客购买的欲望。

6. 成交

成交，即达成商品交易，就是消费者将购买决定变成购买行为的阶段。它是在消费者购买心理活动过程的“行动”阶段进行的，其基本要求是热情周到，快中求准。营销人员必须主动帮助消费者挑选商品，并做到百问不烦，百拿不厌。

7. 包扎

包扎，即包装和捆扎商品。包扎商品目的是便于消费者携带并保护商品。有些商品包扎后还可以扩大宣传效果。不同的商品和不同的消费者，商品的包扎方法和要求也不一样。包扎前，营销人员应认真核对好商品以免包扎错误；包扎时，注意防止商品的互相污染。

8. 计价

计价，即计算贷款、收款找零。计价收款的基本要求是迅速准确，唱收唱付。现在柜台销售大多是集中收款，故发票要填写清楚，还要做到：一准计价，找零要准；二快计价，收款找零快，尽量减少消费者等候的时间；三清楚收款，找款要向消费者交代清楚。

9. 交货

交货，即将商品递交给消费者。递交商品的基本要求是主动递交、准确礼貌，还要根据不同购物对象和不同的商品，作一些必要的交待。在将商品交给消费者时，不要错给别人，造成不必要麻烦，而要看准人再交货。

10. 送客

送客，即送别消费者，是营销人员柜台接待服务工作中最后一个环节。营销人员对消费者有礼貌送别，会使消费者感到亲切，留下良好的印象，甚至会给商场树立起信誉，将为后续销售奠定良好基础。礼貌送别消费者，是营销人员应有的职业修养，其基本要求是亲切，用语适当。

营销人员可以充当消费者的顾问和参谋，主动为消费者介绍商品特性和使用方法，帮助消费者选购商品。这种人员售货方式通过与消费者的人际交往，增强了消费者购买过程中的亲切感，在一定程度上能够满足消费者的社交需要。在我国，人员销售仍然是主要的销售方式。人们在购买耐用消费品、贵重物品以及新产品时更喜欢倾听他人的意见，更喜欢直接到商场亲身感受销售气氛和花钱时的感觉。

第三节　营销人员与消费者关系的协调

一、营销人员与消费者关系的协调

（一）营销人员与消费者的相互作用

营销人员在与消费者的接触过程中，基于买卖双方的角色、情绪等因素，表现出不同的态度和行为反应。这种在营业现场偶然、短暂的接触中所表现出来的态度，是双方的积极程度与情绪水平的结合。我们把这种结合归纳为以下四种状态：

1. 情绪好与积极性高的结合状态

在这种状态下，买卖双方通常都心情愉快，乐于与人交往，反应积极，容易达成一致。此时。消费者有很高的购买兴致，营销人员则表现出很高的销售热情。显然，这是最理想的状态。营销人员主动、热情、周到的服务将强化消费者的购买兴趣，增强购买行为的愉悦感，极易促成交易成功。此时，销售场所和商品中的某些不足会被营销人员的热情所淡化，尽管消费者可能存在些遗憾，但在强烈的购买兴致推动下，大多可以采取购买行动。

2. 情绪好与积极性低相结合的状态

人们处在这种状态下，往往表现出温和沉静，富于理智，很少冲动，反应较慢。在这种状态中，消费者往往表现得从容不迫，小心谨慎，不容易被销售现场的气氛所打动；营销人员则可能表现得不卑不亢，不会轻易主动接触消费者。

3. 情绪坏与积极性高的结合状态

人们处在这种状态下，容易表现出情绪不稳，动辄发怒，过于苛求。消费者多表现为过分挑剔，不尊重营销人员；营销人员也不情愿搭理顾客。双方之间难于沟通，存在着潜在的冲突。

4. 情绪坏与积极性低相结合的状态

人们在这种状态下消沉、冷漠、漫不经心。显然，消费者没有明确的购买动机，没有购买的积极性，而仅仅是随便看看。营销人员也表现出无精打采，反应淡漠。

一般而言，买卖双方的心理状态是相互感染的，但是，由于营销人员的职责与职业道德的要求，企业可以通过内部的激励机制、管理制度对营销人员加以制约，使之保持良好的状态，但是却不可能约束消费者。企业营销人员可以针对消费者所处的不同心理状态，采取不同的交往策略。在第二种和第四种状态下，营销人员应以自己的热情和积极性影响和感染消费者，力争提高消费者的兴致，增强消费者的好感，从而激发他们购买商品的积极性。在第三种状态下，营销人员则要小心谨慎，避免使用过激之词，以避免发生冲突。

（二）营销人员与消费者的冲突及转化

营销工作是一种人际交往活动，在社会生活中，每个人的社会角色不同，其行为准则和行为方式也会不同。尽管营销人员应该恪守职业道德，遵守营销纪律，但就营销人员个人而言，由于生理、心理活动不同，在不同的身体状态下，面对不同的消费者，也会产生不同的态度和行为反应。营销人员面对形形色色的消费者，面对不断变化的商品，要在很短的时间内与消费者进行交流并期望交易成功，在这种动机驱使下，营销人员表现出的积极性必须与消费者的心态相适应。形成买卖双方心理差距的主要原因是：

1. 买卖双方在利益上的分歧

这种分歧集中表现在对商品性能、质量、价格、售后服务及其他交易条件的认可上，双方总是存在着一定的差异，使得彼此在心理上难以认同。消费者总是希望物有所值，以最低的价格买到最理想的商品，而卖方则站在利益的另一端，希望商品以更高的价格出售。

2. 双方在市场地位上的对立

这种对立突出表现在市场供求严重失衡的情况下，市场供求状况不同，买卖双方所处的地位也就不同。在供不应求时，买方是被动的，买方的权利不容易得到保护；当市场商品供过于求时，卖方是被动的，而买方则有极大的选择性。

营销人员与消费者发生冲突的因素很多，原因是多种多样的。主要表现在营销人员的情绪不高，状态欠佳，文明修养不高或业务知识欠缺；商品质次价高；商店管理不善；店堂环境不佳；或者由于购买双方的期望差异较大等。

营销人员应以自身优势，克服不利因素，提高消费者的满意度，改变消费者态度，以避免冲突发生。

【案例】

争吵发生之后

某市投资新建了一座大型的综合性服务商厦，经营品种齐全，设施完美。商场的新员工是刚从劳务市场招收的合同工，经理是具有多年实践经验的售货员。开业后，商场内部狠抓经营管理，完善销售服务，初步取得了成效，而附近的另外两家商场的销售却出现了滑坡。

一天，一位老同志来商场要求退换一双皮鞋，原因是大小不合适，有些磨脚。售货员小李认为皮鞋已穿过，不给退换，而且这位老同志也无法提供发票，证明皮鞋是在本商场购买的。老同志坚持说皮鞋是在商场开业时购买的，并有同事作证，而且皮鞋仅穿了一天，没有太多的磨损，商场经理应在一周内给予退换。

双方各持己见，发生了争吵。围观的顾客也越来越多。在这种情况下，该如何收场呢？

（三）营销人员与消费者的营销沟通技巧

随着市场机制的逐步健全，消费者的权益意识越来越强，消费行为的理性成分越来越多。因此，能否实现买卖双方的理解和沟通是营销中的难点。我国著名的商业楷模张秉贵创造的“接一待二联系三”的销售技巧，就是在尊重消费者的前提下，主动、热情、周到地与消费者进行沟通，满足了消费者自尊、快捷等多种需要，从张秉贵师傅手中买的不仅仅是糖果，而是购买中获得了快乐，美的享受。

1. 吸引消费者的注意和兴趣

消费者购买行为过程有注意—兴趣—愿望—行动等几个阶段。注意和兴趣，是获得认识和好感的首要条件。

营销人员应当做好接待顾客的准备，主动接近消费者，观察消费者的表情、目光、视线，分析消费者的需要，讲好开场白，利用多种方法展示、介绍商品的功能特点、使用方法、使用效果等，使消费者获得一种自然、轻松的购买气氛。在这样的气氛下，消费者容易讲出其需要，愿意倾听营销人员的介绍。

2. 激起消费者的购买欲望

在消费者已经产生兴趣后，营销人员可以形象地描述商品的功能，宣传购买的意义，引起消费者的进一步联想，从而激发消费者的购买欲望。

3. 增加消费者的购买信心

营销人员应以实事求是、科学的介绍，给消费者以购买的信心。营销人员应以自己丰富的商品知识，恰如其分地宣传、介绍商品，使消费者认可并产生信任感。他可以侧重介绍厂商和商标的信誉，以坚定消费者的购买信心。

4. 妥善处理消费者抱怨

消费者的抱怨是每个营销人员都可能遇到的情况，再好的产品也难免会遇到受挑剔的顾客的抱怨。正确地处理消费者抱怨，能够提高消费者的满意程度，增加消费者认准品牌购买的倾向，并可以获得丰厚的利润。倾听消费者的不满是销售过程中的一部分，而且这一工作能够增加营销人员的利益。营销人员如果急急忙忙打断消费者的话为自己辩解，无疑是火上浇油。那么该如何处理消费者的抱怨呢?

(1) 提高服务人员的自我修养，增强自控能力。要先向消费者道歉，但对其具体的职责，要在弄清事实后再接受。可对消费者说：“感谢您提出意见。我们一向很重视自己的信誉。发生您所说的事情，我们深感遗憾，我们一定要了解清楚，加以改正。”

(2) 树立“顾客至上”的营销理念。对一些情绪激动的消费者，把他/她讲的话记下来，可使他/她冷静下来。

(3) 正确处理消费者的不同或反对意见。学会分辨顾客反对意见的性质；在解答顾客的反对意见时要争取主动；掌握反驳消费者不同意见的时机；处理反对意见也要考虑量力而行。

(4) 迅速采取措施，解决问题，消除抱怨。拖延处理抱怨的时间，是导致消费者产生新的抱怨的根源，及时地处理也是赢得消费者信任的最好方式。

二、价格沟通技巧

(一) 价格谈判技巧

如果顾客认为价格太高，可以采用如下几种策略：

策略一：转移视焦，推销价值

将顾客从价格的执着转移到对产品整体价值的认知上。张小姐，您认为在价格方面贵了些，我也认同您的看法，但这是有道理的，就如同奔驰汽车就比起一般品牌的汽车要贵得多……同样，同一产品，在我们厂家经销，我们厂家的实力和品牌，对顾客服务保障和信心能让您买得放心，买得满意这就是价值所在，眼前就算您多花了一点钱，但买回的是您家人、朋友都赞美的和有保障的，您说这不是比起表面看起来省一点点钱更值得吗？

策略二：探明虚实，掌握重点

以中肯的态度问顾客：张小姐，买卖双方其实都有共同的利益点，讨价还价也是正常的，很多问题我们都可以公开探讨一下，沟通越深入越有利于我们达成共识……张小姐，我想请教一下，您认为我们的价格贵，您主要是从哪些方面去理解和进行比较的呢？……你是认为产品的款式不好还是售后服务的问题？您是认为产品的功能问题还是操作起来比较困难……根据提出一些相关的问题，来引导对方讲出他自己真实的看法，从而掌握重点所在，再加以说服。

策略三：放出去收回来

当顾客不断要求再打折扣时：张小姐，对您提出的折扣要求我完全表示理解，如果我是顾客我也会有同样的要求。但是，您试着想想，厂家何尝不是也想以最高的价格出售，但是，毕竟市场不是由厂家单方面构成的，厂家也要考虑市场因素和消费者的承受能力，因此，厂家的定价也充分考虑到这些因素。但是，我们也希望顾客也同样能理解到，如果厂家不顾顾客利益，不顾质量来减低成本，降低价格，我相信这是顾客所不愿看到的，所以我相信如果您能理解到这一点，保持一个适当的价位，这也是自己的利益所在。

策略四：有理有据，耐心说服

以大量的资料来说明，产品的技术、功能、手艺、企业的实力、信誉等一切有利的条件和顾客将获得的有关利益同价格作比较来说明，价格贵正反映了它的价值所在，这是明智的选择。

策略五：说明价格就是一种投资

张小姐，您希望这产品能便宜一点，这正表明您是喜欢这产品的，是吗？它不仅为个人而且为您的家人、同事提供吸引的一面、美的一面，因此既然是自己喜欢的，虽然价格降不下来，为何您不能就将这当成是一项投资呢？如果有条件，就不应该为了节省一点而牺牲那多的利益。

策略六：同行比较、利弊分清

当顾客将本公司的产品同别家公司的不同产品作比较时，销售员就可以顺势了解顾客究竟欣赏别的产品什么方面，这样一举两得，既可以了解竞争产品情况，又可以了解顾客真实需求和购买动机。张小姐，您刚才说我们的产品比起某某产品的价格高了，除价格以外，您是否能谈谈对方产品还有哪方面的优点是您比较喜欢的？另外有哪方面还未能满足您的需求呢？……当顾客讲完她的看法以后，你不但充分掌握了对产品的有关资讯，而且也掌握了我方产品在哪方面优于对方而更能吸引顾客。

客户并不会害怕购买价格高的商品，否则奔驰宝马的车为什么依然有人愿意购买，阿玛尼、BOSS的服饰为什么会有人购买，万宝龙的笔和皮件为什么有人购买，其实客户真正害怕的并不是价格而是害怕购买到价值不足的商品，所以要先有一个观念，客户所购买的以及他所关注的焦点大部分是价值，而不是价格，所以我们回过头来检查一下自己，我们在销售的过程中到底销售了多少的价值给客户，当你面对一个不同价格商品的时候，有没有在出发去销售之前先赋予这个商品至少等值但是最好超值的价值，还是只是急着将商品拿出去销售并且期待成交，如果是在这样准备不周的状况下遇到问题那就是正常的了，因为这本来就是一种本末倒置的做法。

（二）提高价值的方向

商品的价值提高可以降低价格上的争议，以及强化客户购买的意愿，所以价值越高成交的机会也会越大，因此不管任何的商品在销售之前都必须要站在客户的立场上以“利他”的方向去思考，这样的商品对客户而言价值在哪里？

（1）哪一些是可以提供给客户的价值。

（2）哪一些价值可以吸引客户。

（3）哪一些价值可以造成同类商品之间比较的差异性。

（4）哪一些价值可以当作主要竞争的优势。

除了这些商品上的价值之外，你自己也是创造优势创造价值的方向，因为你这个商品是世界上独一无二而且无可替换的商品，这世界上找不到第二个跟你一模一样的商品存在，即使是双胞胎都会有所不同，你已经是独一无二了，那么接下来就是你是否也可以提出跟你合作之后独一无二的价值来！

（1）你所提供的“服务质量”是否无可替换。（时效性，满意度，承诺……）

（2）你所提供的“感受”是否无可替换。（热情，朝气，诚恳，自信……）

（3）你所提供的“顾客至上的态度”是否无可替换。（面对要求，抱怨……）

（4）你所提供的“关心客户的态度”是否无可替换。（包括生活上和事业上）

（5）你所提供的“坚持”是否无可替换。（坚持以上所提供的部分）商品价值的提高一定是用心经营的结果，在服务行业中比价格杀价是市场上最初期的做法，这样的做法不仅不是最好的做法，还是伤害自己的做法。现今的市场不断地在进步，我们是否也应该在这时候同时去提高自己，用价值去为自己以及公司争取到合理的价格和利润，达到三赢的境界：你赢！公司赢！客户也赢！

（三）客户有价格的异议时请用平常心去面对

每一个客户都希望能以一个最便宜的价格买到最有价值的商品，所以满街的人在买东西时都在杀价，可是你绝对不会在高级的西餐厅中看见有人为了牛排的价格在杀价的，因为西餐厅中已经提供了灯光美、气氛佳以及高质量的服务价值，有如此认知的人才会走进去消费，所以你才是维持价格最重要的关键，分析一下自己，你是路边小贩式的销售人，还是西餐厅式的销售人呢？杀价只会让客户的忠诚度建立在“价格”上，所以一旦有人的价格比你低他就会马上转移合作的对象，难道同行之间只有彼此伤害才能获得生存吗？当然不是，用价格打击同业也等于在打击自己，缩小自己的生存空间而已。而且对客户而言如果你已经杀价杀的赔本了，客户依然会希望能以更低的价格购买，因为只要你所点头答应的价格，即使你的心中在滴血，客户依然会认定你已经是赚钱的了，甚至觉得也许更便宜你也会卖，因为杀价确实是一个无底深渊！

价格上的异议有两个，一个是支付能力上的问题，另一个是支付意愿的问题，如果是后者那么你只需要在价值上做加强就是一个很好的做法了，但是如果是前者的话你不断的加强价值可能就会招来意想不到的反效果了，因为你完全不了解他的感受。所以当异议生成时一定要搞清楚问题的症结到底是在哪里，不要白白浪费时间去做那些吃力不讨好的事！

如何去发现支付能力上的问题呢？有经验的销售人员可以从客户的语言，眼神和肢体语言上去发觉问题的症结点，但是如果你是一个经验比较少的销售人你应该怎么办呢？直接客气的询问是最好的方式了！举例：对不起，不知道我能不能请问一个比较不好意思的问题，您是不是在付款的部分有一些不方便呢？将问题让客户自己去回答，不要自己做猜测。如果真的是付款上的问题，你只要能够提出一个贴心的付款方式就可以进展到成交的阶段了！

（四）包装好价值之后才谈价格

当客户对商品生成兴趣的时候大多数的客户一定会很快的询问到价格的问题，除非你的价格在市场上非常具有优势否则千万不要急着去回答价格的问题，一定要先将你的价值包装完之后再进到价格的讨论，在价值未包装完之前都先将价格做延缓的处理，举例：我们先不谈价格的问题，让我先把这个商品的价值报告给你听，等你知道商品的价值之后你一定会得到一个满意的价格的！而且商品的价格并不是唯一的，还要看这样产品的质量，使用期限，功能，售后服务等，您说是吗？……然后开始强化客户可以得到的利益，好处，方便性等，不断地强化其购买的意愿，至于价格上的沟通，这中间有几种方向是你可以运用的：

（1）用上述的方法去提升商品的价值和你的价值。

（2）如果要做商品比较，请事先做好分析，跟你同质量层面而且你比较占有优势的商品做比较，强调自己的优越与独特性，但是语言中绝对不要以破坏和攻击他人商品作为手段。

（3）用使用的期限将价格换算到一天或是一个月的花费上来看，举例：1 000元可以用十年，一年才花100元，一个月才花9元，可是你能享受的是……

（4）商品如果还可以多人使用，还可以用人数下去再继续将成本下降。

（5）将具有生产力的商品和他所可以生成的利润相结合用数据表达出来。

（6）站在同理心上将商品故障之后所可能造成的困扰用语言表达出来，提高他的忧患意识。

价格的谈判是一个销售人每一天都必须要面对的挑战，不断地使自己进步，不断地接受挑战才能够让自己成为价格谈判的高手，你要记住，你不去挑战价格，价格依然会来挑战你，除非你决定完全离开战场，千万不要让价格问题成为你心中的痛，要成为一个挑战价格成功的销售人，绝对不要成为挑战价格的逃兵！

【小结】

成功的营销人员必须具备一定的专业素质和良好的心理素质，才能使营销过程得以顺利进行。营销人员的综合素质是营销活动取得成功的关键。营销人员的综合素质主要包括营销人员的职业素质和心理素质两个方面。营销人员的职业素质直接影响营销工作的总体成效，心理素质直接关系到营销人员与消费者的交往沟通过程能否顺利实现。对于营销人员来说，二者是缺一不可的。营销人员的心理素质是多种能力的综合体，其核心是自我调控，它可以提高自信心来加强推销员自身的能量，以乐观、执着、随意应变来克服推销过程中的种种障碍。认知过程、思维方式、知识储备、人际关系、自我调控这5个因素相互作用，构成了推销人员的内在心理素质体系。

【思考题】

一、选择题

(1) 仪表是一个人的外表，一般包括容貌、服饰和言谈举止等内容，它是人的心理状态的自然流露，与人的生活情调、(　　)、道德品质密切相连。

A. 思想修养　　B. 道德修养　　C. 思想品质　　D. 自身修养

(2) 营销人员的容貌主要体现为营销人员接待消费者时表现出来的(　　)及情感神韵。

A. 服饰　　B. 面部表情　　C. 营销心理　　D. 动作

(3) 向消费者提供可靠地售后服务，使消费者对企业产生积极地评价，从而实现(　　)。

A. 一次性购买　　B. 不愿购买　　C. 重复性购买　　D. 好的感觉

(4) 如果消费者停留在商品前，注视商品的目光不在移动，可能已经在心理上产生了使用这种商品的(　　)。

A. 认识　　B. 可能　　C. 印象　　D. 联想

(5) 商品说明就是向消费者介绍商品。有效的说明是(　　)的说明，是把消费者购买动机的说明，是有丰富的商品知识的说明。

A. 实事求是　　B. 夸大　　C. 夸张　　D. 热情

二、问答题

(1) 消费者对营销人员心理的影响有哪些？

(2) 营销人员与消费者之间产生冲突的原因主要有哪些？

(3) 如何建立营销人员与消费者之间的最佳心理氛围？

(4) 判断购买心理的8个要素是什么？

(5) 营业员接待顾客的8个步骤是什么？

【实训十】　推销实战

实训目的：训练学生综合推销素质

实训内容：推销实物

实训步骤：

1. 购买10元以内的商品，或者自制商品若干件。
2. 利用课余时间在校园内公开销售。
3. 根据推销数量、盈利情况、现场表现，给予成绩。

第十一章

电子商务与消费心理

知识目标

了解电子商务消费群体消费的心理特征，掌握网络营销和绿色营销策略。

能力目标

能够抓住网络消费群体消费心理，进行网络销售。

情感目标

培养绿色消费、绿色营销的环保情感。

【案例导入】

淘宝网购族群

淘宝网 2013 年 4 月发布了 12 大网购族群，通过分析消费者的购物心理和习惯，详细描绘出不同的网购症候群（图 11-1）。

公布的报告显示，在 12 大族群中，喜欢半夜网购的“夜淘族”规模最庞大，数量多达 2 283.2 万人。23 点至凌晨 5 点之间逛淘宝的这部分人群，被淘宝定义为“夜淘族”，是此次公布的 12 大族群中规模最庞大的一个。从淘宝统计的数据来看，男性熬夜逛淘宝的也不在少数，占了总体的 48%。在所有城市中，男女比例最悬殊的是台北，夜淘的女生占了 72%。当然，也有不少地区的男性比女性更爱夜淘，如广东的茂名市，男生夜淘就比女生多了 62%。

在 129.6 万“囤货族”中，女性占了 67%。其中，又以 25～34 岁的青年人最多。囤货族里老年人很少，只占 0.83%。从城市网购级别来看，一线城市的囤货族人数虽然最多，但人均购买量却是低线城市的更大，五线城市的人均购买量已达 107 件。

在淘宝上，也有这样一个族群“跳蚤族”，他们用特殊的方式来保护环境，是最钟爱转让、淘二手物品的人。据统计，淘宝上每天有 90 万“跳蚤族”活跃在淘宝跳蚤街，主要集中在广东、上海、浙江、江苏和北京等地。这与淘宝跳蚤街曾对二手消费者做的调查结果相一致。调查显示，18～30 岁年龄段的年轻人最容易接受旧物交易，尤其是一线城市的白领，更是主要的购买群体。从购买闲置用户的月收入水平来看，较全网消费者的平均值偏高，也就是说高收入人群更热衷于淘旧物。

还有“逛逛族”，他们没事就逛逛，女性占 7 成，500 万人。“吃货族”每月购买食品 2 次以上，30～34 岁女性是主力，134.8 万人。“旅行族”，这是 12 个族群中仅存的男性比女性多的族群，男女比例 55：45，共 68.4 万人等。

（资料来源：http://money.163.com/13/0411/08/8S5RP1KQ00253B0H_all.html）

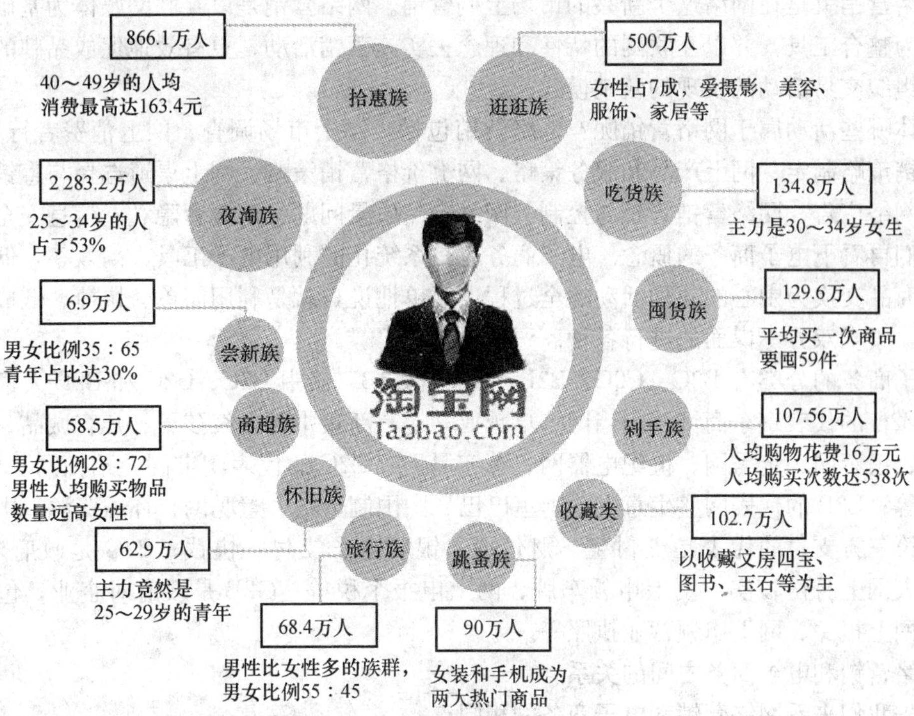

图 11-1 淘宝网购族群分布

【同步思考】

请问网络群体的哪些因素会影响消费习惯？

第一节 电子商务消费心理特征

传统企业进入电子商务是大势所趋，因为人们购物方式的转变，决定了这种向互联网方向的转化成为世界范围内的必然趋势。因为人们都喜欢简洁、快速、方便，价格合理的购物体验。传统企业在向电商转化过程当中肯定会面对各种问题，但是这种转化是必然趋势，当然同时实体店也一定会存留，只是不会像现在这么多，而是会逐渐减少，并逐步转化为体验店和品牌形象店。

一、电子商务与网络营销

随着网络市场的不断成熟，网络营销和电子商务正在逐步兴起。而很多人都搞不清楚网络营销和电子商务的概念，多数人认为网络营销就是电子商务。网络营销和电子商务完全是两个概念。

网络营销就是在网络这个新兴的市场上搞营销。网络营销是以互联网媒体为基础、以其他媒体为整合工具，并以互联网的特性和理念去实施营销活动，更有效地促成品牌的延伸或个人和组织交易活动的实现的营销模式。

具体哪些活动属于网络营销呢？网络营销包括：网上市场调查、网上消费者行为分析、网络营销策略制定、网上产品和服务策略、网上价格营销策略、网上渠道选择与直销、网上促销与网络广告、网络营销管理与控制（网络产品质量问题、消费者隐私、信息安全）。

我们再看下电子商务的概念。电子商务就是系统化的利用电子工具，高效率，低成本的从事以商品交换为中心的各种活动的全过程。简单地说，就是利用简单、快捷、低成本的通讯方式，买卖双方不谋面的进行各种商贸活动。

电子商务的分类有 B2C、C2C、B2B、G2C、G2B。其中 B2C、C2C 和 B2B 大家都比较熟悉，B2C 的代表京东商城、当当网、卓越亚马逊、新蛋中国、红孩子、凡客诚品、麦考林（麦网）、银泰网、走秀网、世纪电器网、苏宁易购；C2C 的代表淘宝网、拍拍网、易趣网、百度网等；B2B 的代表网盛生意宝、阿里巴巴、中国制造网、慧聪网、环球资源、中国服装网等；第三方支付的代表是支付宝、财付通、银联电子支付、快钱；B2G 是政府对个人，包括个人网上身份核实、网上申领车牌、网上申报个税等；G2B 是政府对企业，包括网上报税、网上报关、网上申领营业执照等。

网络营销和电子商务之间的关系。

首先我们来看网络营销和电子商务的相同点：

第一，技术基础相同，两者都是利用计算机网络这一技术。

第二，商务活动内容相同，活动主要包括促成交易的商务活动（商品展示、网上公关等）和实现交易的电子贸易活动（售前沟通/售中支付/售后服务）。

网络营销和电子商务的区别：

第一，网络营销和电子商务的研究范围不同。电子商务的核心是电子化交易，强调交易方式和交易全过程的各个环节。电子商务分为交易前、交易中、交易后。而网络营销注重以互联网为主要手段的营销活动，主要研究的是交易前的各种宣传推广。

第二，网络营销和电子商务的关注点不同。电子商务的重点是实现了电子化交易；网络营销的重点在交易前的宣传和推广。

第三，网络营销和电子商务在企业的应用阶段和层次不同。在某种意义上讲，电子商务可以看作是网络营销的高级阶段，企业在开展电子商务前可以开展不同层次的网络营销活动。

总体来看，电子商务和网络营销既有联系，也有不同，我们应该辩证看待网络营销和电子商务的关系。

二、电子商务中个体消费心理的变化趋势和特征

电子商务模式中，个体消费者对于电子商务的需求是最现实的，并且是电子商务模式中主要消费群体。网络上的用户，由初期的学术团体与科技机构，已逐步扩展到了企业商务活动与家庭生活中。电子商务模式中的个体消费者与传统营销模式下的个体消费者在性别、年龄、职业、收入、教育程度、居住地区等方面的差异，导致了电子商务中个体消费群体具有特殊的、共有的消费心理，他们将是未来网络消费市场上的领头人物。此外，电子商务中包括的业务（如书籍、电脑用品、音乐 CD、旅游服务、机票、股票交易服务等），也都显示出其个体消费者的特殊消费特征。电子商务中的营销发生变革的根本原因在于个体消费者的心理和行为的变化，随着市场逐渐由卖方垄断转向买方垄断，消费者已经成为了市场的主人，面对日益丰富的商品品种、款式、价格等的选择，个体消费者心理和行为表现出了与以往不同的新的特点和发展趋势，这些特点和趋势在电子商务中具体体现如下几个方面。

（一）追求文化品位的个体消费心理

个体消费者的动机形成受到一定的文化和社会传统限制，具有不同文化和社会背景的人会选择不同的生活方式与产品。美国著名未来学家约翰·纳斯比特夫妇在《2000 年大趋势》一书中认为，人们将来用的是瑞典的宜家（ IKEA）家具，吃的是美国的麦当劳、汉堡包和日本的寿司，喝的是意大利卡布奇诺咖啡，穿的是美国的贝纳通，听的是英国和美国的摇滚乐，开的是韩国的现代牌汽车。虽然文中所述或许一时还不能被所有的人理解和接受，但却体现出在互联网时代，文化的全球性与地方性并存，不同的文化带来个体消费者品位的强烈融合，人们的消费观念受到强烈的冲击，尤其青年人对以文化为导向的产品具有强烈的购买动机，而电子商务恰恰能满足这一需求。消费者对不同国家文化品位的追求，可以从电子商务模式中获得更广阔的空间。

（二）追求个性化的消费心理

传统营销模式下的个体消费品市场发展到今天，虽然多数产品无论在数量上还是质量上都非常成熟和丰富，能够满足消费者以个人的心理愿望为基础来挑选和购买商品或服务，但现代个体消费者通常富有想象力、渴望变化、喜欢新奇和创造、并具有强烈的好奇心，这就对个性化消费提出了更高的要求。个体消费者对商品和服务的要求越来越多，对产品的各方面要求也越来越多，从产品设计到包装，从产品使用到售后服务，不同消费者都将有不同的要求。他们的这种发展变化，无疑给商家占领市场带来新的挑战，他们所做出的选择已不再是过去单纯的只注重商品的实用价值，而是包括了产品的其他方面延伸。个体消费者更偏重与众不同，充分体现个体的自身价值，这一点已成为个体消费的首要标准。足以见得，个性化消费已成为现代消费的主流，传统的营销模式已经难以满足现代人追求个性化的需求，电子商务则为这种现代人追求个性化的消费心理，提供了个性化选择的平台。

（三）追求自主、独立的消费心理

个体消费者主动性增强的变化来源于社会不确定性以及人类追求心理稳定和平衡的欲

望。目前全球社会化的分工日益细化、专业化，在这种趋势下个体消费者不仅对购买的风险感随选择的增多而增加，而且对传统的“填鸭式”、“病毒式”营销方式产生反感和不信任。个体消费者的购买行为过程转变成为喜欢通过主动寻求各种可能的途径获取与商品有关的信息并对这些信息进行反复分析、比较，最终实施购买行为，他们从购买行为中可以获取心理上的平衡以减轻风险感，增强对产品的信任和获得心理上的满足。现代个体消费者不仅需要了解产品全面的信息，通常还作为整个营销过程中一个积极主动因素去参与产品的设计、制造、运送等等，充分体现了个体消费者在现代消费市场中追求自主、独立选购并与商家进行双向互动的特点。个体消费者自主、独立的消费心理是使个体消费者最终选择电子商务途径实施购买行为的重要因素。

（四）追求表现自我的消费心理

网上购物行为源自个人消费意向的积极行为，通常会花费较多的时间到网上的虚拟商店浏览、比较和选择。网上虚拟商店这种独特的购物环境与传统交易过程截然不同，这种购买方式引起了消费者的好奇、超脱和个人情感变化。在网上，个体消费者完全可以按照自己的意愿向商家提出各种要求，不必再受传统交易过程中营销人员的影响和干扰，可以完全以自我为中心，根据自己的想法挑选商品，在消费中充分表现自我意愿。

（五）追求方便、快捷的消费心理

对于快节奏生活的现代人来说，在购物中能获得即时、方便、快捷显得更为重要。传统的商品购物选择过程短则几分钟，长则几小时，再加上往返路途的时间，消耗了消费者大量的时间、精力，而网上购物弥补了这个缺陷。现代社会一大部分人工作压力较大、紧张度高，他们会选择以购物的方便性为首要目标，追求时间和劳动成本的尽量节约。网络消费的不限空间、时间、地域的特性能够充分满足这一需求。目前越来越多的个体消费者加入到网上购物中，淘宝、易趣、8848 等大型网上购物平台的日趋完善及销售额的不断增加，正体现了电子商务正越来越被个体消费者所认可。

（六）追求躲避干扰的消费心理

现代个体消费者更加注重精神的愉悦、个性的实现、情感的满足等高层次的消费需要。希望在购物中能随便看、随便选，保持心理状态的轻松、自由，不受其他推销的干扰，最大程度的得到自尊心理的满足。电子商务的虚拟店铺与传统的店铺模式相比，传统的店铺模式下个体消费者在购物中商家所提供的销售服务通常会对个体消费者构成干扰和妨碍，有时过于热情的服务甚至吓跑了消费者，或者误导个体消费者做出购买选择。

（七）追求物美价廉的消费心理

传统营销模式中，即使营销人员倾向于以其他营销差别来降低消费者对价格的敏感度，但价格始终是消费者最敏感的因素。网上商店比起传统商店来说，能使个体消费者更为直接和直观的了解商品，能够自由挑选和比较更多商家信息。针对消费者的这种心理，大型网上商城纷纷兴起，像卓越网这种包括了众多类型产品的网站，个体消费者只需上网浏览就可以轻松获得各个产品的信息以及价格，并可在网上自由选择和比较产品的价格、外观、性能等信息，进而挑选出性价比最优的产品，通过网上链接快速进入消费者认为适合的产品页面，完成购物活动。网上购物满足了消费者追求物美价廉的心理，并为消费者提供了货比三家的便利条件。

（八）追求时尚商品的消费心理

现代社会新生事物不断涌现，个体消费心理受这种趋势带动，稳定性降低，在心理意愿转换速度上与社会发展同步，在消费行为上表现为需要及时了解和购买到最流行的商品。与此同时，产品的生命周期不断缩短，产品的生命周期不断缩短反过来又会促使消费者的心理转换速度进一步加快，传统购物方式已不能满足这种心理需求。

【案例】

2014 年巴西世界杯，不变的是豪华的足球明星阵容、激情飞扬的音乐。但是营销人的兴奋感却升级了，因为随着技术的创新和媒体形态的多元化，品牌在活动形式、传播渠道、与消费者互动等方面都有了更大的选择和发挥空间。赞助世界杯之外，品牌还需要的是一套品牌营销的真功夫。

可口可乐 World's Cup

可口可乐从 1978 年开始一直是世界杯的赞助商，而 2014 年的世界杯将是可口可乐史上最大的营销活动。

可口可乐世界杯的主题为“World's Cup”，用可口可乐执行副总裁、首席营销官兼商务总监 Joseph Tripodi 的话来说，正如世界杯期间“巴西是每个人的故乡”，可口可乐也是每个人的饮品。该主题背后传递的理念，是足球运动如何将人们聚集在一起，享受当下的幸福。

图 11-2　可口可乐迷你罐

与消费者的互动是可口可乐世界杯活动期间的主旨，例如，可口可乐世界杯活动的主题曲《The World is Ours》就是通过众筹的形式选出的。除了延续以往邀请足球明星和开展“冠军之旅”（Trophy Tours）之外，移动营销第一次纳入可口可乐的世界杯营销，也是它本次世界杯营销的一大亮点。

可口可乐发布了一系列交互式迷你汽水瓶（图 11-2），消费者可通过 Facebook、iPhone 或者 APPs，向迷你瓶的拥有者发送信息或者形象化的符号，用手机摄像头对准迷你瓶，瓶身上的标记还会被激活，变成动态效果。另一个移动应用是 Happiness Flag。可口可乐将把球迷们发给它的各种自拍照放在一面旗子上，这面旗将会出现在世界杯首场比赛的赛场上。

另外，可口可乐也试图借助这次世界杯，了解不同地区的球迷文化，为将来的营销活动所用。通过收集 14 个不同传播平台上消费者的实时反馈意见，可口可乐将利用大数据分析，可以掌握不同国家、地区球迷的心态，了解在何时何地、利用哪种媒介用什么样的内容，精准定位消费者，为将来的营销所用。

三、制约电子商务发展的个体心理因素分析

电子商务作为新兴的营销方式，具有强大的生命力，并且具有形式方便、信息快捷、节省时间等诸多优势，但就其本身特点和发展状况而言，它仍存在着许多不足之处。个体消费者对网上消费存在一定程度的担忧，使之对这种新的购物方式敬而远之或望而生畏，严重制约了电子商务的发展，这些心理因素主要表现在以下几方面。

（一）传统购物观念受到束缚

长期以来，个体消费者形成的“眼看、手摸、耳听”的传统购物习惯在网上受到束缚，消费者对接触不到实际的产品往往会心存疑虑；网上消费不能满足消费者的某些特定心理需要，网上购物可替代部分人际互动关系，但不可能满足消费者在这方面的个人社交动机；虚拟商店也无法使消费者因购物而受到注意和尊重。

很多消费者习惯于传统的一手交钱一手交货的现实购物方式，对新兴事物始终持怀疑态度，并且不愿意接受新鲜的事物。对利用计算机网络进行生活方式的改变认识不足。不积极也不乐于利用丰富的网络资源来改善现有的生活方式。即使今天，“淘宝”“美团”等购物网站已经深入人心，但仍有一部分人对这样的生活丝毫不感兴趣。

（二）价格预期心理得不到满足

一般来说，个体消费者对网上商品的预期心理比商场的价格便宜20%～30%，但目前网上商品仅比商场便宜4%～10%，再加上配送费用，消费者所享受到的价格优惠往往是有限的。而且网络商品的价格欠缺灵活性会令某些喜欢在现场讨价还价的消费者大失所望，失去获得优惠产品的满足感。另外，由于电信行业的长期垄断，我国的电信费和网络使用费较高，并且有些网上数据传输速度慢导致网络购物变为高额交易，使消费者对网上购物可望而不可及。

（三）个人隐私权受到威胁

随着电子商务的发展，商家不仅要抢夺已有的客户，还要挖掘潜在的客户，而现有技术不能保障网上购物的安全性、保密性。网上隐私权不能得到保障，一些个人信息有可能泄漏，使许多消费者产生后顾之忧不愿参与网上购物。

（四）对网上支付机制缺乏信任感

现阶段，电子商务缺乏网上有效的支付手段和信用保障体系，在支付过程中消费者的个人资料和信用卡密码有可能会被窃取盗用，另外网上黑客的破坏也令消费者望而生畏。有时还会遇到虚假订单，没有订货却被要求支付货款或返还货款的情况，使消费者无可奈何。

（五）对虚拟的购物环境缺乏安全感

在电子商务模式下，所有的企业在网上均表现为网址和虚拟环境，网络商店很容易建立，也容易作假，使消费者心存疑虑。另外，互联网是一个开放和自由的系统，目前仍缺乏

适当的法律和其他规范手段，如果发生网上纠纷，消费者的权益也不能获得足够的保障。

（六）对低效配送缺乏保障感

电子商务目前还缺乏一个高效成熟的社会配送体系，商品配送周期长、费用高、准确率低。电子商务这种低效的物流配送体系离顾客的实际要求相距甚远，顾客不愿接触需要配送时间较长的购物方式，致使低效配送影响了电子商务的发展。

（七）对商品质量及其售后服务缺乏信任感

传统购物模式和电子商务模式比较来说，个体消费者对电子商务模式下购买的商品质量及其售后服务都缺乏信任感。

第一，在商品品质方面。个体消费者在传统购物模式中对商品可以进行亲自挑选、检查商品的外观、测试商品的性能等；而个体消费者在电子商务模式中对商品的实际外观、质量和性能等都不能通过直接的方式了解到，经常会出现买到的商品与预想的商品不相符的情况。

第二，在商品售后服务方面。个体消费者对传统购物模式下的售后服务信任度高于电子商务模式下的售后服务。个体消费者从网上购买的小型产品的质量往往没有售后质量保修期，或从网上购买了产品如果有问题需要退换货时，此类问题总是得不到及时解决，需要等待较长的时间才能完成产品退换。

第二节　网络营销策略

一、网络营销的途径与目标受众

（一）网络营销的途径

1．网络批发

公司是以批发为主要的销售模式，开展网络营销的主要目的是通过网络实现服装产品的批发（线上＋线下），让更多的网络经销商、实体店铺、网上店铺等通过网络知道企业的产品，了解企业的品牌，并产生合作意向。

2．团体采购

通过网络传播推广，吸引诸如团体组织、企事业单位等大规模团体采购。

3．传播品牌

提升企业自身产品在行业中的品牌知名度、认知度和美誉度，通过网络加强企业竞争力、强化企业品牌形象，辅助促进线下的终端销售。既帮助经销商售货，又能为商户提供传播支持。

（二）目标受众分析

1. 百度搜索

百度每年的搜索量超过600亿次，是中国最大的网络入口平台。“有问题，请百度”。百度当然也是服装行业的经销商、团体组织、商户获取相关信息的首要通道。所以抢占与公司产品相关关键字在百度搜索中的入口，是首要推广策略。

2. 行业网站

众多的产品及其相关的行业性网站，也是经销商、商户获取信息的重要来源。所以针对行业网站推广是第二条推广策略。类似这样的网站有很多，如中国第一服装网、中国食品网、服装品牌等。

3. 新闻门户

新浪、搜狐、网易、腾讯、天涯等大型门户网站，尤其是服装、批发等相关频道也是目标受众日常网络行为之一。同时，门户新闻还有一个作用，其网站新闻内容容易出现在百度搜索结果的首页，不论是在曝光率、公信度上都对提升企业品牌有很好的作用。

4. B2B平台

以阿里巴巴、慧聪网等为代表的B2B平台是经销商获取信息的又一个重要渠道，类似这样的B2B为平台不少，可以有针对性的选择利用。

5. 批发类网站

综合型、行业性的批发类的平台亦是经销商获取信息的又一个重要渠道。

二、网络营销策划基本原则

1. 系统性原则

网络营销是以网络为工具的系统性的企业经营活动，它是在网络环境下对市场营销的信息流、商流、制造流、物流、资金流和服务流进行管理的。策划人员必须以系统论为指导，对企业网络营销活动的各种要素进行整合和优化，使“六流”皆备，相得益彰。

2. 创新性原则

网络为顾客对不同企业的产品和服务所带来的效用和价值进行比较带来了极大的便利。在个性化消费需求日益明显的网络营销环境中，通过创新，创造和顾客的个性化需求相适应的产品特色和服务特色，是提高效用和价值的关键。特别的奉献才能换来特别的回报。创新带来特色，特色不仅意味着与众不同，而且意味着额外的价值。在网络营销方案的策划过程中，必须在深入了解网络营销环境尤其是顾客需求和竞争者动向的基础上，努力营造旨在增加顾客价值和效用、为顾客所欢迎的产品特色和服务特色。

3. 操作性原则

网络营销策划的第一个结果是形成网络营销方案。网络营销方案必须具有可操作性，否则毫无价值可言。网络营销方案是一系列具体的、明确的、直接的、相互联系的行动计划的指令，一旦付诸实施，企业的每一个部门、每一个员工都能明确自己的目标、任务、责任以及完成任务的途径和方法，并懂得如何与其他部门或员工相互协作。

4. 经济性原则

网络营销策划必须以经济效益为核心。成功的网络营销策划，应当是在策划和方案实施成本既定的情况下取得最大的经济收益，或花费最小的策划和方案实施成本取得目标经济收益。

三、电子商务营销应对策略

消费者对 B2C 电子商务认同点有如下一些：

(1) 网站向消费者提供信息，这在其他途径中很难得到而且经常代价高昂。网站提供的信息涉及公司、产品和服务，其他方法无法如此轻易地取得这样高质量而且数量庞大的信息并广泛地传播。采用互联网作为信息来源的消费者人数增长非常快，移动无线网络的发展将更有影响力。

(2) 消费者可以不受时间地点的限制，全年每天 24 小时在几乎任何地方进行购物及其他交易，只要他拥有一台在线的电脑，或者可以上网的手持设备如手机等。

(3) 消费者可以方便快捷地在大范围内迅速比较商品和供应商，从而获得更加物美价廉的产品；而传统方式可能需要消费者长时间多处比较，费时费力。

(4) 对于一些数字化产品，电子商务可以实现在线交货，例如软件、书籍、音像产品等。

(5) 对于一些行动不方便的消费者，或者没有时间到实体商场购物的消费者，B2C 的价值更加突出。

(6) 在很多情况下可以减少企业在生产、加工、分发、存储、沟通、宣传、组织等方面的成本，从而有更大的余地让利于消费者。

(7) 一些在传统商业模式下难以经济运行的高度专业化经营成为可能，例如专卖儿童洗发香波的网上商店。

(8) 消费者可以更加快捷经济地与供应商联系，电子邮件、即时聊天（文字、语音甚至视频的）提供了强大的沟通手段。

(9) 减少实地购物即减少了出行，减轻了交通拥挤，减少能源消耗，有利于环境保护。

(10) 对于医疗、教育、培训等领域，电子商务可以实现更低的价格或更高的质量，跨越时空，使偏远落后地区的消费者获得学习先进技能、接受高水平教育培训的机会。

在电子商务的早期阶段，新兴的在线商店追求完全彻底的电子交易，原有的百货商店等零售商实际上没有参与到真正的 B2C 市场。传统零售企业的网站只是被作为商品信息的橱窗或宣传手册，只能看，不能下订单完成购买，缺乏交互性。开设网站的主要目的是吸引顾客到其实体商店。逐渐地，人们发现，纯粹的在线 B2C 并不适合所有商品，将网站作为橱窗或宣传手册的做法，缺少了核心的下订单、支付、物流环节，如何成功地将网上网下二者结合，可能代表了零售业的发展发向，从而实现在向客户传递价值的同时使销售额和利润最大化。

四、电子商务公司应对消费者心理变化的对策

电子商务公司通过商品的形态展示、资料咨询、货物储存、信息反馈与跟踪等服务采用计算机网络化管理，从而为客户提供全面的商品信息和商品交易服务，网络拉近了商家与客户的关系。企业通过电子商务的方式减少了企业的中间费用、库存和流动资金，使产品和流动资金直达客户，并且将产品和客户之间存在的那些曲折的营销渠道“拉直”或取消。现今电子商务中消费者的特殊心理给企业的经营理念带来了新的挑战，电子商务公司必须摆脱以往传统的经营思维局限，在营销策略、方式和手段上都有所突破，根据对个体消费的特征和心理变化趋势，以及现阶段制约电子商务发展的个体消费心理因素的分析，构建一套全新的电子商务运作机制。

（一）产品个性化

在以往工业化和标准化的生产方式下，消费者的个性被淹没于大量低成本、单一化的产品洪流之中，消费个性被压抑。虽然市场经济发展到今天，多数产品无论在数量还是品种上都已极为丰富，但现代个体消费者对商品普遍求新、求美、求奇，渴望个性化消费。个体消费者拥有了与以往相比更大的个性选择空间，他们可根据自己的个性特点和消费需求在全球范围内寻找满意产品，而不受地域限制。个体消费者通过进入感兴趣的企业网址或虚拟商店，可获取产品的更多相关信息，真正做到了个体消费者能够以个人消费心理、购物的愿望为基础选择和购买商品或服务。个体消费者不仅希望选择，而且还能做出选择。他们的需求与变化也更多了。每个消费者的心理都不会完全一致，每一个消费者都是一个细分的市场。个体消费者心理上的认同感成为他们选择购买哪类品牌产品决策的先决条件。

现代企业的网络营销必须以个体消费者为主导，注重差异性市场营销策略的运用。所谓差异性营销策略，就是企业通过利用网络搜集、加工、强化处理信息的功能优势，及时掌握和了解网络消费者的不同需求变化，生产出不同风格的各类产品，满足消费者个性化需求。例如，Mattel 公司利用互联网上的个性化个人主页，为客户提供 6 000 多种选择，消费者可根据自己的不同需要来购买，这既可以使消费者个性化满足程度再提高，又能使消费在更大范围内选择所需产品。现代企业开展网络营销时，要充分发挥因特网的优势，根据消费者的不同特征划分不同的目标市场，满足消费者的个性需求，提供个性化定制服务。例如，海尔集团在我国率先推出的 B2B2C 全球定制模式，可以按照不同国家和地区不同的消费特点，进行个性化的产品定制生产，目前可以提供 9 000 多个基本型号和 20 000 多个功能模块供消费者选择。用海尔首席执行官张瑞敏的话说就是“如果你要一个三角形的冰箱，我们也可以满足您的需求”。在短短一个月时间里，海尔就拿到 100 多万台定制冰箱的订单，说明产品定制化的时代已经到来。从个体消费者的需求心理出发，产品的个性化定制服务更容易满足不同消费者的需求，提供服务到位、满足个性化需求的产品是现代企业必胜的法宝。

（二）价格柔性化

如今，网络客户可以在全球范围内寻找自己满意的价格，甚至可绕过中间商直接向生产者订货，以更低的价格实现购买。现代企业只有尽量实现价格优惠，并且适应网上商品交易

价格的完全公开化，才能促使网络客户进行网上购物的尝试并最终做出购买的决定。电子商务中价格对消费者心理的作用十分重要，因此随着市场垄断性的弱化，价格垄断已经打破，这就要求企业选择定价策略时必须加强灵活性，要建立柔性价格体系。一是自动调价体系，即要随着季节、市场需求变化和同类商品价格等因素变化进行价格的灵活调整；二是自由型议价系统，即提供消费者在网上直接与商家协商价格的途径。例如，当当网是全球最大的中文网上商城，有着“中国的亚马逊”的称号，它的网上营销价格灵活，采取多种打折方式，包括直接打折、购满一定现金商品可返购物礼券、直接返还一定金额的现金、购物即送礼品等，以其灵活的价格优势满足消费者寻求便宜商品、喜欢获得优惠的心理，使个体消费者在电子商务模式中仍然可以获得价格方面的心理满足。从企业运作电子商务模式的成功案例中可以看出，电子商务必须运用各种优惠价格的营销手段，来发展自己的消费群体，迅速扩大营销规模。

（三）营销互动化

电子商务模式区别于传统营销模式的最显著特征就是网络的互动性，满足消费者自主、独立的购物心理。网络上的互动式营销，至少要做到三点：一是对消费者信息需求的即时反馈。如果在几分钟内得不到答复，商家可能就会失去这个客户。二是在顾客阅读了在线信息后，企业必须及时提供反馈信息的方式，以便与之建立联系。三是允许顾客选择其感兴趣的信息，并且可以修改上面的内容。

随着电子商务的不断发展，电子商务带给个体消费者的互动性不断增强。易趣、淘宝等大型网上商城均通过互动性极强的网络沟通方式，保证买方和卖方的沟通顺畅。特别是淘宝网推出的淘宝旺旺，集合了即时的文字、语音、视频沟通以及交易提醒、快捷通道、最新商讯等功能，成为一款网上交易必备的工具，大大提高了电子商务中的互动性。电子商务中的互动化将越来越被消费者所重视，它将满足个体消费者心理中的个人社交动机，使个体消费者在虚拟商店中也可以感受到因购物而获得的注意和尊重。电子商务营销互动化成为必不可少的电子商务发展的推动力。

（四）配送社会化

对于公司来说，进行网络营销就要保证商品在最短的时间内由最近的分销网点送到消费者手中，这必须要靠现代化的物流配送体系来完成。像海尔已建成以订单信息流为中心，全球供应链资源网络、全球用户资源网络和计算机信息网络为支撑的现代物流体系。海尔现在完成客户化定制订单只需 10 天时间，而一般企业至少需要 36 天。海尔在国内已建成 42 个配送中心，每天可将 50 000 多台定制产品配送到 1 550 个海尔专卖店和 9 000 多个营销点。在中心城市实现 8 小时配送到位，辐射区域内 24 小时，全国 4 天以内到位。

电子商务公司保证配送服务的优质、时间准确，才能满足个体消费者对配送服务的保障感。目前当当网、卓越网等大型网上商城都与专业配送服务公司签订合同协议，将网上订单的配送业务联合专业的配送服务公司共同完成，既保证了为消费者提供完善的配送服务，又可以相对减轻企业的业务负担。

（五）服务人性化

公司网络经营的重点不在于吸引人潮，而是如何挖掘那些想要在网上购物的人，这就要求企业提供人性化服务。如何热情地招呼好每一位在线顾客；适时提供良好的产品建议；创建 24×7 服务模式（每周 7 天、每天 24 小时为顾客服务）；注重培养顾客的安全感与信任感；以含蓄的方式建立网上社团并在社团内建立情感纽带等。

电子商务注重维护与每位客户之间的情感，以弥补虚拟空间人际互动关系的欠缺。目前现代企业都纷纷通过即时联系 QQ、电子邮件广告、开展会员优惠活动、建立意见邮箱等方式与消费者建立多种沟通服务途径，以求维系、稳定网络客户资源。个体消费者通过这些方式，贴近了与企业的距离，形成一定的消费习惯。

（六）交易安全化

网络中个体消费者对虚拟的购物环境普遍存在戒备的心理，他们大多数人都遭遇过诸如信息外泄、密码被盗、厂商信用不可靠等问题。企业要建立完善的信用机制，提供公平规范的法律环境，搭建优越的技术平台，健全相应的网络配套体系是网上交易安全化的必要保障。电子商务公司需要不断探索、研究网络安全问题，为消费者提供网上购物的安全保障。

（七）公司自身完善化

个体消费者在选择商品时将商品质量、换退保障列为选择的重要条件之一，尤其在电子商务模式下，个体消费者不能通过直接接触的方式了解到商品，若商品品质和售后服务得不到相应的保障，会使消费者失去对购买该商品的信心，从而影响到消费者选择企业的商品。

公司必须针对消费者的需求不断自我完善，在电子商务模式中建立完善的、快捷的商品质量以及售后服务的保障体系。公司可以加强商品质量出厂检验的管理，减少不合格商品的数量，并对售出的不合格或用户不满意的商品提供及时的退换货服务。公司要消除个体消费者在购物过程中的后顾之忧，缩短电子商务模式与传统购物模式下在商品质量和售后服务上的差距，并通过不断努力完善商品质量和提高售后服务质量，在消费者心目中树立良好的公司形象，使个体消费者在电子商务中能够感到商品质量和售后服务的保障，放心的选择购买商品。

第三节　绿色消费与消费营销

一、绿色消费心理

绿色消费是 20 世纪后半叶兴起的一种可持续性消费观念和消费行为。随着人类社会经济可持续发展战略的推进，绿色消费作为一种全新的消费理念，已经成为 21 世纪全球消费模式的呼声和消费者的共同追求，是温饱问题解决以后人们更加重视自己的生存质量的结果。绿色消费是一种适度的消费，是一种崇尚自然，保护环境的消费。

(一) 绿色消费的含义

绿色消费的含义是一种以“绿色、自然、和谐、健康”为宗旨的，有益于人类健康和社会环境的新型消费方式，指消费者意识到环境恶化已经影响其生活质量及生活方式，要求企业生产并销售有利于环保的绿色产品或提供绿色服务，以减少对环境的伤害。在国际上，绿色消费已经变成了一个“广义”的概念，即节约资源，减少污染，绿色生活，环保选购，重复使用，多次利用，分类回收，循环再生，保护自然，万物共存。国际上一些环保专家把绿色消费概括成 5R，即节约资源，减少污染（reduce）；绿色生活，环保选购（reevaluate）；重复使用，多次利用（reuse）；分类回收，循环再生（recycle）；保护自然，万物共存（rescue）等五个方面。

中国消费者协会在公布 2001 年消费主题——“绿色消费”的同时，也提出了“绿色消费”的概念，包括三层含义：一是倡导消费者在消费时选择未被污染或有助于公共健康的绿色产品；二是在消费过程中注重对垃圾的处理，不造成环境污染：三是引导消费者转变消费观念，崇尚自然、追求健康，在追求生活舒适的同时，注重环保，节约资源和能源，实现可持续消费。

【资料库】

绿色产品“绿”在哪？

绿色产品是无公害无污染的产品，它们在生产过程中对环境污染较小，在使用过程中有益于公众健康，在废弃阶段易于回收和处置。但具体而言，绿色产品究竟“绿”在哪儿呢，可能知道的人并不多。据业内人士介绍，目前我国已认证的近 500 种绿色产品，按照其环保特性主要分为以下六种：

(1) 国际履约类。为约束全球各国的污染状况，国际上相继出台了一系列环境保护协定，我国也是这些协定的履约国之一。1991 年 6 月我国政府签订了《保护臭氧层国际公约》，即《蒙特利尔议定书》。这意味着我国将于 2000 年、2010 年分两步替代氟氯烃制品，如无氟冰箱、卫生杀虫气雾剂即是此类绿色产品。

(2) 可再生、可回收利用类。利用回收废品进行再生产，不仅可以节约大量资源，而且可以减少垃圾污染，同时以废品为原料比使用原材料生产能耗低、污染排放少，这一点在造纸行业表现得尤为突出。再生纸、再生塑料就是此类绿色产品。

(3) 改善区域环境质量类。有些产品如一次性发泡餐盒、有磷洗衣粉等会引起区域性环境污染，可降解塑料、无磷洗衣粉、无汞电池等均是能有效改善区域性环境质量的绿色产品。

(4) 改善居室环境质量类。在我国消费者逐渐成熟后，居室环境质量被提到议事日程上来。居室内空气质量和噪音大小是居室环境质量最重要的两个指标，因此消费者在购买家具、家电时，越来越注重其环境行为。低噪声洗衣机、低甲醛复合木地板等均是此类绿色产品。

(5) 保护人体健康类。这类产品目前正在引起消费者的普遍注意，如移动通讯产品、电视机、个人计算机等对人体的辐射，一般服饰中染料通过皮肤吸收对人体产生致癌作用等。这类绿色产品基本上属于绿色技术中较前卫的产品，代表着一种潮流和发展趋势，并将逐步淘汰传统产品。

(6) 提高资源、能源利用类。在世界资源、能源技术革命性的飞跃到来之前，人们正在大力发展节能降耗产品，提高产品的资源、能源综合利用率。节能计算机、节能灯等就属此类绿色产品。

(二) 绿色消费的心理特征

1. 绿色消费者的行为更趋于理性化

在实际生活中，消费者的行为往往是感情重于理智，心理因素在消费者行为中起到极为重要的作用。很多消费者对某种产品感兴趣，对某个品牌偏爱，实际上并不能真正对其性能、质量和服务上的长处加以区别，更多的是受广告和相关人员的诱导或潮流的带动。绿色消费更强调理性，不能只考虑个人感受，还要考虑社会后果和生态后果；与传统经济学的经济人消费行为相比，则从个人的价值取向转为个人与社会价值取向并重。绿色消费认识比例随消费者学历层次的提高而提高，反映出部分消费者的消费理念日趋理性化、成熟化。

图 11-3 环保标志

2. 注重产品的“绿色”价值

马斯洛的需求理论讲述了人类社会需求的层次性。当人们已不再为基本需求而奔波的时候，人们便开始追求生存质量和生活质量。生存质量的追求表现在更加注重生态环保，生活质量的追求表现在倾向于消费无公害产品、绿色产品。由于这些产品本身所包含的特性和特点，使人们在消费过程中得到品质的满足和品位的提升；人们在购买汽车时已经在考虑排放标准，无氟冰箱已经进入千家万户，人们开始关注服装对人体的健康等方面的安全保护，这些都显示出消费者对产品“绿色”价值的重视。

3. 绿色消费行为呈现出个性化的色彩

消费者能以个人心理愿望为基础挑选和购买商品或服务。他们不仅能做出选择，而且渴望选择，消费者所选择的已不单纯是商品的使用价值，而且还包括其他“延伸物”。北京物资学院在北京 16 个区县近 40 家大中型商场开展了一次主题为“发展绿色流通、倡导绿色消费”的专题宣传和调研活动。结果表明，89.2%的被访者实际购买过绿色产品，消费者购买的绿色商品的类别依次是食品、日用品、保健品、家电、建筑材料等。至于购买绿色商品的原因，出于个人保健所需而购买的消费者占 48.3%；出于社会责任感、支持环保而购买绿色商品的占 28.0%；符合个人消费品味和层次的占 13.2%；其余则是无意识购买、为送礼而购买、顺应时尚而购买。

4. 消费主流性增强

在社会分工日益细分和专业化的趋势下，一方面消费者不再被动地接受厂商单方面提供的信息，他们会主动地了解有关绿色产品、绿色消费方面的信息，当得到足够的商品知识时，对绿色产品和服务进行鉴别和评估。另一方面对环境保护也不再被动和无能为力，消费者对真正能够带来环保的产品也持积极主动的态度，在众多同类产品中，往往会选择对环境危害最小的产品。根据这一特点，厂商应适应消费者主动性增强的趋势，提供消费者需要的多种信息，供消费者比较、选择。

5. 产品的期望值更高、挑选更挑剔

西方发达国家对于绿色产品的需求非常广泛，而发展中国家由于资金、消费导向和消费质量等原因，还无法真正实现对所有消费需求的绿色化。以我国为例，目前只能对部分食品、家电产品、通信产品等进行部分绿色化。而发达国家已经通过各种途径和手段，包括立法等，来推行和实现全部产品的绿色消费。以绿色食品为例，英国、德国绿色食品的需求完全不能自给，英国每年要进口该食品消费总量的80%，德国则高达98%，绿色食品的标准也更加苛刻。

6. 价格仍是消费者选择的重要因素

绿色产品具有较高附加值，拥有优良的品质，无论从健康、安全、环保等诸多方面都具有普通产品无法比拟的优势。因此，绿色产品的定价策略往往采取撇脂定价，价格较高。在欧美发达国家，即使普通的消费者也都倾向于绿色消费，但在发展中国家，绿色产品对于普通消费者来说还是奢侈品，消费量还很小，因此价格仍是限制绿色消费的瓶颈。

7. 性别差异及儿童影响

一项调查表明，46%的女性和31%的男性在购物时会主动寻找绿色替代品，父母一般比没有子女的成年人更关注环保。有孩子的家庭通常是倾向于绿色消费的群体。由于教育和传媒为儿童提供大量的环保绿色信息，引起儿童对绿色问题的认识和重视，使孩子成为家庭中绿色产品购买的提议者和影响者，这无疑是绿色购买行为的重要模式。

【案例】

耐克（Nike）风波

1999年年底，耐克（Nike）在欧洲销售的运动装中检测出含有一种叫做TBT的磷酸三丁酯的化合物。TBT用于运动服装的染整工艺中，主要是作为一种防菌剂，以起到消毒杀菌的作用。这种物质溶于水，经洗涤后剧毒便会分离出来。如果遇到人体汗液，还会发出怪异味。TBT毒性可以伤害肝脏和神经系统，从而导致死亡，同时还会导致不育症。世界船运组织于1999年11月也做出决定，最迟在2006年禁止船用涂料含TBT。

当欧洲调查结果一公布，全球骤然掀起惧怕耐克运动装的风潮，当时耐克（中国）公司也不得不宣布，在中国内地销售的同批可能含有TBT的251件耐克运动装，无条件无期限回收，此次风波给世界名牌耐克运动服带来了严重的负面影响。

二、影响绿色消费行为的因素

由于外在因素的影响和消费者自身的原因，每个消费者的绿色消费意识程度和消费行为模式之间有很大的差异。年龄、收入、教育水平、生活方式、观念和爱好等诸多方面，都会大大影响绿色消费行为的发生及其特点，其中对绿色消费行为影响最大的有以下几个方面。

（一）社会文化因素

和其他消费行为一样，社会因素和文化因素对绿色消费行为产生很大的影响，比如，身处一种崇尚自然的文化氛围或有着强烈环保意识的群体和家庭之中，会对其中个人的绿色消费行为产生正面影响。一个社会及其文化的“绿色”程度会直接影响着该文化群体的环保意识和“绿色”思想，进而影响绿色消费行为模式。绿色消费可以说是一种社会性的消费文化和消费习惯，绿色消费行为一般容易形成社会性的潮流趋势，其具体的消费模式会被绿色社会文化或者说绿色时尚所带动。一个社会的绿色文化和环保意识越强烈，该社会群体的绿色消费行为一般就会越强烈。比如很多西方发达国家，由于环保文化很早就开始形成，目前已经达到一个比较高的阶段，因此绿色消费也较之一些发展中国家兴旺，消费者的消费行为也显得较成熟。

（二）个人因素

1. 收入是实际购买选择的重要制约因素

由于绿色产品在定价时要把保护环境所支出的成本纳入其中，或者采用新工艺、新材料，所以价格相对较高。许多消费者并非不关心环境问题，但由于收入的有限，在实际做出购买决策时，实用主义就会占上风。根据美国芝加哥大学哈里斯学院的 DonCoursey 的一项研究成果表明，在影响人们绿色消费的诸因素中，收入是最重要的因素。一旦人均月收入达到 5 000 美元以上，人们就会花钱在改善环境方面，进行绿色消费。我国学者的研究也有同样的结论，在北京的一项调查显示，家庭月收入在 1 000 元以下的人对 5%的绿色产品溢价一般不接受。而月家庭收入在 8 000 元以上的人 100%购买过绿色产品，其购买行为明显表现出深绿色消费者的特征。

2. 教育水平对人的行为影响巨大

一般来说，受过良好教育的人更能正确认识人类与环境的关系，更具有社会责任感，更能接受绿色消费的观念。国外学者的研究成果也表明：年轻、受过良好教育、政治上比较自由的人群比其他人群更关心环境。我国的研究也表明：教育水平最高的一组消费者对绿色产品溢价接受能力最强，对以往购买绿色产品的价格满意度最高。

3. 个性因素也能影响消费者对绿色消费的态度和行动

一个人的个性可以划分成内在控制型和外在控制型。外在控制型的人相信命运或运气，而内在控制型的人相信自己可以掌握更大的控制权。在关心生态问题上，内在控制型的消费者可能会积极看待绿色生活方式，从而更可能购买绿色产品。相反，外在控制型的消费者面对污染问题会有无助的感觉，认为自己买不买绿色产品对整个环境的改善于事无补。

（三）心理因素

1. 绿色消费行为源于消费者追求生活品质的动机

当消费者基本的生理需求满足以后，他们开始追求超越“物质”的生活，向往美好的生活品质，关注我们赖以生存的地球，关心人类与自然的可持续的、协调的发展。

2. 学习对绿色消费行为的产生、强化有极大的影响

人们绿色消费意识的产生和绿色消费的实践行动，主要来源于以下三个方面：一是日益严重的环境问题损害了人们的正常生活，引起了人们的密切关注。二是环保知识的普及推广，全社会对环保运动的推动，提高了消费者在环保方面的素质。三是消费者的个人绿色消费经验的积累，从中感受到绿色消费对自身和社会的好处。比如一个消费者开始尝试了绿色食品，出现了好的效果会产生强化作用，增强他对绿色产品的好感和信心，然后也许会扩大绿色消费的范围，如购买节能家电、绿色家具等。

3. 人们的态度与绿色消费行为之间存在着复杂的关系

态度是一个人对某些事物或观念长期持有的好与坏的认识上的评价、情感上的感受和行动倾向。德国学者巴得加的研究认为，一个消费者对污染问题的认识程度会影响他对环保的态度，对环保的态度又会影响他对绿色生活方式的态度，对绿色生活方式持积极态度的人会参与绿色产品的购买和消费活动。简单地表示，即对污染的认识对环保的态度——对绿色生活方式的态度——绿色消费行动。

但是我们常常发现积极的态度并不等于积极的行动。从心理学上说，这与态度的形成过程有关。在态度的形成过程中有两种情形：一种是消费者对宣传的一般性观点接受了，引起对环境态度的改变；另一种是消费者对宣传的问题的相关细节进行了更深层次的思考，然后形成新的态度。这两种方式形成的态度中，后一种更强有力，更可能引导行为选择。所以，企业在宣传、沟通中就需要提供详细的生产过程和绿色产品的信息，促使消费行为的产生。

三、绿色营销策略

（一）绿色营销

英国威尔斯大学肯·毕提教授在其所著的《绿色营销——化危机为商机的经营趋势》一书中指出："绿色营销是一种能辨识、预期及符合消费的社会需求，并且可带来利润及永续经营的管理过程。"绿色营销观念认为，企业在营销活动中，要顺应时代可持续发展战略的要求，注重地球生态环境保护，促进经济与生态环境协调发展，以实现企业利益、消费者利益、社会利益及生态环境利益的协调统一。从这些界定中可知，绿色营销是以满足消费者和经营者的共同利益为目的的社会绿色需求管理，以保护生态环境为宗旨的绿色市场营销模式。

绿色营销只是适应21世纪的消费需求而产生的一种新型营销理念，也就是说，绿色营销还不可能脱离原有的营销理论基础。因此，绿色营销模式的制定和方案的选择及相关资源的整合还无法也不能脱离原有的营销理论基础，可以说绿色营销是在人们追求健康（health）、安全（safe）、环保（environmental protection）的意识形态下所发展起来的新的营销方式和方法。

（二）实行绿色营销策略

1. 绿色促销的不同层次

（1）浅绿营销策略。采取这种营销策略的公司应该是努力想成为一家优秀的社会公民企业。可口可乐公司无意让消费者知道公司斥巨资用于循环环节的改进，这是因为客户非常广。如果公司口口声声标榜自己是绿色的话，那么可能会失去类似"抱怨者"的客户。

（2）绿色保护营销策略。把绿色营销作为一种预防措施，以抵御环保主义者的攻击或者竞争者的行动。他们没有把绿色作为差异特征的能力，只是偶尔才宣传一下环保意识。

（3）深绿营销策略。这些公司把绿色看成一种竞争优势，致力于长期的、系统化的环保措施。他们倡导绿色产品给消费者带来的直接、可见的利益。节能型家电就是这类典型的例子。

(4) 炫绿营销策略。这类公司高度重视环保问题，甚至公司成立的目的就是为了环保。如一些护肤品、洗浴品公司和环保设备公司等。

2. 绿色促销的主要手段

绿色促销是通过绿色促销媒体，传递绿色信息，指导绿色消费，启发引导消费者的绿色需求，最终促成购买行为。绿色促销的主要手段有以下几方面：

(1) 绿色广告。通过广告对产品的绿色功能定位，引导消费者理解并接受广告诉求。在绿色产品的市场投入期和成长期，通过量大、面广的绿色广告，营造市场营销的绿色氛围，激发消费者的购买欲望。

图 11-4 绿色出行

(图片来源：http://image.baidu.com/i?tn=baiduimage&ct=201326592&lm=-1&cl=2&nc=1&word=%E6%A9%B1%E7%AA%97&ie=utf-8)

(2) 绿色推广。通过绿色营销人员的绿色推销和营业推广，从销售现场到推销实地，直接向消费者宣传、推广产品绿色信息，讲解、示范产品的绿色功能，回答消费者绿色咨询，宣讲绿色营销的各种环境现状和发展趋势，激励消费者的消费欲望。同时，通过试用、馈赠、竞赛、优惠等策略，引导消费兴趣，促成购买行为。

(3) 绿色公关。通过企业的公关人员参与一系列公关活动，诸如发表文章、演讲、影视资料的播放，社交联谊、环保公益活动的参与、赞助等，广泛与社会公众进行接触，增强公众的绿色意识，树立企业的绿色形象，为绿色营销建立广泛的社会基础，促进绿色营销业的发展。

【小结】

电子商务与网络消费群体的发展已经成为必然的趋势，掌握电子商务消费心理特征，运用恰当的电子商务营销策略，是每个营销人员的必备知识与能力。绿色消费、绿色营销是一个新生事物，是未来消费的发展方向。倡导绿色消费，推动绿色营销，是每个营销人员义不容辞的社会责任。

【思考题】

1. 简述电子商务中消费心理的特征，并举简单例子加以说明。
2. 电子商务中消费心理策略有哪几个方面？简单加以说明。
3. 什么是绿色消费？绿色消费行为的影响因素有哪些？
4. 绿色营销有哪些策略？

【实训十一】 时装设计大赛

实训目的：培养环保意识，开发创新能力，提高营销能力。

实训内容：利用废弃物设计一款时装

实训步骤：

1. 准备废弃物。
2. 五人一组设计服装。
3. 讲解设计理念。

参考文献

[1] 肖涧松. 消费心理学. 北京：高等教育出版社，2011.

[2] 臧良运. 消费心理学. 北京：中国农业大学出版社；北京大学出版社，2009.

[3] 尹健. 营销心理学. 北京：高等教育出版社，2007.

[4] 格里格，等. 心理学与生活. 王垒，等译. 北京：人民邮电出版社，2003.

[5] 彭聃龄. 普通心理学（修订版）. 北京：北京师范大学出版社，2004.

[6] 郑雪. 社会心理学. 广州：暨南大学出版社，2005.

[7] 德尔·I. 霍金斯，肯尼思 A. 科尼，罗格 J. 贝斯特. 消费者行为学. 北京：机械工业出版社，2000.

[8] 李建军. 开店秘典. 北京. 团结出版社，2005.

[9] 陆跃祥，马谋超. 广告与消费心理学 [M]. 北京：人民教育出版社，2000.

[10] 李文同. 消费者心理与行为学 [M]. 郑州：河南人民出版社，2010.

[11] 刘鸽，戴卫东. 消费心理学 [M]. 北京：北京大学出版社，2011.

[12] 王鲁捷. 消费者购买心理动向研究 [M]. 南京：河海大学出版社，1996.

[13] 孙喜林，荣晓华. 消费心理学. 2 版 [M]. 沈阳：东北财经大学出版社，2004.

[14] 赵仕红. 消费心理学 [M]. 北京：清华大学出版社，2010.

[15] 耿黎辉. 消费心理学 [M]. 成都：西南财经大学出版社，2004.

[16] 彭聃龄. 普通心理学 [M]. 北京：北京师范大学出版社，1997.

[17] 彭华民. 消费社会学 [M]. 天津：南开大学出版社，1996.

[18] J. 保罗·彼得，杰里 C. 奥尔森. 消费者行为与营销战略 [M]. 韩德昌译. 4 版. 大连：东北财经大学出版社，2000.

[19] 菲利普·科特勒. 市场营销管理 [M]. 洪瑞云，梁绍明，陈振忠译. 北京：中国人民大学出版社，1999.